保驾护航宏观经济

——两大宏观经济政策的多维协同

龙小燕 著

中国财经出版传媒集团
中国财政经济出版社

图书在版编目（CIP）数据

**保驾护航宏观经济：两大宏观经济政策的多维协同 /
龙小燕著. ——北京：中国财政经济出版社，2020.5**
　　ISBN 978-7-5095-9734-7

Ⅰ.①保… Ⅱ.①龙… Ⅲ.①宏观经济-经济政策-研究-中国 Ⅳ.①F120

中国版本图书馆 CIP 数据核字（2020）第 049509 号

责任编辑：张　莹　　　　　　责任校对：胡永立
封面设计：陈宇琰

中国财政经济出版社 出版

URL：http://www.cfeph.cn
E-mail：cfeph@cfeph.cn

（版权所有　翻印必究）

社址：北京市海淀区阜成路甲 28 号　邮政编码：100142
营销中心电话：010-88191537
北京财经印刷厂印刷　各地新华书店经销
787×1092 毫米　16 开　23.25 印张　324 000 字
2020 年 5 月第 1 版　2020 年 5 月北京第 1 次印刷
定价：68.00 元
ISBN 978-7-5095-9734-7
（图书出现印装问题，本社负责调换）
本社质量投诉电话：010-88190744
打击盗版举报热线：010-88191661　QQ：2242791300

序 Preface

龙小燕博士的专著《保驾护航宏观经济——两大宏观经济政策的多维协同》，即将付梓，值得祝贺。

这本书是作者在其完成的博士学位论文基础上，经过进一步修改、完善和扩展形成的，主要内容是在系统考察分析宏观调控中财政政策与货币政策相互关系理论和实践的基础上，力求在当代中国宏观调控框架下构建一个更加优化、完备的财政政策与货币政策的协调配合机制，颇具理论高度和应用价值。

财政政策和货币政策是现代国家宏观调控体系的两大支柱，二者如何围绕实现宏观经济调控目标而紧密协调和有机配合，是直接影响宏观调控和国家治理成效、保驾护航宏观经济的关键环节之一。虽然世界各国理论界和实务部门一直都在积极努力探索，从认识和行动上不断与时俱进、推陈出新，但至今仍未形成高度一致的理论共识和成熟模式。

改革开放以来，我国财政经历了从建设型向公共型的重大转变，财政职能在转型的同时得到日益扩展和加强，财政政策在实现各阶段国家治理目标、促进经济社会稳定协调可持续发展过程中发挥了极为重要的支撑作用，从而体现出财政作为国家治理基础和重要支柱的固有功能。同时，货币政策在维护物价稳定、金融和经济稳定、国际收支平衡等方面也发挥了不可替代的重要作用。财政政策和货币政策在各自发挥特定的宏观调控作用的同时，也在相互协调配合共同实现各阶段宏观调控目标层面进行了颇有成效的探索，但若从协调配合的有机度、紧密度考察则远未尽如人意。尤其是在社会主义发展跨进新时代、国民经济步入新常态，有效推进供给侧结构性改革已经成为化解诸多经济矛盾和风险主要途径的背景下，我国既有的宏观调控理论与实践经验面临前所未有的挑战、迫切需要革旧创新；至于西方宏观经济理论，应对当今西方经济运行中的新矛盾都显得左支右绌，对解决国情差异甚大的中国问题更不可照搬应用。对此，习总书记曾明确指出："我们的供给侧结构性改革与西方的供给学派不是一回事"。为此，党的十八届三中全会强调，要"健全以财政政策和货币政策为主要手段的宏观调控体系，推进宏观调控目标制定和政策手段运用机制化，加强财政政策、货币政策与产业、价格等政策手段协调配合，提高相机抉择水平，增强宏观调控前瞻性、针对性、协同性。"党的十九大报告再次指出，要"创新和完善宏观调控，健全财政、货币、产业、区域等经济政策的协调机制"。可见，如何进一步优化和加强财政政策与货币政策之间的协调配合机制，仍是我国提高宏观调控水平和公共经济治理能力需要认真解决好的一项重大理论与实践课题。破解这一课题，需要就如何更加有效地运用财政政策和货币政策这两大宏观调控工具问题开展系统认真、理论结合实际的科学研究，在严谨可靠的理论分析基础上提出创新两大宏观经济政策手段协调配合机制的基本思路和对策建议。其要害或关键在于，必须使财政政策和货币政策二者在宏观调控中既能各司其职、各得其所又要有机协调、密切配合，适应"经济新常态"、遵循"新发展理念"，各扬其长、互补所短地综合发力，共同推进"供给侧结构性改革"，合力实现国民经济"高质量发展""建立现代化强国"。

对于研究解决上述课题而言，龙小燕博士所著《保驾护航宏观经济——两大宏观经济政策的多维协同》一书可以说是一次有益的探索和尝试。该书以综述宏观调控中财政政策与货币政策及其协调配合的基本概念、两大政策在各自保持独立性前提下相互协调配合的必要性作为研究的起点，通过对我国宏观调控和西方国家干预、供给学派等理论进行系统的比较研究，结合中国宏观调控实践经验，提出应以统筹兼顾处理好短期与长期、供给与需求、总量与结构、速度与质量之间关系为基础，构建宏观调控中财政政策与货币政策协调配合的基本思路框架；通过回顾美国自大萧条后、日本、德国自第二次世界大战后财政与货币政策协调配合的发展历程，尤其是2008年国际金融危机之后各国运用两大政策应对金融危机的相关措施，梳理我国进入社会主义市场经济体制后两大政策协调配合的演进路径，总结了我国和部分具代表性的发达国家运用两大政策维护经济总量基本稳定、调整优化经济结构促进增长、利用国债助力实现两大政策目标的经验做法；在运用不同的实证模型对两大政策在维护经济平稳增长、促进结构优化和加强政策工具协调配合方面进行分析之后，该书的研究轨迹转向了制度设计，提出了供给侧结构性改革背景下宏观调控的总体战略基调、财政与货币政策协调配合的基本机制及相关政策建议。

龙小燕在研究写作博士论文并通过修改、完善、扩展形成本书的过程中，充分体现出其应有的严谨求实的精神和优良的业务品质。作为她的指导教师，我很欣赏这种科学认真的治学态度，从而也很看重以这种治学态度写作而成的这部论著。可以不夸张地说，该书的理论创新点较多、与实践结合紧密，前瞻性、先导性强，值得充分肯定和积极评价。

当然，该书有些部分所做的研究还仅是初步的，尚需进一步深化和提升；其中那些具有创新性的观点只是一家之言，有待同行学者和学术先辈们批评补正。希望该书能够引起学界的关注，并期冀有更多学者参与探索这一具有重要现实意义的课题。

2020.04.09 于美国寓所

摘要

新时代、新常态和推动供给侧结构性改革，为宏观调控的理论与实践提出了新要求，财政政策与货币政策作为保驾护航宏观经济、实现宏观调控目标最重要的两大经济政策，加强协调配合具有重要意义。

本书在阐述宏观调控中财政政策与货币政策协调配合基本概念、梳理相关文献综述和理论基础上，对比了我国宏观调控和西方国家干预、供给学派等理论的区别与联系，提出应统筹兼顾处理好短期与长期、供给与需求、总量与结构、速度与质量四大关系，构建宏观调控中财政政策与货币政策协调配合的基本框架。两大政策应加强协调配合，以实现宏观调控目标为核心导向，短期应着力熨平经济周期波动，适时适度发挥政府投资的需求管理优势，维护经济总量基本稳定；长期应着眼优化经济结构，通过供给管理激发市场活力，促进经济转型升级，实现经济持续优质增长；同时应加强两大政策工具之间的协调配合，提高政策合力。

本书回顾了美国自大萧条后、日本和德国自第二次世界大战后财政与货币政策协调配合的发展历程，尤其是2008年国际金融危机之后，各国运用两大政策应对金融危机的相关措施；介绍了我国进入社会主义市场经济体制后两大政策协调配合的历史沿革；总结了各国运用两大政策维护经济总量基本稳定、调整优化经济结构促进增长、利用国债助力实现两大政策目标的经验做法。

本书运用不同的实证模型分析了两大政策在维护经济平稳增长、促进结构优化和加强政策工具协调配合的现状，探析了存在的问题和原因。首先，运用VAR模型分析实际GDP增速、赤字率与广义货币供给量M2的关系。研究证明，货币供给变化通常与GDP增速变化方向正相关；财政赤字率变化通常与GDP增速变化方向负相关。赤字财政政策短期可能会诱导货币供给增加，但长期会因挤出效应有损于经济增长；货币供给对赤字影响较小，但在增加产出的同时可能会造成通货膨胀。财政政策与货币政策类型的组合形式取决于具体的宏观经济形势和政策目标的综合权衡。分析认为，财政政策、货币政策与经济增长相互作用、相互影响，两大政策效力都有期限约束；政府投资波动对经济增长影响较大；宏观政策执行需把握好力度，尤其是应充分考虑地方政府和金融机构在政策传导中发挥的巨大作用。其次，采用面板数据模型就两大政策对全国及东、中、西部地区产业结构调整的影响分别进行实证分析。研究发现两大政策各自对各地区、各次产业结构的影响力均不一样，在各地区产业结构调整中难以发挥合力。分析认为，单靠任一政策调整结构的作用有限，两大政策缺乏全面系统的协调配合机制，缺乏两大政策实施的配合端口，且各地情况和执行方式差异较大，效果不一。最后，从央行资产负债表角度分析，认为利用国债丰富外汇投资未能解决外汇波动带来的基础货币供给调节难题。运用VECM模型就国库现金对货币供应量流通中的现金（M0）、狭义货币供应量（M1）和广义货币供应量（M2）的影响分别进行实证分析。研究发现，国库现金对货币供应量的冲击总体有限：国库现金对M0变动影响的最大贡献率为35%，对M1变动的最大贡献率为10%，对

M2变动的最大贡献率仅为6%。分析认为，我国央行持有国债占央行总资产的比重低、流动性弱，国债市场尚不完善，国债期限结构与发行管理难以满足央行公开市场操作需求等因素制约了国债各项功能的发挥。同时，国库现金预测的科学性、中央国库资金转化为商业银行定期存款的管理有待提高。

在经济进入新常态、着力从供给侧推进结构性改革的背景下，结合我国面临的国内外新形势，提出供给侧结构性改革背景下宏观调控总体战略基调、财政与货币政策协调配合基本机制及相关政策建议。两大政策短期应注重维护经济总量基本稳定，发挥需求管理的优势，应采取积极的财政政策与稳健的货币政策协调配合；适当发挥政府投融资的优势，从需求侧维护总量基本稳定；利用国债优势防范和化解系统性金融风险。长期应注重促进结构调整实现经济优质增长，发挥供给管理的优势，支持科技创新引领经济增长动能转换，加大端口扶持力度推动相关市场经济主体改革和发展。在积极稳妥扩展赤字和债务规模、优化国债管理的同时，应利用国债打破外汇占款与人民币发行的直接联系，增加利用国债、国库现金调控货币供应量的主动权，完善人民币发行机制，促进国债和人民币国际化。

目录

第1章 绪 论 ... 1
1.1 研究背景与问题的提出 ... 3
1.2 研究意义 ... 5
1.3 基本概念与研究范畴 ... 7
1.4 研究方法 ... 15
1.5 研究框架 ... 16
1.6 创新与不足 ... 18

第2章 文献综述和理论基础 ... 21
2.1 文献综述 ... 23
2.2 宏观调控的理论基础 ... 42
2.3 财政和货币政策协调配合的主要理论模型 ... 51
2.4 国内外理论与文献的启示与不足 ... 55
2.5 构建宏观调控中财政与货币政策协调配合的基本框架 ... 60

第3章 世界主要国家财政货币政策协调配合的经验与启示 ... 67
3.1 美国各阶段财政与货币政策协调配合情况 ... 69
3.2 日本各阶段财政与货币政策协调配合情况 ... 95
3.3 德国各阶段财政与货币政策协调配合情况 ... 114
3.4 2008年金融危机后主要国家财政货币政策协调配合概况 ... 121
3.5 国际经验的启示 ... 141

第 4 章　我国宏观调控中财政货币政策协调配合的历史沿革 …………… 147
　　4.1　从双松到双紧的财政与货币政策协调配合（1993~1997 年）
　　　　………………………………………………………………… 150
　　4.2　积极的财政政策与稳健的货币政策协调配合（1998~2004 年）
　　　　………………………………………………………………… 157
　　4.3　双稳健的财政与货币政策协调配合（2005~2008 年）…… 166
　　4.4　积极财政政策与适度宽松货币政策协调配合（2008~2011 年）
　　　　………………………………………………………………… 171
　　4.5　积极的财政政策与稳健的货币政策协调配合（2011 年至今）
　　　　………………………………………………………………… 180

第 5 章　两大政策与经济增长关系的实证分析与原因探析 …………… 199
　　5.1　实际 GDP 增速、赤字率及货币供给 M2 增速关系的实证研究
　　　　………………………………………………………………… 201
　　5.2　原因探析 …………………………………………………… 215

第 6 章　两大政策促进结构调整的实证分析与原因解析 ……………… 221
　　6.1　样本数据及计量方法 ……………………………………… 223
　　6.2　两大政策促进我国各地区产业结构调整的实证分析 …… 226
　　6.3　原因解析 …………………………………………………… 246

第 7 章　两大政策工具在协调配合中的实证分析及原因分析 ………… 255
　　7.1　国债对货币供给量的影响分析 …………………………… 257
　　7.2　国库现金对货币供给量的 VECM 模型实证分析 ………… 265
　　7.3　原因分析 …………………………………………………… 288

第 8 章　完善宏观调控中财政与货币政策协调配合的建议 …………… 309
  8.1　宏观经济面临的国际国内新形势………………………………… 311
  8.2　供给侧结构性改革背景下宏观调控的总体战略基调…………… 315
  8.3　构建宏观调控中财政与货币政策协调配合的基本机制………… 317
  8.4　短期维护经济基本稳定，发挥需求管理优势…………………… 318
  8.5　长期促进结构调整实现经济高质量发展，侧重供给管理…… 321
  8.6　加大两大政策工具协调配合力度，提高政策效率……………… 324
  8.7　进一步完善其他制度供给………………………………………… 327

参考文献 ………………………………………………………………… 329

第 1 章

绪　论

1.1　研究背景与问题的提出

党的十八大以来,中央先后提出"两个百年""五位一体""四个全面"等宏伟发展战略目标,做出"经济进入新常态"的战略判断,着力推动供给侧结构性改革,意在用新发展理念转变经济增长模式、优化经济结构、培育创新经济增长动能、促进经济转型升级。党的十九大胜利召开,标志着中国特色社会主义进入了新时代。社会主要矛盾发生重大变化①,经济正从高速增长阶段转向高质量发展阶段。新时代、新常态和推动供给侧结构性改革,使宏观调控的理论和实践面临前所未有的挑战,迫切需要革旧创新。

在理论上,西方凯恩斯主义主张财政政策和货币政策短期刺激消费、投资、出口,增加有效需求,缓解和救助经济危机,进而提高国民收入实现充分就业,但不注重考虑长期发展中政府应承担的确切职责;关注总量分析和调控但不重视解决结构问题。西方供给学派强调从供给角度刺激生产,通过财政政策减税减支、货币政策降低利率调控货币供应量刺激总供给,进而实现经济增长促进就业。2008年金融危机后,人们重新反思宏观经济政策,深化对两大政策关系、作用及协调配合的认识。财政与货币政策是政府维护经济平稳运行的重要手段,两大政策各有特色、各有优势,它们的操作对象都是巨额货币资金,通过各自运行机制都可影响经济总量和结构变动,不同时期发挥政策的作用效力不同。财政政策与货币政策之间的关系十分密切。无论是短期、中期还是长期,两大政策都会通过刺激经济、预算约束、平衡债务与币值的关系相互影响、相互联系,共同作用

---

①　中国特色社会主义进入新时代,我国社会主要矛盾已经转化为"人民日益增长的美好生活需要和不平衡不充分的发展之间的矛盾"。

于经济发展。例如，大规模公共投资会增加财政支出，引致信贷增加、货币扩张；大规模货币供应扩张，会加剧债务扩张，进而影响财政的可持续性和宏观经济的增长质量。财政支持经济增长依赖金融手段和金融杠杆的配合，但金融风险和金融危机最终也会转嫁为财政问题。各国学者不断深化理论探索和实证研究，认为两大政策必须协调配合，才能维护经济稳定增长、应对衰退和走出危机。

从国际实践上看，1951年美国财政部与美联储达成协议，美联储不再具有承担"稳定政府债券市场及其收益的责任和义务"，极大提高了美联储的独立性和货币政策的重要性。但在以后的债券市场发展中，美联储终于还是"锁定了政府债券"，因为政府债券是所有债券市场中最成熟、最丰富、等级最高的债券，运用公开市场操作政府债券是影响基础货币总量和利率的最佳手段。日本央行也充分运用政府债券调节货币供应量，尤其是在利率几乎为零、甚至为负的阶段。2008年多国为救助危机，财政和货币政策进行了全方位深度协调配合，共同稳定金融市场，支持实体经济，有效防止危机恶化促进复苏。按美国原财政部长保尔森的话说："我们曾濒临崩溃边缘，但经过财政与货币政策的共同努力没有倒下。"[1]

从国内实践看，随着改革开放四十年的快速发展，我国经济形势发生重大变化。经济总量突飞猛进，GDP升至全球第二位，但传统的快速经济增长模式受到资源环境、产能过剩、外部形势、中等收入陷阱等诸多挑战，经济结构与质量亟待优化和提高。宏观调控离不开财政政策与货币政策的协调配合，但西方理论并不完全适合中国国情，习总书记曾指出，"我们的供给侧结构性改革与西方的供给学派不是一回事"。在经济进入新时代、新常态的大背景下，财政政策和货币政策作为体现国家治理战略意图、保驾护航宏观经济、实现宏观调控目标最重要的两大宏观经济政策，应该如何协调配合，才能提高效率、发挥合力，适应和引领"经济新常态"，落实"新发展理念"，推进"供给侧结构性改革"，迈向"高质量发

---

[1] 亨利·保尔森著. 峭壁边缘[M]. 北京：中信出版社，2010年。

展""建立现代化强国"？两大政策应该怎样看待需求与供给的关系，运用哪些政策类型的搭配，才能更有效地熨平短期经济大幅波动、维护好经济总量的基本稳定？两大政策应在哪些方向协调配合，推动经济结构调整，才能统筹好经济增长与优化结构的关系、把握好增长速度与质量的关系？两大政策应加大哪些工具的协调配合、建立哪种协调机制，才能提高资金使用效率，共同防范和化解系统性金融风险，高效实现各自政策目标和宏观调控总目标？

财政是国家治理的基础和重要支柱。随着经济发展和分税制等重大财税体制改革，我国财政实力明显改善，财政支出结构逐步优化，经历了从吃饭、建设财政向公共财政的转型，为充分发挥财政职能、实现国家治理战略意图奠定了坚实基础。货币政策在维护物价稳定、金融和经济稳定、国际收支平衡等方面发挥着重要作用。黄达教授曾在《财政信贷综合平衡导论》中说过"犬牙交错的结合部"，描述的就是财政部门与央行之间错综复杂的关系。随着我国财政实力明显提高，货币政策工具不断创新，财政与金融之间更呈现"你中有我""我中有你""水乳交融"的关系和状态。例如，财政政策不断提高赤字率，加大债券融资规模，如何既能积极稳妥地运用好国债，发挥其筹集资金、调整结构等优势作用，又可保持财政的可持续性，防止债务危机的发生？国库沉淀资金较多，国库现金管理不断创新金融方式运作，对基础货币的供应量有重要影响；外汇储备一改过去持续增多趋势，财政政策工具是否有助于调整外汇储备与基础货币之间的被动关系？这些问题都需进一步深入研究。

1.2　研究意义

党的十八届三中全会《中共中央关于全面深化改革若干重大问题的决定》强调，要"健全以财政政策和货币政策为主要手段的宏观调控体系，推进宏观调控目标制定和政策手段运用机制化，加强财政政策、货币政策与产业、价格等政策手段协调配合，提高相机抉择水平，增强宏观调控前瞻性、针对性、协同性。"①《中共中央关于制定国民经济和社会发展第十三个五年规划的建议》指出，要完善以财政政策、货币政策为主的宏观调控政策体系的协调配合，增强财政货币政策的协调性；创新调控思路和政策工具，增强针对性和准确性。党的十九大报告《决胜全面建成小康社会，夺取新时代中国特色社会主义伟大胜利》指出，要"创新和完善宏观调控，健全财政、货币、产业、区域等经济政策的协调机制"。加强财政政策和货币政策协调配合，具有深远的历史意义和重大的现实意义。

1.2.1 维护经济稳定，为"五位一体"全面发展营造良好的经济环境

维护经济稳定是国家治理的基本要求，是优化结构调整、提高人民福祉的基本前提，是全面深化改革、迈向高质量增长的基本保障，是实现"五位一体"全面发展、建立现代化强国、实现中华民族伟大复兴的重要基础。财政政策和货币政策协调配合有利于熨平经济短期大幅波动，从总量上维护经济基本稳定，防范和化解系统性金融风险，为推进供给侧结构性改革和"五位一体"全面发展维护经济基本稳定的环境和前提。

1.2.2 发挥合力共同优化结构调整，促进经济持续高质量发展

优化经济结构是经济迈向高质量增长、避免陷入中等收入陷阱、转变经济增长方式的重要突破口。一方面，财政政策和货币政策协调配合可发

---

① 《中共中央关于全面深化改革若干重大问题的决定》辅导读本 [M]. 北京：人民出版社，2013年。

挥合力，共同引导优化经济结构，支持科技创新驱动战略，鼓励民间投资，培育支持经济增长的动力转换，促进转变经济增长方式，推进经济持续优质增长。另一方面，在结构调控中加强两大政策协调配合，有利于维护经济基本稳定，维护好经济总量平稳增长与经济结构优化调整的平衡。

1.2.3　提高资金使用效率，共同实现宏观调控总目标

两大政策协调配合可起到相互支撑、相互补充、发挥合力、提高效率的作用。加强两大政策工具协调配合，能够提高资金使用效率，共同高效实现两大政策各自目标和宏观调控的总目标。例如，如果一方政策善于运用另一方政策工具，会既提高另一方政策工具的使用效率，又同步助力实现自身政策目标，还会为共同实现宏观调控总目标节约资金、提高效率。否则，可能会出现各行其是、相互抵消、相互冲击、效率低下的情况。

1.3　基本概念与研究范畴

1.3.1　宏观调控的基本概念

宏观调控理论是我国在坚持马克思主义、借鉴西方国家干预理论和其他经济理论的基础上，根据我国国情、结合我国实践开创的具有中国特色的国家治理经济理论。"宏观调控"概念源于1985年召开的宏观经济管理国际讨论会——巴山轮会议，用来描述政府对宏观经济的治理和在市场经济中应担当的责任。

1988年，"宏观调控"首次被写入官方文件。党的十三届三中全会报

告指出:"必须综合运用经济、行政、法律、纪律和思想政治工作的手段,进行宏观调控",开启了我国政府对经济治理理论与实践的新篇章。1993年,党的十四届三中全会明确:"建立社会主义市场经济体制,要使市场在国家宏观调控下对资源配置起基础性作用。要健全宏观调控体系,确立宏观调控的主要任务:保持经济总量基本平衡,促进经济结构优化,引导国民经济持续、快速、健康发展,推动社会全面进步"。1998年,政府工作报告指出:"社会主义市场经济条件下的宏观调控,必须按照市场经济规律,对国民经济进行合理的调节,不同于计划经济体制下对企业生产经营活动的直接干预"。2004年,《中华人民共和国宪法修正案》指出:"国家实行社会主义市场经济……完善宏观调控。从法律上对宏观调控予以明确"。2008年政府工作报告指出:"要加强和改善宏观调控,坚持主要运用经济手段、法律手段,发挥各种政策的组合效应"。2013年,党的十八届三中全会指出:"紧紧围绕使市场在资源配置中起决定性作用深化经济体制改革,坚持和完善基本经济制度,加快完善现代市场体系和宏观调控体系"。

宏观调控理论不断完善,方式不断创新。区间调控、定向调控、相机调控都已成为宏观调控理论的有机组成部分。区间调控是为经济运行设定合理区间,假如经济运行在该区间内,政府应保持战略定力不宜过多进行干预,保持宏观政策稳定。定向调控是在区间调控过程中,对特殊领域尤其是较为薄弱的领域(如农业、小微企业、科教、创新创业)或战略上需要扶持的领域(如战略性新兴产业),给予定向精准扶持,对过度发展的领域(如过剩产能等)采取必要的定向限制。相机调控指根据形势变化适时对经济进行调整,防止发生区域性、系统性风险,是宏观经济政策进行逆周期调节熨平经济波动、维护经济平稳运行的有力保障。

1.3.2 财政政策与货币政策协调配合的基本概念与研究范畴

财政政策是为实现一定目标,根据所处时期的形势,对财政收入、支出、债务等进行调整与优化，通过财政传导机制贯彻落实、履行财政职能的政策策略与措施。货币政策是为实现一定的货币政策目标，根据所处时期的形势，对货币供应量、利率等进行调整与优化，通过货币政策传导机制贯彻落实、履行央行职能的政策策略和措施。财政政策与货币政策协调配合，是指在尊重各自独立性、充分交流互换相关信息的基础上，两大政策在政策类型、调控方向和政策工具上能相互协调、相互配合、相互支撑、相互补充，从而共同高效实现宏观调控目标。

财政政策与货币政策的协调配合不等于不尊重两大政策各自的独立性。一般来说，货币政策的独立性被广为关注，它包括两种含义：一种是货币政策的制定由中央银行自主独立地根据经济形势制定，而不受政府只为追求短期经济目标或政治选票等因素干预，进而影响经济长期稳定增长、失去货币政策的信用根基。另一种是一国货币政策不过多受其他国家货币政策、汇率等因素影响，例如实行固定汇率制的国家，其他国家货币与本币汇率发生变化时，本国货币政策就会调整货币供应量和利率，从而失去货币政策的独立性。本书所指财政政策与货币政策的协调配合是在尊重各自政策独立性的基础上，充分考虑两大政策职能、长短期目标、本国根本利益和发展目标下的协调配合。

财政政策与货币政策应在充分交流互换相关信息计划的基础上各自决策。如果决策前两大政策完全不互通相关信息，非常容易导致信息的不对称性，为两大政策不能高效配合形成合力留下后患。

两大政策协调配合的目的是政策之间能相互支撑、相互补充，共同高效实现各自政策目标和宏观调控的总目标，而不是相互抵消、相互冲怼对方政策和效力。

两大政策协调配合主要包括三个维度：一是两大政策通过松紧的政策类型搭配组合，着力维护经济总量基本稳定；二是加强两大政策协调配合共同优化经济结构调整、促进高质量增长；三是加强两大政策工具市场化配合力度，共同高效实现各自政策目标和宏观调控总目标。本书重点围绕这三个范畴进行阐述，不过多阐述政策性金融和宏观审慎监管等方面的协调配合。

1.3.3 加强财政政策与货币政策协调配合的必要性

财政政策和货币政策作为宏观调控中最重要的两大政策，二者既有一致性，又有差异性、互动性与互补性，有必要加强二者协调配合，具体表现为：

1.3.3.1 财政政策与货币政策的一致性

（1）两大政策最终目标都与宏观调控目标一致。货币政策的最终目标是促进经济增长、维护物价稳定、实现充分就业、维护国际收支平衡等。财政本质上是以政权为依托，为国家或政府理财行政，即"以政控财、以财行政"。所以两大政策的最终目标与宏观调控目标一致。

（2）两大政策都会通过资金传导影响经济。两大政策的操作对象都是巨额货币资金，这些资金通过各自传导机制都会影响经济主体及其经济行为、生产资料和生产要素流动等，从而影响投资和消费、生产与分配、经济总量与结构、社会总需求和总供给的变化。

（3）两大政策总体上都可分为扩张性、紧缩性、中性的政策类型。扩张性财政政策一般指通过增加财政支出、扩大政府赤字和债务、减少财政收入如减税等手段，实现刺激和扩大社会总需求、调整总供给等宏观调控目标。扩张性货币政策一般指通过扩大货币供给、降低利率、扩大信贷规模，实现提高社会总供求，刺激经济增长等目标。紧缩性财政政策，一般指通过紧缩财政支出、压缩政府债务、增加财政收入如增税等手段，实现缩小社会总需求、优化总供给等宏观调控目标。紧缩性货币政策一般指通过紧缩货币供应量、提高各种利率、缩小信贷规模，实现降低社会总供求、缓解通胀压力、控制经济过热等目标。中性的财政政策，一般指不刻意通过大幅增减财政收支和债务的方式实现宏观调控目标。中性的货币政策一般指不过多通过货币数量与价格的自身调整对经济增长进行平抑或刺激，保持货币政策的中性状态。在我国，扩张性财政政策和扩张性货币政策一般表现为积极的财政政策和积极的或宽松的、适度宽松的货币政策；紧缩性财政政策和紧缩性货币政策表现为从紧或适度从紧的财政政策和货币政策；中性的财政政策和中性的货币政策一般表现为稳健的财政政策和稳健的货币政策。

1.3.3.2 财政政策与货币政策的差异性

（1）两大政策工具有差异性。财政政策工具，主要包括财政收入、支出和债务工具。收入工具主要包括税收收入、非税收入。收入是贯彻实施财政政策的根本保障，其中税收是组织财政收入的重要来源。国家可通过确立纳税主体、明确征税对象、制定纳税依据、选择税种、调节税率和税收优惠等税收政策对经济进行调控。支出工具指财政支出，按照与经济活动的关系可分为购买性支出和转移性支出。购买性支出指政府对商品与劳务的购买，包括政府的直接消费与投资，政府作为消费者进行购买性支出、作为投资者进行投资都会影响总供求和经济结构。转移性支出包括财政收入的转移、政府补贴、税式支出等，对优化经济结构、促进区域平衡与缩小收入差距等具有重要作用。债务工具指国家债务或政府债务，也称国债或公债。① 国债是利用国家信用通过债权债务方式筹集到的资金。在传统的财政政策工具分类中，债务工具不算一个独立的财政政策工具，它从财政收入政策工具派生而来。随着经济和财政的发展，债务工具独具特色，国债不仅可弥补财政赤字、调节社会总供求、实现逆周期调节目标，还可成为财政政策与货币政策协调配合的重要结合点，因而可视作一个相对独立的财政政策工具。货币政策工具，一般包括再贴现率、公开市场操作和存款准备金率，俗称"三大法宝"。经过不断发展和创新，我国形成了以"公开市场业务、法定存款准备金率及利率为主的市场化货币政策工

---

① 本书主要探讨国债，不过多涉及地方政府债务。

具的组合①",具体来说:公开市场业务是央行投放和回收基础货币、调整流动性的重要手段,包括公开市场债券交易业务②,短期流动性调节工具(SLO),中央国库现金管理业务。存款准备金包括对人民币存款准备金、外汇存款准备金及存款准备金率的管理。利率是对基准利率等的管理。中央银行贷款包括再贷款、再贴现业务。常备借贷便利(Standing Lending Facility,SLF),是中国人民银行 2013 年创设的,主要为政策性银行和全国性商业银行等金融机构以抵押式提供短期(3 个月以下)流动性支持。中期借贷便利(Medium-term Lending Facility,MLF),于 2014 年创设,是以质押式提供中期基础货币、发挥中期政策利率的货币政策工具。通过此举向符合审慎管理要求的商业银行和政策性银行提供融资,引导其向三农、小微企业等领域提供融资,降低其融资成本。抵押补充贷款(Pledged Supplementary Lending,PSL),于 2014 年创立,主要为三家政策性银行提供部分低成本资金,引导其投向较为薄弱、需要扶持发展的基础设施、民生支出等领域,体现宏观调控意图,降低这些领域的社会融资成本。

(2)两大政策传导机制不一样。财政政策的传导机制,指贯彻执行财政政策、实现财政政策意图的过程中,财政工具通过一系列媒介、体制机制等因素影响相关经济主体及其经济行为和利益,从而达到宏观调控目标的运转路径与机理。陈共认为,财政政策主要通过收入分配、货币供应和价格这三种媒介来实现政策目标③,即财政政策工具的变量发生变化时,会引起收入分配的变化,从而影响企业和个人的利益分配、收入分配,进而影响总产出;会因财政赤字的扩大影响货币供应量的变化,从而影响总需求;会引起基础产业部门价格的变化,从而影响产业结构的调整。还有学者认为,财政政策的目标与工具有时存在领域间隔,即不同时处于生

---

① 易纲. 中国金融改革思考录[M]. 北京:商务印书馆,2011 年,120 页。
② 公开市场债券交易业务包含回购业务、现券交易、中央银行票据发行。
③ 陈共编著. 财政学[M]. 北京:人民出版社,2013 年第 5 版。

产、分配、交换、消费领域，因此需要传导机制。① 例如，当财政要实现总量与结构调整的目标时，目标属于流通领域、生产领域，而财政总体属于分配领域，因此需要借助传导机制。又因财政调节以货币资金为载体，而财政资金流转于银行系统内，因此，银行的信贷系统也成为财政政策的重要传导机制之一。还有学者认为，财政政策在 IS–LM 框架下，通过加数原理、乘数作用和挤出效应进行传导，对国民收入产生影响。② 笔者认为，财政政策的传导机制包括：第一，通过预算编制财政收入、支出和债务的变化体现和贯彻财政政策意图。第二，通过预算执行过程，依托财政体制贯彻落实财政政策进行传导。第三，发挥财政支出的引导带动作用，影响信贷规模、信贷结构及货币供应量的变动，贯彻财政政策。第四，财政收支债务变动通过财政预算、财政体制、货币金融等一系列媒介影响市场经济相关主体的经济利益与经济行为，从而实现宏观调控目标的全程。货币政策的传导机制，指贯彻执行货币政策、实现货币政策意图的过程中，货币政策工具通过相关媒介、体制机制等因素影响相关经济主体及其行为，实现调控目标的运转路径与机理。主要包括：第一，利率传导机制，即通过调整利率，影响经济主体及其经济行为，进而影响社会总产出。第二，汇率传导机制，即通过本币与外币之间的汇率政策变化，影响货币价格和物价变化，进而影响进出口及社会总产出。第三，其他资产价格传导机制，指货币政策除通过利率、汇率等货币价格传导外，还通过股票和债券等金融资产价格的变化、房地产等非金融资产价格的变化及消费者消费财富的变化，影响经济主体投资和消费，进而影响社会总产出。第四，信贷传导机制，即货币政策引导银行体系存贷款规模和结构变化，进而影响社会总产出。

（3）两大政策对总量与结构的调节优势不同。财政政策对结构的影响

---

① 李金霞，张献国．关于财政政策传导机制的理论分析及启示［J］．石家庄经济学院学报，1997 年第 4 期。

② 李红艳．我国财政与货币政策传导机制分析［J］．山东财政学院学报，2000 年第 11 期。

更直接、更有优势,因为财政收支的变动直接作用于经济主体并影响其经济行为和利益;货币政策对结构影响相对间接,因为货币政策需通过货币供应量和利率工具影响至商业银行体系、政策性金融体系,再影响经济主体及其行为,传导过程相对财政政策更为间接。货币政策对总量影响更具优势,因为中央银行管理全社会货币供应总量,所有国民收入都以货币来计量;而财政收支所集中的资金份额只占国民收入部分比例。

(4)两大政策在宏观调控中的优先目标不一致。财政的核心体现为财政收支的变动,财政政策更优先关注收入分配、公共服务、产业发展等。货币政策的优先目标在各国不同阶段有所不同。根据《马斯特里赫特条约》,欧洲中央银行体系首要目标是保持物价稳定;欧盟宏观经济政策只有在实现物价稳定的前提下,才能追求高就业、无通胀的经济增长等目标。英国、加拿大、新西兰中央银行也以物价稳定为优先目标,在此基础上再追求其他目标。美联储以物价稳定和充分就业为双重目标,但这两个目标中谁是最优目标在美国历史上发生过变化。国际金融危机之后,各国再次反思货币政策的目标,很多人认为维护金融稳定也应成为货币政策的重要目标之一。1995年,《中国人民银行法》从法律上确定了我国货币政策的首要目标是稳定币值。在中国当前阶段,货币政策坚持多重目标:低通胀、促进经济增长、促进就业和维持国际收支平衡。周小川(2012)认为,货币政策应主要侧重三个目标:低通胀、经济和金融稳定、国际收支平衡。[①]

(5)两者决策与执行时滞不同。一般来说,财政政策的决策程序需经立法机关审议通过,而货币政策不需经立法机关审批而直接由货币政策决策机构和相关委员决策,因此,财政政策的决策时滞相对较长,货币政策的决策时滞相对较短。在执行上,财政政策可直接安排支出给相关经济主体并影响其经济行为,因此财政政策执行时滞相对较短;货币政策通过间

---

① 周小川. 国际金融危机:观察、分析与应对 [M]. 北京:中国金融出版社,2012年。

接手段运用工具影响商业金融体系,再影响经济主体及其经济行为,因此货币政策执行时滞相对较长。

1.3.3.3　财政政策与货币政策的互动性与互补性

(1) 两大政策之间相互影响。财政政策过度扩张可能会引起通货膨胀,货币金融危机可能需要财政救助。一种政策工具可能会影响另一种政策及其目标的实现,例如国债作为财政政策的重要工具,对货币供应量会产生重要影响。同时,一种政策执行中涉及的经济主体在资金运动上可能会产生对另一政策资金的诉求,如政府投资也需货币金融体系的融资支持。

(2) 两大政策共同受相关因素制约,作用于经济稳定与增长。两大政策共同受政府预算约束、价格水平和经济发展实力与潜力等影响,可共同作用于经济稳定和增长。

(3) 两大政策具有互补性。两大政策具有一致性、差异性,相互影响又相互作用,一种政策影响经济的效力可能会被另一种政策削减,也可能会因得到另一种政策的支持和配合而放大效力。因此,两大政策具有互补性。

1.4　研究方法

1.4.1　规范分析与实证分析相结合

在收集整理宏观调控中财政政策与货币政策相互配合的相关理论文献资料基础上,注重结合我国财政与货币政策协调配合的实际情况,理论联系实际,进行规范分析,并从不同维度进行实证分析。

1.4.2　定性分析与定量分析相结合

在阐述财政与货币政策的基本理论基础上，对两大政策维护经济总量基本稳定、促进结构调整、政策工具之间协调配合进行定性分析与定量分析。

1.4.3　历史分析法和比较分析法相结合

通过横向比较国际发达国家财政政策与货币政策配合的经验与教训、纵向比较国内两大政策配合的历史实践，结合当前国际国内新形势，提出加强财政与货币政策协调配合的思路和对策。

1.5　研究框架

第一部分介绍本书研究背景、意义，阐述宏观调控中财政政策与货币政策及其协调配合的基本概念、两大政策协调配合的必要性及其与坚持货币政策独立性的关系，并介绍本书重点研究范畴。

第二部分介绍国内外关于宏观调控中财政政策与货币政策协调配合的文献综述和理论基础，分析我国宏观调控与西方国家干预、供给学派等理论的联系与区别，指出目前国内外理论与文献的不足，提出构建宏观调控中财政政策与货币政策协调配合的基本框架。应统筹兼顾处理好短期与长期、供给与需求、总量与结构、速度与质量的关系，财政与货币政策应以宏观调控目标为核心导向，加强协调配合，短期着力熨平经济周期大幅波动，通过适度的政府投资发挥需求管理优势，维护经济总量基本稳定；长期着眼促进经济持续优质增长，通过供给管理激发市场活力，优化经济结构推进经济转型升级；同时还应加强两大政策工具的协调配合，提高政策合力和效率。

第三、第四部分分别回顾美、日、德等主要发达国家和我国财政政策与货币政策协调配合的重要历程，从实践中总结各国两大政策在维护经济稳定、促进结构调整和加强政策工具协调配合的经验教训。

第五部分利用 VAR 模型对实际 GDP 增速、赤字率及货币供给 M2 增速之间的关系进行实证研究，通过脉冲影响函数及方差分解分析不同经济情况下两大政策与经济增长之间的关系，两大政策对维护经济基本稳定存在的问题及原因。

第六部分利用我国 31 个省市 2006～2017 年面板数据分析两大政策对经济结构的影响，就两大政策对全国及东、中、西部地区产业结构的影响分别进行实证分析，比较两大政策对各地区经济结构调整作用的异同点，分析存在的问题及原因。

第七部分分别从央行资产负债表角度、建立 VECM 模型的方法，分析政策工具之间尤其是利用国债、国库现金对货币供给量的影响，分析存在的问题及原因。

第八部分在各章分析基础上，结合当前国际国内新形势，提出进一步完善宏观调控中两大政策协调配合的对策建议。在供给侧结构性改革背景下提出宏观调控的总体战略基调，构建宏观调控中财政与货币政策协调配合的基本机制。两大政策短期应注重维护经济总量基本稳定，发挥需求管理的优势。采取积极的财政政策与稳健的货币政策协调配合；适当发挥政府投融资的优势，从需求侧维护总量基本稳定；利用国债优势共同防范和化解系统性金融风险。长期应注重促进结构调整实现经济优质增长，发挥供给管理的优势。两大政策协调配合以科技创新引领经济增长动能转换，推动相关市场经济主体改革和发展。同时加大两大政策工具协调配合力度，提高政策资金效率。积极稳妥把握赤字和债务规模，进一步优化政府债务管理；善于利用国债、国库现金增加货币供应量调控的主动权。

1.6　创新与不足

1.6.1　创新点

第一，从三大维度研究论证宏观调控中财政与货币政策的协调配合：包括从总量上，两大政策类型合理搭配维护经济总量基本稳定；从结构上，两大政策共同优化经济结构促进高质量增长；从工具上，两大政策工具之间加强市场化配合力度提高政策合力和效率。

第二，尝试构建宏观调控中财政与货币政策协调配合的基本框架，统筹考虑短期与长期、总量与结构、速度与质量、需求与供给管理的关系。两大政策应加强协调配合，以实现宏观调控目标为核心导向，短期着力熨平经济周期大幅波动，适时适度发挥政府投资的需求管理优势，维护经济总量基本稳定；长期着眼优化经济结构，通过供给管理激发市场活力，促进经济转型升级，实现经济持续优质增长；同时加强两大政策工具之间的协调配合，提高政策合力和效率。

第三，分析认为在积极稳妥把握赤字和债务规模、优化国债管理的同时，应利用国债打破外汇占款与人民币发行的直接联系，增加利用国债调控货币供应量的主动权，完善人民币发行机制，促进国债和人民币国际化；利用国债防范和化解系统性金融风险。

1.6.2　难点与不足

第一，本书涉及面较广，难度较大。既涉及宏观调控理论、财政理论、货币金融理论、财政与货币政策协调配合的理论，又涉及经济基本面的情况分析、国家发展战略等。既涉及主要发达国家财政与货币政策协调配合的历史沿革，又梳理各国应对金融危机的具体配合等。

第二，本书搭建了宏观调控中财政与货币政策协调配合的总体框架，但受篇幅和时间影响，有些内容不能更深入地拓展叙述。

第三，本书注重现实数据的分析，收集汇总、分析、整理了大量部门数据，但受各种因素影响，有些数据难以获得更细致的分类。

第 2 章

文献综述和理论基础

宏观调控中财政政策与货币政策协调配合的理论文献主要基于两个层次展开：一是政府与市场的关系即国家是否该干预或调控市场；二是在国家干预或宏观调控的过程中财政与货币政策是如何协调配合发挥作用的。

2.1 文献综述

2.1.1 国外相关研究

2.1.1.1 关于政府与市场的关系

重商主义（16 世纪～18 世纪中叶）是资产阶级最早的经济学说，主张中央集权，国家应干预经济，重视生产，鼓励并保持对外贸易顺差，促使金银等贵金属流入国内。

古典经济学中，魁奈 1758 年出版《经济表》，分析了以大规模租地农业经济为主要特点的早期资本主义宏观经济中社会简单再生产和流通过程，提出生产才是富国之根本，倡导经济自由原则。亚当·斯密 1776 年出版《国富论》，倡导经济自由，主张政府权限应明确限定，废除一切特惠或限制的制度，建立"最明白、最单纯的自然自由的制度"。西方开启了信奉"政府是守夜人，崇尚自由市场经济"思想的里程碑。李嘉图认为要促进经济增长，必须保持一定的利润率，否则整个社会将陷入停滞状态。他认为赋税存在是必要的，但赋税也是影响经济增长的一个重要因素，应使赋税尽可能少地影响资本积累和生产发展。他提出要建立稳定的银行货币体系，设立中央银行，通过公开市场业务买卖政府债券来调节基础货币供应量，限制银行滥发货币的权力，稳定通货和物价。他还主张实行金本位制，在金本位基础上实行纸币制度，但要控制纸币发行量。马尔萨斯认为国家可通过扩大或缩小财政支出、调整非生产阶级与生产阶级的比例，进行宏观需求管理。他认为如果需求与供给长期不匹配，需求长期不足、供给严重过剩，经济会停滞不前出现生产过剩的经济危机。萨伊在《论政治经济学或略论财富是怎样产生、分配和消费的》指出，赋税对生产、分配、消费影响广泛，赋税会妨碍社会再生产，但承认税收确需存在。他首次提出国家应利用税收作为调控工具，降低税率以降低其对再生产的影响。否认生产会过剩，提出"供给能创造需求"的"萨伊定律"，但假设前提是货币具有稳定的价值且只作为交换媒介而无须长期贮藏。

马克思《资本论》从分析商品和货币入手，认为货币转化为资本再进行资本积累的秘密源于以劳动价值论为基础的剩余价值，资本积累必然加剧社会分配中的两极分化。随着大机器工业生产方式的确立及产业资本、金融资本快速发展，在资本主义自由竞争和生产的无政府状态下，社会再生产难以在两大部类间实现按比例协调发展，资本主义生产会出现相对于有支付能力需求的过剩，资本主义宏观经济会出现失衡，资本主义必然会发生危机。无产阶级应通过革命取得政权，然后实行按计划、按比例的资源配置，根据生产的社会必要劳动时间配置相应的物化劳动和活劳动，促进社会再生产按比例发展，实现科学的社会主义。

19世纪30年代，以凯恩斯《就业、利息和货币通论》为标志，逐步兴起并形成凯恩斯宏观经济学和现代国家干预经济理论。但面对19世纪六七十年代的经济滞胀，凯恩斯主义无力改善经济状况，又逐步兴起货币主义、供给学派、理性预期学派等经济理论；不过凯恩斯主义也被不断丰富发展。萨缪尔森在《经济学》（1999）中指出，宏观经济学以国民经济整体运行情况为研究对象，围绕探索经济增长与衰退的原因，着重关注两大问题：一是一个国家产出、就业和价格的短期经济波动问题；二是长期经济增长问题。政府通过确定宏观经济政策包括财政与货币政策，可熨平经济周期，防止过度通胀或失业，保持国际收支平衡，促进或降低经济增长速度。①

2.1.1.2 关于财政政策与货币政策的关系

亨利·西蒙斯②（1936）指出，货币政策的实施应受制于财政政策并反过来决定财政政策。Sargent（1981）认为财政政策与货币政策受统一的政府预算约束，它们不会完全独立，而会互相影响，财政政策对价格有影响，如果财政赤字无法持续，中央银行会被迫通过发行货币为财政融资。Woodford（1995）认为，财政赤字规模及融资方式决定了中央银行的独立性程度。Woodford、Leeper（1999）等不断发展"价格水平决定的财政理论"（FTPL），认为财政政策可能会引起价格变动，即使中央银行有独立性也不能确保其可实施稳定价格的货币政策。瓦什（2002）认为，财政和货币政策通过政府部门的预算约束联系在一起。Benassy（2003）从决策时间分析了财政与货币政策的相互作用。Creel，Paola（2006）建立了财政盈余、利率及通货膨胀之间的理论模型，认为财政与货币政策相互影响。吉耶尔莫·奥特兹（2011）③认为："货币政策和财政政策在长期通常通过预算约束联结在一起，在中期则互相分隔。不过危机挑战了这个思路，货币金融部门和主权债务支持的④特别借贷安排已模糊了货币政策和财政政策之间的边界"。⑤

2.1.1.3 关于财政政策与货币政策协调配合及意义

凯恩斯主义流派认为，宏观经济不平衡主要是由需求不足引起的，财政政策应发挥主导作用，货币政策应发挥辅助配合的作用。Pindyck

---

① 保罗·萨缪尔森，威廉·诺德豪斯著. 经济学 [M]. 北京：华夏出版社，2000年。
② 芝加哥学派之父。
③ 曾任国际清算银行委员会主席。
④ 如美联储和欧洲中央银行所承担的。
⑤ 布兰查德等主编，王志毅译. IMF 研究系列：金融危机中的教训反思当代政策 [M]. 杭州：浙江大学出版社，2013年。

(1976)指出财政与货币政策协调配合的目标冲突问题。Blinder(1996)强调中央银行的根本任务是维护经济稳定,因此中央银行必须要对货币政策负最终责任。① Talylor(2000)指出,当财政政策受制于某种规则或关注中期目标时,货币政策应更多考虑稳定产出。Evans et al.(2008)、Honkapohja(2010)利用新凯恩斯主义模型,用适用性预期代替了理性预期,分析指出经济受到较大消极性预期冲击时,为使经济回到稳定的目标状态,有必要利用扩张的财政政策作为货币政策的补充,特别是短期内提高政府支出水平。② 德龙、萨默斯(2012)重申财政政策在利率接近于零的时候是影响需求的有效工具。保罗·萨缪尔森、威廉·诺德豪斯(2012)指出,在两种情况下,反周期的财政政策最有效:一是在经济衰退时临时减税可在短期有效增加总需求,并避免长期财政赤字;二是在经济处于流动性陷阱、中央银行没有降低短期利率空间时货币政策无效,只能靠财政政策发挥主力作用。他们还认为,"财政政策与货币政策的最佳组合取决于两个因素:需求管理的必要性、财政和货币政策类型的理想组合。旨在熨平经济周期的政策必须通过影响总需求发挥作用,政府可通过运用财政杠杆和货币杠杆促进总需求增长,从而达到抑制衰退的目的。同时,通过选择不同的财政、货币政策类型组合会对产出有不同的影响"。这说明一方面,财政政策和货币政策在需求管理中可相互替代,紧缩一项政策放松另一政策,可使总需求、总产出保持不变。另一方面,通过改变两大政策组合,政府可改变投资、消费、净出口等占 GDP 的比重。③ 斯蒂格利茨(2016)在中国发展高层论坛上表示,经济衰退时,货币政策不会有太大作用,财政政策将更加有效。

---

① 范志勇著. 货币政策理论反思与中国政策框架转型 [M]. 北京:中国社会科学出版社,2016年。

② 托马斯·萨金特,约科·维尔穆宁主编. 公共政策中的宏观经济学 [M]. 北京:中国人民大学出版社,2016年。

③ 保罗·萨缪尔森,威廉·诺德豪斯著,萧琛译. 萨缪尔森谈财税与货币政策 [M]. 北京:商务印书馆,2012年。

Ribe（1980）研究了财政与货币政策协调对宏观经济政策效率产生的影响。Blinder（1982）认为要取得效果明显的宏观经济政策，财政与货币政策协调配合至关重要；如果配合不当会对经济产生不利影响。Feldetin（2002）认为，财政与货币政策协调配合可克服通货紧缩。费希尔（2003）指出，财政政策和货币政策都是政府采用的重要手段，可使经济走出衰退并防止过度繁荣。① Dellas、Salyer（2003）指出，财政与货币政策在制定时都要考虑对方的政策和效果，不应独自做决策。国际清算银行（BIS，2003）指出，当经济衰退时，如果财政政策扩张力有限，在通货膨胀不变的情况下，货币政策应采取行动稳定产出。当某一政策受冲击的不确定性较高时，财政与货币政策协调配合、行动一致，才能使宏观经济政策效果最大化。萨金特（2011）② 指出，"货币政策和财政政策并不能完全各自独立，它们必须协调一致。在协调财政政策与货币政策时，可以找到既简单又透明的方法。"③ 斯蒂格利茨（2011）指出："传统智慧赞成独立的中央银行。但独立的中央银行在危机出现时并没有更好的表现。危机促使我们重新思考关于良治的观点"。④

　　Alesina、Tabellini（1987）研究了财政与货币政策不协调时的相机抉择等问题，开创性地运用博弈论分析两大政策的协调配合问题。此后，Nordhaus（1994）、Hall（1999）、Barnett（2001）、Leitemo（2004）、Robert（2010）也分别运用博弈论研究了财政与货币政策的协调配合问题。Nordhaus（1994、2004）运用博弈论证明，中央银行和财政部门不合作对宏观经济稳定的损害非常大，因为不合作战略博弈会导致高财政赤字和高利率并存，这将降低产出和消费；而在一个合作较好的政策组合里，则可使宏

---

①　Dornbusch R, Fischer S, Startz R. Makro konomik [M]. Oldenbourg: Oldenbourg Verlag, 2003.
②　在诺奖颁奖典礼上发表《美国的昨天，欧洲的今天》的演讲时指出。
③　中信《比较》编辑室. 建立现实世界的经济学——诺贝尔经济学奖得主颁奖演说选集 [M]. 北京：中信出版社，2012年.
④　布兰查德等主编，王志毅译. IMF研究系列：金融危机中的教训反思当代政策 [M]. 杭州：浙江大学出版社，2013年.

观经济获益。

Bradley、Potter（1986）实证分析了美国1969～1984年财政与货币政策的协调配合情况。Davig（2006）、Leeper（2009）分别运用新凯恩斯动态一般均衡模型分析了美国财政与货币政策的搭配，证明不同年份美国财政与货币政策搭配方式不同。Barrell、Riley（2004）运用模型分析了财政与货币政策不协调配合对英国的影响。Afonso（2005）实证证明了1970～2003年欧盟15国财政政策决定了价格水平。Sanchit（2013）运用模型分析了印度1990～2011年两大政策之间互动及其对宏观经济的影响。

Woodford（2001）、Thadden（2004）分析了国债在财政与货币政策协调配合中的作用。布兰查德（2013）等研究了金融危机期间经济增长的预测误差和债务之间的关系，提出高风险债务与经济增长之间多重均衡的观点。阿代尔·特纳（2013）[①] 指出，2008年金融危机的根本原因是以银行和影子银行为主的现代金融体系不可避免地创造了过量的私人部门信贷债务。控制私人信贷规模和结构，解决债务积压问题，应建立一个不依赖信贷快速增长就能满足需求的经济增长模式——非信贷密集型增长模式。通过创造法定货币，打破"印钞票为公共赤字融资"的政策禁忌，进行政府货币化融资（OMF），并确保将它置于一定的规则约束之下，必要时刺激需求但防止滥用。OMF实际上就是财政政策和货币政策的有效结合。帕尼萨（2014）等人使用工具变量的方法，检验了公共债务与经济增长之间的关系，认为没有证据表明二者之间存在显著的因果关系。[②]

关于国债被用来预测通胀和宏观经济增长的形势，法玛（1975）通过研究20世纪50年代至70年代美国的国债市场，认为短期国债收益率对短期通货膨胀变化的预期有明显作用。哈维（1989）通过研究20世纪70年代至80年代西方七国的国债市场，认为不同期限结构的国债收益率差可预测未来的产出，如3个月与10年期国债利差可预测1年后的实际产出。

---

① 在《债务和魔鬼：货币、信贷和全球金融体系重建》中指出。
② 张晓晶、王宇. 探索宏观经济政策新框架 [J]. 比较，2015年第4期。

2.1.1.4　关于需求管理与供给管理

凯恩斯认为，理解经济的最佳方法是掌握全局，他开创宏观经济学分析总需求和总供给、总储蓄和总投资，认为经济发生危机政府应从需求侧进行救助。① 哈耶克站在凯恩斯的对立面，从微观经济学角度认为个人储蓄奠定了国家财富的基础，只有考虑个体间的互动才能理解经济；利率负责调节消费者和生产者之间跨期计划的价格，只有央行维持货币中立的地位②，利率才能高效完成这项工作。供给学派尊奉萨伊定律，认为应从供给角度促进经济增长。理性预期理论创始人卢卡斯采用"供给侧管理"等词语，强调宏观经济政策重心应促进长期增长，频繁采用凯恩斯主义需求管理弊大于利。③

2.1.1.5　关于短期与长期

短期、长期如何区别？凯恩斯主义经济学家认为短期内价格具有黏性，价格对供给与需求的变化反应缓慢，在价格没有调整到长期均衡的短期，古典二分法不成立，货币政策会影响通货膨胀和总产出、实际利率、储蓄与投资等实际变量；政策关注重点是稳定实际 GDP 和失业率波动。凯恩斯主义者认为政府应实施积极的宏观经济政策稳定短期经济波动。在长期，产品和服务的价格及劳动力价格④会一直调整到长期均衡水平，即需求等于供给，因而长期价格具有完全的灵活性。凯恩斯主义者逐步意识到经济在长期发生的事情也非常重要：即使长期需要很长一段时间才能达到，经济在多年的平均增长率对一国国民福利仍有巨大影响。

其他经济学家经常被称为古典主义者，坚持认为经济能相当快速地移动到长期，长期关注的重点是经济增长，政府应集中关注促进经济长期高

---

① 彼得·德.哈恩著.从凯恩斯到皮凯蒂 [M].北京：新华出版社，2017 年。
② 即不故意追求通货膨胀或者通货紧缩。
③ 林毅夫等著.供给侧结构性改革 [M].北京：民主与建设出版社，2016 年。
④ 工资。

增长的政策,如保持低通货膨胀率。① 彼得·德.哈恩(2017)提出,凯恩斯的理论没有考虑到技术进步会引发新的资本投资;他的模型过于静态宏观,不适合分析长期增长问题。②

2.1.2 国内相关研究

2.1.2.1 我国政府与市场关系相关理论文献的简要回顾

我国是在中央集权下不断自我改革和完善,深化认识政府与市场的关系。在新中国成立前的几千年历史中,我国一向崇尚"普天之下,莫非王土;率土之滨,莫非王臣"的皇权政治。在经历各种战争、割据、起义、革命后,逐步形成了大一统的中央集权国家。放任与干预经济两种思想在经济变革历史中存在激烈斗争。主张政府干预的有战国时期管仲的轻重之术、商鞅变法、西汉桑弘羊的均输和货币改革、唐代刘晏的常平盐法、宋代的王安石变法。主张政府不干预的有老子《道德经》"道法自然""无为而治",指社会运行要遵循客观自然的规律,做不违背规律的事才能善治,才是最好的治理。司马迁《史记》指出"善者因之,其次利导之,教诲之,整齐之,最下者与其争",指对国家经济最好是听其自然,然后是引导、教诲,通过制定规章制度约束,最后是直接与民争利。总体来看,国家干预思想占主导,国家治理服务于中央集权,以维护和促进经济社会稳定、巩固和促进国家长治久安为目的,抵御外来侵略和骚扰,处理好中央与地方的关系,并掌控一定的关键产业。

新中国成立尤其是改革开放后,在坚持中国共产党的领导、走中国特色社会主义道路的基础上,我国逐步从计划经济走向市场经济,国家治理的手段和方式不断优化和完善,呈现出"自上而下""自我完善""顶层

---

① 弗雷德里克·S.米什金著.宏观经济学政策与实践[M].北京:中国人民大学出版社,2012年。
② 彼得·德.哈恩著.从凯恩斯到皮凯蒂[M].北京:新华出版社,2017年。

规划"的特点，逐步深化认识政府与市场的关系和职能定位。党的十八届三中全会以后，明确了市场在资源配置中起决定性作用和更好发挥政府作用。政府要维护宏观经济稳定，保障公平竞争，加强市场监管，维护市场秩序，弥补市场失灵，加强和优化公共服务，促进共同富裕，推动可持续发展。

2.1.2.2 关于财政政策与货币政策的关系及配合的意义

邓子基（1993）认为，财政与货币政策分工不同，但相互联系、相互影响，二者只有协调起来，才能充分发挥作用。两大政策有同一性，二者目标都与宏观调控终极目标一致，是宏观调控的政策工具，处于社会再生产过程中的分配环节；又有差异性，两大政策资金来源的性质、用途不同，职能、功能不同，目标各有侧重，政策调节弹性也不同。① 王旭祥（2011）提出，财政政策和货币政策的协调配合，关乎宏观调控的效率及经济运行的稳定。仅仅依赖单一的政策手段调控宏观经济运行非常困难，综合运用多种政策工具，特别是在多种政策目标相互冲突的情况下，政策搭配具有重要意义。② 邓晓兰、黄显林（2014）提出，公共债务货币化③与财政的可持续性相互影响、关系密切：财政赤字与债务状况决定着公共债务货币化的程度，财政的可持续性影响着央行债务货币化的空间；公共债务货币化也会影响财政的可持续性。④ 李扬（2015）指出，财政政策与货币政策协调配合是个老故事，但近年来在宏观调控的决策层面，这个问题并没被认真、系统地提出来。随着经济进入新常态，忽略两者协调配合的状况必须改变。现在，财政活动的金融化现象十分明显，财政大量发债

---

① 邓子基. 财政与银行关系的理论依据及财政、货币政策的配套运用 [M]. 山东：山东人民出版社，1995 年。
② 王旭祥. 货币政策与财政政策协调配合理论与中国经验 [M]. 上海：格致出版社，2011 年。
③ 央行通过购买国债等公共债务增发货币即公共债务货币化。
④ 邓晓兰，黄显林. 公共债务货币化与财政可持续性的互动影响关系研究——基于财政与货币政策协调配合的视角 [J]. 经济科学，2014 年第 2 期。

筹资，国库资金也日益采取金融运作进行管理。反过来，所有的金融问题归根结底又都是财政问题，最终需要使用或依托国家信用来解决，靠国家资财吸收金融系统的不良资产；用财政政策解决货币金融政策解决不了的问题。①

2.1.2.3 关于财政与货币政策配合存在的问题及原因

陈敏（2009）认为，我国财政政策与货币政策协调配合中存在的问题主要是国债市场和财政投融资体系不完善，应大力发展国债市场、完善财政投融资体系。王旭祥（2011）提出，财政政策或货币政策长期"单兵突进"，定位不准、分工不清，两大政策当局之间沟通甚少，缺乏主动配合的意识。这些因素导致了两大政策难以形成政策合力，影响了宏观调控效果和市场经济发展。② 吴超、秦亚丽（2011）提出，财政政策与货币政策在宏观调控中缺乏明确的目标界定，分工不清，职能混淆，导致财政政策的货币化或称货币的财政内生供给。如国有金融机构占比过多，信贷投放行政色彩强，形成了财政资金和信贷资金配合使用的财政模式，财政扩张导致信贷扩张，进而导致货币扩张。财政存款的季度波动性较大，加大了货币政策调控的复杂性；一年期以下国债规模较小及国债市场流动性较差，影响了央行运用国债进行公开市场操作、担当货币政策工具操作对象效果的发挥。③ 蔺怀国（2012）对当前我国财政与货币政策协调配合的制约因素，如国债、财政投融资、外汇储备、经济目标主体进行分析，提出改善这些制约因素的政策建议。④ 贾俊雪、郭庆旺（2012）提出，在应对

---

① 李扬. 新常态下的宏观调控要有新思路 [N]. 人民网—时政频道，2015年11月5日。

② 王旭祥. 货币政策与财政政策协调配合理论与中国经验 [M]. 上海：格致出版社，2011年。

③ 吴超，秦亚丽. 后危机时期财政货币政策协调的理论与实践思考 [J]. 金融理论与实践，2011年第6期。

④ 蔺怀国. 当前我国财政政策与货币政策协调配合——现状、制约因素与对策 [J]. 天津经济，2012年第4期。

1998年亚洲金融危机和2008年国际金融危机期间,我国通过大规模公共投资及由此引发的"货币超发"带来政府债务规模的持续攀升与较大的通货膨胀压力,财政政策与货币政策体系应进一步优化完善。①

刘少东(2013)认为,财政政策与货币政策协调配合不利的原因主要有:财政、货币政策内部不协调,政策协调配合缺乏技术含量,政策效应传导和协调机制缺失。② 范志勇(2016)指出在中国,国债发行的规模、品种及期限结构和中央银行现券资产规模都限制了其公开市场操作和利率引导的能力。中国人民银行对政府债权占其总资产的比重不到5%,大大限制了中国人民银行通过公开市场操作干预货币市场的能力。③ 徐忠(2018)指出,财政政策与货币政策之间的冲突仍然较多,影响了宏观调控的总体效果:结构政策应以"财政政策为主、货币政策为辅";此外,国债发行规模和期限简单地从财政功能出发,只考虑财政赤字、平衡预算及降低发行成本的需要,而忽略了国债的金融属性及其在金融市场运行和货币政策调控中的重要作用,导致国债收益率作为金融市场定价基准的作用无法充分发挥。④ 张维迎(2016)指出,造成有些西方国家过度债务积压的根本原因不是金融体系本身,而是政府宽松的货币政策。因为政府发行货币大多是造成政府债务过多的重要原因,债务过多又会拖累经济增长;如果再通过发行更多的货币解决经济危机或增长问题,还会创造新的泡沫和债务,这样最终恶果就是通货膨胀。政府必须遵守严格的底线和约束,控制货币的发行与债务的增长。⑤

---

① 贾俊雪,郭庆旺. 财政支出类型、财政政策作用机理与最优财政货币政策规则 [J]. 世界经济,2012年第11期。
② 刘少东. 财政与货币政策协调配合的基本思路 [J]. 财经界(学术版),2013年第1期。
③ 范志勇著. 货币政策理论反思与中国政策框架转型 [M]. 北京:中国社会科学出版社,2016年。
④ 徐忠. 越位缺位并存,搞封建式监管![N]. 经济学家圈,2018年8月8日。
⑤ 在评论特纳的《债务与魔鬼》一书时指出。

2.1.2.4 关于财政与货币政策协调配合的体制机制

李扬（1999）提出，如果不伴随扩张性货币政策，只增加政府支出，那么财政支出的扩张性是很微弱的。通过国债货币化，既可以为财政筹集资金，又有利于商业银行等金融机构持有国债这一高度流动性的资产，还有利于央行通过买入国债增加基础货币供应量。这样，财政和货币政策可建立更为市场化的沟通渠道和协调配合机制，货币政策也可获得更多市场化手段和更高效率的传导机制。① 贾康、孟艳（2008）提出，优化两大政策协调配合最重要的是建立一套科学化、法治化的决策程序、协调机制、执行修正程序与应急机制。② 任碧云（2009）对两大政策的配合模式和我国实践进行了总结，对影响两大政策协调配合的国债、政策性金融等技术问题进行了分析，提出要增加短期国债、完善政策性金融体系、并在中央财经领导小组框架下建立专门常设机构"财政货币政策协调委员会"。胡绍雨（2013）提出，财政政策与货币政策协调配合是我国宏观调控面临的一个难题，应建立和完善国家规划和财政政策、货币政策相互配合的宏观调控体系，在经济运行中保持合适的财政政策和货币政策组合，促进经济平稳运行。③

2.1.2.5 关于财政与货币政策协调配合的侧重点和着力点

王银枝（2008）提出，财政政策和货币政策应根据经济形势变化确定谁主谁从的地位和关系，结构与总量调控应各有侧重，加强在国债、国库

---

① 李扬. 货币政策与财政政策的配合：理论与实践 [J]. 财贸经济，1999 年第 11 期。

② 贾康，孟艳. 现阶段财政政策与货币政策协调配合的几个问题 [J]. 财经问题研究，2008 年第 7 期。

③ 胡绍雨. 国际经济协作下协调我国财政政策与货币政策的应用 [J]. 当代经济管理，2013 年第 2 期。

存款、外汇储备等重点领域的协调配合及政策性金融与两大政策的协调配合。[①] 崔惠民（2009）认为，在宏观调控中，财政与货币政策应发挥各自优势，在总量上应强化货币政策的作用；在结构调整中应发挥财政政策的优势；两大政策应合理分工、协调运作。[②] 尤瑞章、王庆（2013）对货币与财政政策的协调路径进行分析，包括两大政策目标之间、实施主体之间、政策工具之间、政策搭配模式及面对经济转型中的协调配合，提出要保持货币政策稳定、重视财政政策在总量调控中的作用，完善国债市场结构，建立合理的政策性金融体系，充分发挥国库现金管理作用，并把央票纳入质押品范围。

陈佳贵、李扬、王国刚等（2008）从货币政策角度，提出财政与货币政策协调配合的着力点有：对基础货币调控进行协调，对发展金融市场、促进形成金融市场统一的基准曲线进行协调，对兼具社会效益和私人效益的项目及需要筹资再运转的项目进行协调。[③] 李扬（2012）指出，财政和货币政策协调配合关键点有七个方面：配合的态势——积极的财政政策和稳健的货币政策；国债政策——财政和货币政策传统的配合领域；中国进一步城镇化过程中的投融资问题；社会保障；财政和金融之间的资金联系问题；外汇储备管理问题；宏观经济政策的国际协调问题。[④] 余斌、张俊伟（2014）提出，财政货币政策之间主要有三大接口：一是财政盈余，看似财政问题，但放在中央银行相当于收紧流动性，放在商业银行相当于投放流动性。二是外汇储备，外汇管理职责到底应放在哪，不仅意味着维护汇率稳定的职责如何定位，也意味着汇率稳定的成本由谁来支付。三是应增

---

① 王银枝. 财政政策与货币政策协调配合问题研究 [J]. 经济经纬，2008年第5期。

② 崔惠民. 财政政策与货币政策的组合效应——加强宏观调控应对金融危机 [J]. 学术交流，2009年第6期。

③ 陈佳贵总主编. 中国金融改革开放30年研究 [M]. 经济管理出版社，2008年。

④ 李扬. 深入研究财政政策和货币政策的配合问题 [N]. 人民网，2012年12月29日。

加国债品种和数量,在公开市场操作中用国债逐步替代央票。建议做实货币政策委员会,使之从咨询议事机构变成决策机构;设立财政政策委员会,作为财政政策的决策机构。①

关于两大政策工具的协调配合,沈巍、孙跃实、闫爱玲(2010)提出,应加强两大政策搭配力度,使国债尤其是短期国债等政策工具能在财政部和央行两大部门之间更加协调运用;同时两大部门之间应建立一个专门的政策协调机构,定期进行宏观调控方面的沟通和协调。② 刘锡良、周轶海(2011)认为,货币政策可通过购买国债为财政政策扩张提供资金支持,财政政策可为货币政策疏通传导渠道。平时未发生危机时,财政与货币政策在经济结构调整和促进国民收入分配过程中进行协调配合;发生危机时,二者在扩大内需、提供资金、提供高等级债务替代方面进行协调配合;危机发生后,二者在退出和完善制度方面进行协调配合。③ 王小广(2015)提出,货币政策和财政政策两大调控工具不仅要合理搭配,还需创新工具内涵和使用方式。④ 沈明高(2016)指出,为避免地方政府债务置换导致流动性紧张,央行需通过各种工具为商业银行提供流动性,也是债务准货币化的一种形式。⑤ 韦士歌(2017)指出,21世纪初期,在国债管理不宜作为货币政策工具、应独立于货币政策操作这一重大政策认知背景下,主要发达国家推行国债管理体制改革,其财政部门先后收回委托中央银行代理的国债管理职责,建立自主操作余地很大的国债管理局或公司,如1998年英国成立债务管理局,2000年德国建立国债管理公司等,

---

① 余斌,张俊伟. 新时期我国财政、货币政策面临的挑战与对策 [M]. 北京:中国发展出版社,2014年。
② 沈巍,孙跃实,闫爱玲. 我国财政政策与货币政策宏观调控特点比较分析——改革开放30年回顾与总结 [J]. 金融与经济,2010年第11期。
③ 刘锡良,周轶海. 金融危机救助的十大问题初探 [J]. 金融发展研究,2011年第4期。
④ 王小广. 进一步提高定向调控选择精准性 [N]. 上海证券报,2015年11月27日。
⑤ 林毅夫等著. 供给侧结构性改革 [M]. 北京:民主与建设出版社,2016年。

为促进财政货币政策协调配合搭建切实有效的微观市场基础。①

2.1.2.6 关于新常态宏观调控、定向调控、区间调控中的协调配合

张晓晶（2015）指出，宏观调控实质上是政府对市场的某种干预，这种干预必须建立在尊重市场规律的基础上，按市场规律办事。宏观调控新常态要把"市场决定论"作为基本出发点，推进市场化改革，夯实宏观调控的微观基础，完善政策传导机制，更多依靠市场化手段调控经济。新常态下宏观调控最大的不同在于新常态下所遇到的问题是潜在产出本身下降，宏观调控重心是如何稳定或防止潜在产出大幅下滑。而此前的调控更多是产出缺口管理，即实际产出与潜在产出的差距，经济过热时压缩需求，经济过冷时扩大需求。2013年，党中央、国务院提出区间调控的新思路，经济运行合理区间的"上限"关注指标是通胀率，"下限"关注指标是增长率和失业率。如果经济运行各项指标在此区间，就保持宏观经济政策稳定，把工作重点放在调结构、促改革上，一旦滑出此区间，则进行相应调整，防止危及改革发展的稳定大局。② 余斌、张俊伟（2014）提出，应设置经济增长、物价稳定的上限和下限，确立宏观调控目标区间。如果宏观经济指标脱离这一区间，就应调整财政、货币政策，否则可视经济运行正常，无须调整政策，交给市场自主调节即可。这样可扩大政策回旋余地，减少财政、货币政策干预频率和力度，稳定市场预期，让市场在资源配置中更好地发挥决定性作用。③ 马建堂、慕海平、王小广（2015）指出，党中央和国务院对宏观调控方式的创新，集中体现在区间调控和定向调控

---

① 韦士歌. 财政货币政策协调配合的微观市场基础亟待建立 [J]. 金融时报，2017 年 11 月 16 日。

② 马建堂，慕海平，王小广. 新常态下我国宏观调控思路和方式的重大创新 [J]. 国家行政学院学报，2015 年第 5 期。

③ 余斌，张俊伟. 新时期我国财政、货币政策面临的挑战与对策 [M]. 北京：中国发展出版社，2014 年。

的提出和实施。在区间调控基础上提出定向调控，是宏观调控的精准化、定向化，是将宏观调控这一常规总量手段赋予结构工具的内涵。① 王小广（2015）指出，定向调控是对区间调控的深化和发展。强调抓住关键，四两拨千斤；强调精准有力，重视长短结合。在区间调控基础上实施定向调控，实质就是结构性调控，既包括调结构稳增长，也包括促改革稳增长，还包括惠民生稳增长，通过一系列转变推动经济迈向新常态。定向调控主要是针对经济发展的薄弱环节，如农业、农村、小微企业等，不应任意扩大范围。② 蔡昉（2016）指出，结构调整是稳定经济增长、提高增长质量和效率的源泉，是引领经济发展新常态的路径和手段。结构调整主要表现为产业结构升级，关键是生产要素从生产率较低的部门向生产率更高的部门转移，使经济资源配置效率得以提高。③

2.1.2.7 关于需求管理与供给管理

贾康、苏京春（2014、2016）指出，供给管理与需求管理不可偏废。从增长率来看，"三驾马车"对经济总量仅具有短期拉动作用，而不能成为促进经济增长的根本动力。国外供给学派理论呈现了两轮"否定之否定"演变轨迹，第一轮是"萨伊定律—凯恩斯主义—供给学派"，第二轮是"供给学派—凯恩斯主义—供给管理"。中国当下的供给侧结构性改革不是国外供给学派的简单复辟，而是根植于中国实践诉求对供给进行的理性管理。魏杰（2016）指出，需求管理主要注重短期的总需求调节，供给管理则相反，更注重经济的中长期发展。西方发达国家大部分经济发展历程是以供给管理为主的，需求管理只是作为克服经济危机的短期手段而被

---

① 马建堂，慕海平，王小广. 新常态下我国宏观调控思路和方式的重大创新[J]. 国家行政学院学报，2015年第5期。
② 王小广. 进一步提高定向调控选择精准性[N]. 上海证券报，2015年11月27日。
③ 蔡昉著. 新常态、供给侧结构性改革——一个经济学家的思考和建议[M]. 北京：中国社会科学出版社，2016年。

主要使用，集中在 20 世纪 30 年代至 70 年代，在经济危机消除之后，随之退出历史舞台。① 何诚颖（2016）指出，在面临高通胀、高失业的滞胀局面，特别是经济内部的结构性问题时，凯恩斯主义刺激总需求的政策难以解决。凯恩斯主义短期调节经济见效快，供给侧改革更多是解决经济的长期结构性问题。他认为减税是里根经济学、撒切尔主义及奥巴马经济刺激计划的共同特征，是提振经济活力最有效的方式，尤其是在企业活力不足、个人消费疲软的背景下，减税能迅速改善中小企业和中低收入人群的资金状况，增强企业活力、刺激个人消费，从而刺激经济增长。② 彭兴韵，郑黎黎（2016）指出，推进供给侧结构性改革，不代表完全放弃需求管理。需求管理侧重提高有效需求、熨平经济波动，属短期调控政策，随着时间的推移，政策效应会趋向弱化；供给侧改革着眼解决经济的结构性问题，优化资源配置，激发经济内生增长动能，提高全要素生产率，属长期战略设计。经济政策偏重供给侧还是需求侧并不是非此即彼的二元选择，供给侧改革离不开稳定的宏观环境。应协调使用总量工具与结构性工具，传统货币政策作为总量工具需谨慎使用，使用结构性工具也要注意量的问题。③ 习近平（2017）指出："推进供给侧结构性改革要用好需求侧管理这个重要工具，使供给侧改革和需求侧管理相辅相成、相得益彰，为供给侧结构性改革提供良好环境和条件。"④

关于我国供给侧结构性改革，林毅夫等（2016）指出，中国的供给侧结构性改革应着力破除供给抑制政策，对准国民经济中有效需求旺盛但受各种供给抑制政策导致有效供给不足的领域深化改革。只有这样才能快速释放有效需求，推动解决周期性产能过剩问题，实现稳增长和调结构相辅

---

① 魏杰著."十三五"与中国经济新常态［M］.北京：企业管理出版社，2017年。
② 林毅夫等著.供给侧结构性改革［M］.北京：民主与建设出版社，2016年。
③ 彭兴韵，郑黎黎.供给侧改革中的货币政策［N］.国家金融与发展实验室，2017年。
④ 习近平同志在 2017 年 1 月 22 日召开中共中央政治局第三十八次集体学习活动上的讲话。

相成，把提高潜在增长速度、着眼于长远的供给侧改革与短期稳增长目标有效结合。① 魏杰（2016）指出，我国供给管理的核心是调结构，要淘汰一批产品质量低劣和产能过剩突出的企业，尤其是"僵尸企业"；同时扶持一批能满足市场需求、弥补供给缺口的高效企业。非公经济是中国经济中活力最强、最能对需求变化作出迅速反应的经济成分，解除对非公经济的供给抑制是实现供需匹配的最重要环节。就体制而言供给管理的重点是改善制度供给，包括实施金融改革和政府体制改革。只有消除地方政府官员追求GDP增长的冲动，才能消除无效供给，推进政府转型和供给转型。② 林亚清、魏志华等（2017）认为，供给侧包括要素端和生产端两大部分，目前要素端③的有效供给面临重重阻碍，生产端④的结构扭曲也日益严重。在供给侧结构性改革背景下，应强调减少政府干预、深化政府改革，实施以结构性减税为主的积极的财政政策。

关于我国供给侧结构性改革中两大政策的配合，习近平（2015）⑤ 表示："要解决世界经济深层次问题，单纯靠货币刺激政策是不够的，必须下决心在推进经济结构性改革方面做更大努力，使供给体系更适应需求结构的变化。"张运才（2017）指出，"新常态"下中国经济发展面临不充分、不平衡的问题，需从供给侧结构性改革来应对，通过提高全要素生产率促进长周期的经济增长。在供给侧结构性改革的主线下，应以积极的财政政策为主、中性的货币政策为辅促进长期经济增长与结构调整。应以改革为根本手段，清除不利于生产要素供给和合理配置的体制障碍，挖掘传统增长动能潜力，培育新的增长动能。⑥

---

① 林毅夫等著. 供给侧结构性改革 [M]. 北京：民主与建设出版社，2016年。
② 魏杰著. "十三五"与中国经济新常态 [M]. 北京：企业管理出版社，2017年。
③ 劳动力、资源、技术、资本。
④ 产能、库存、杠杆、成本、短板。
⑤ 在亚太经合组织（APEC）工商领导人峰会发表演讲时指出。
⑥ 张运才. 供给侧结构性改革下的财政货币政策协调 [W]. 上证研报，[2017] 112号。

2.1.2.8 关于短期与长期

易纲（1998）认为，以财政和货币政策为主的宏观调控是在给定的体制和结构条件下进行政策调整、熨平经济波动，属于经济生活中的"短期问题"。必须通过深化改革、调整经济结构，解决中国的中长期发展问题，保障经济高效可持续地增长。①

张晓晶、王宇（2015）认为，传统的宏观经济学与宏观政策关注的焦点都是短期波动，宏观经济政策被称为稳定化政策。新增长理论的出现，使宏观经济学开始关注中长期发展问题。宏观经济政策新框架需要兼顾短期与中长期，从而拓展政策调控的视野。不能拘泥于总量调控，也要关注结构性调控。②

王小广（2015）认为，二者搭配要根据经济形势特别是经济运行中主要矛盾的变化来确定，如果是短期总量问题和货币供给问题，稳增长政策主要依靠货币政策；如果既面临短期总量问题，又面临长期结构性问题，就应更多依靠财政政策稳增长，同时保持货币政策更多的灵活性。③

迟福林（2016）认为，在当前经济形势下，短期内政策刺激起托底作用。但不能就短期论短期，把矛盾和隐患留在后面。尤其是不能为了短期的经济增速，而推迟经济结构的调整。解决短期问题，需从经济转型升级入手，立足2020这个中期化解短期，实现标本兼治。化解经济下行压力，主要不是靠政策刺激，关键在于适应发展趋势，在制度创新中发挥政策的放大效应。政策与体制创新相配套，有利于制度创新。④

刘尚希（2018）⑤ 指出，"宏观调控"本质是短期的相机抉择，注重

---

① 谭翊飞. 易先生往事［N］. 前沿观察，2017年7月2日.
② 张晓晶、王宇. 探索宏观经济政策新框架［J］. 比较，2015年第4期.
③ 王小广. 进一步提高定向调控选择精准性［N］. 上海证券报，2015年11月27日.
④ 迟福林："十三五"：经济转型与结构性改革［J］. 行政管理改革，2016年第6期.
⑤ 在《中国财政政策报告（2018）》发布会上指出.

对短期风险的防范和化解。长期更应关注与化解整体的战略层面风险，这就需要公共风险管理，属于"宏观管理"。

2.2 宏观调控的理论基础

2.2.1 马克思关于宏观调控的理论

社会再生产理论，以研究社会总产品的实现问题为中心，阐述了社会化大生产要按比例协调发展的客观规律。马克思把社会总产品从实物形态上分为两大部类：第一部类 I 生产生产资料、第二部类 II 生产生活资料；从价值形态上分为三个组成部分：不变资本 C、可变资本 V 和剩余价值 M。社会再生产包括简单再生产和扩大再生产。简单再生产的实现条件是 I（v+m）=IIc，说明第一部类 I 向第二部类 II 提供的生产资料与第二部类 II 向第一部类 I 提供的消费资料，要保持平衡才行。扩大再生产的实现条件是：I（v+△v+m/x）=II（c+△c），说明要扩大再生产需两大部类间任一部类向另一部类提供的生产资料或生活资料能保持上面公式中的平衡关系；否则，难以顺利实现社会扩大再生产。社会总产品实现的关键是实现实物形态和价值形态的补偿。马克思的社会再生产理论对宏观调控要保持经济平衡协调发展具有重要意义。

社会扣除理论，指在生产资料公有制基础上对社会总产品进行分配前，应先对社会再生产和社会公共消费需求进行一系列必要扣除。包括补偿消费掉的生产资料、扩大再生产的追加部分、应付不幸事故和自然灾害等后备基金或保险基金；扣除和生产没有直接关系的一般管理费用、满足共同需要和为丧失劳动能力的人设立基金等。社会扣除理论是财政政策的重要理论支撑之一。

马克思的货币金融理论。马克思认为货币流通规律是一定时期内一个国家在商品流通过程中客观需要多少货币量的规律。一般情况下，流通中需要的货币量，与待实现的商品价格总额成正比，与同一单位货币的平均流通速度成反比。马克思在对英国两次货币危机的分析中指出，货币金融政策的作用重大，正确的货币金融政策可缓解危机，反之亦然。这对货币政策具有重要指导意义。

2.2.2　经济周期理论

经济周期存在是进行宏观调控的重要原因。经济周期指经济运行会周期性的出现扩张与紧缩状态，简单地说可分为繁荣、衰退、萧条、复苏四阶段或繁荣与衰退两阶段。一般情况下，经济周期理论被分为传统经济周期和现代经济周期。

传统经济周期理论中：朱格拉周期指资本主义经济周期一般是 9~10 年；库兹涅茨周期指经济周期与建筑业相关平均周期长度为 20 年等；熊彼特认为资本主义存在长周期（康德拉季耶夫周期[1]）、中周期（尤格拉周期[2]）、短周期（基钦周期[3]）。传统经济周期理论认为经济周期产生的原因有外因论，指经济周期源于经济体系之外的因素，包括太阳黑子理论、（生产技术）创新理论、政治性周期理论（革命、选择等）；内因论指经济周期产生的原因来自经济体系的内部，包括纯货币理论、投资过度理论、消费不足理论、心理理论等。

现代经济周期理论有：凯恩斯主义经济周期理论、卢卡斯均衡经济周期理论、基德兰德和普雷斯科特真实经济周期理论等。凯恩斯主义把宏观经济分为短期与长期。短期问题属经济周期问题，决定因素是总需求，包括投资、消费和进出口；长期问题属经济增长问题，决定因素是总供给，

---

[1] 1926 年俄国经济学家尼古拉·D. 康德拉季耶夫认为经济周期约 50 年。
[2] 1860 年法国克莱门·尤格拉认为经济周期 9~10 年。
[3] 1923 年美国约瑟夫·基钦提出经济周期为 2~4 年。

包括资源、技术和国家制度等。萨缪尔森、希克斯在乘数—加速原理上创建了经济周期模型，进一步充实和完善了凯恩斯主义的经济周期理论。凯恩斯主义经济周期理论属内因论，认为市场机制是不完善的，只靠市场自身调节必会出现经济周期性波动，应进行国家干预熨平经济周期。

卢卡斯均衡经济周期理论属理性预期学派。该理论把经济均衡分析与经济周期结合起来，认为经济主体会根据情况作出理性预期并进行相应的策略调整，经济波动源于生产者对产品价格变动的理性预期反应。价格变动的原因是随机、意外的，并不一定只因货币供应变化或受技术冲击。

真实经济周期理论属自由放任的新古典宏观经济学派，认为不应分长期与短期，经济周期本身与所谓的长期经济增长是一致的，市场机制本身是完善的，无论是长期还是短期，市场都会自发实现充分就业的均衡。真实经济周期理论属于外因论，认为经济周期源于市场外部的真实因素，如技术冲击是外生性的，它带来经济的波动是正常的，无须国家政策干预。

近年来，随着经济全球化的快速发展，金融市场体系对实体经济及全球经济产生的影响日益增大，金融经济周期理论开始兴起。该理论把金融因素纳入经济周期的分析之中，代表人物有 Bagehot、Claessens、Mishkin、Borio、Bernanke 等。核心观点是金融变量对经济周期影响重大，数次经济危机都与金融危机有关，金融市场由于存在信息不对称等市场缺陷，会产生金融摩擦，放大金融冲击，通过银行信贷渠道和资产负债表等渠道起到"金融加速器"的效应，导致经济波动剧烈，产生经济周期。

2.2.3　经济增长理论

经济增长一般指一个国家或地区生产的物质产品和服务持续增加，通常用国内生产总值 GDP 或国民生产总值 GNP 衡量。古典经济学主要从一国财富增长、人口和就业增加等方面研究经济增长。新古典经济学经济增长理论较典型的是哈罗德—多马模型。它把凯恩斯短期比较静态分析理论应用在经济增长的长期化和动态化分析上，认为经济增长率决定于储蓄率与资本—产出比。①

索罗—斯旺模型以柯布—道格拉斯生产函数为基础，认为从长期看，经济增长的决定因素不仅包括资本、劳动，还包括技术进步。② 阿罗在此基础上，进一步将外生技术进步因素内生化，认为内生技术进步是经济增长的主要原因。卢卡斯建立了以人力资本为核心的内生经济增长模型，把技术进步与人力资本有机结合起来。

新制度经济学的经济增长理论以诺斯为代表，认为制度及制度创新是决定经济增长的重要因素，而产权界定等产权制度创新是制度创新的重要前提和内容。

2.2.4　凯恩斯主义流派

2.2.4.1　凯恩斯革命——开创了宏观经济学和现代国家干预理论

20 世纪 30 年代发生"大萧条"后，过去信奉"自由放任""政府充当守夜人角色"的新古典经济学面临严重挑战，美国实行罗斯福新政应对萧条，凯恩斯革命③逐步兴起（见图 2-1）。

凯恩斯开创了宏观经济学，从总量方面即总供给和总需求分析宏观经济。关注短期，因为总供给在短期变动不大相当于常量，总需求等于国民收入，当总供求达到均衡状态即实现充分就业时，国民收入与就业数量之间存在唯一的关系④，即国民收入水平决定就业状况。主张政府应从需求

---

① 郭俊华. 马克思经济学与西方经济学经济增长理论比较研究 [J]. 经济纵横，2010 年第 11 期。

② Solow R. A Contribution to the Theory of Economic Growth [J]. Quarterly Journal of Economics, 1956.

③ 或被称为凯恩斯的国家干预理论、有效需求理论、收入决定理论、就业理论。

④ 约翰·梅纳德·凯恩斯著. 就业、利息和货币通论 [M]. 北京：译林出版社，2014 年。

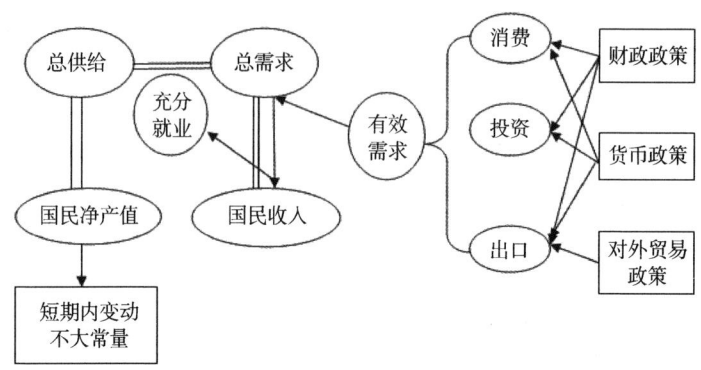

图 2-1 凯恩斯革命思想简意
资料来源：根据得·德．哈恩著《从凯恩斯到皮凯蒂》（2017）相关材料整理。

侧进行刺激，因为受边际消费倾向递减、流动性偏好、资本边际效率递减三大规律影响，消费、投资、出口有效需求面临不足，是造成失业和经济大萧条的根本原因，所以政府应从需求方干预提高国民收入。

凯恩斯认为政府应通过财政政策、货币政策刺激消费、投资和出口等有效需求，进而提高国民收入，促进总供求平衡，实现充分就业。财政政策和货币政策应配合使用，其中财政政策更有效、更重要，因为财政政策对投资和消费的影响更直接，货币政策通过利率传导机制对投资的影响更间接。

2.2.4.2 新古典综合派——后凯恩斯主流学派

新古典综合派是后凯恩斯主流学派，以萨缪尔森 1948 年《经济学》为标志。新古典综合派将马歇尔自由竞争的微观经济理论与凯恩斯政府干预的宏观经济理论相结合，主张经济自由主义与国家干预主义相结合。政策追求目标是消除经济危机、实现充分就业，保持经济增长与通货膨胀适度平衡，强调需求管理。

认为财政政策与货币政策同等重要,在需求管理中二者可相互替代①,共同弥补奥肯缺口。② 在确定需求管理是否必要的基础上,财政政策与货币政策可根据各自优势及不同作用进行理想的松紧搭配。应综合权衡使用"固定规则"与"相机抉择",通过加速原理、乘数原理作用,熨平经济周期和经济波动。运用财政赤字和债务可促进经济增长。提出菲利浦斯曲线③,认为货币政策适当提高通货膨胀率,可降低失业率。针对不同的微观主体或目标,宏观政策采用区别对待的财税政策、利率或信贷政策,能更灵活更有针对性地进行调节。

2.2.4.3　新凯恩斯主义经济学——宏观经济政策干预应适当适度

20世纪80年代,斯蒂格里茨、曼昆、萨默斯等经济学家在全面审视和分析原凯恩斯主义、各经济流派和历史实践的基础上,建立起有微观经济基础的新凯恩斯主义宏观经济学④,研究宏观经济中产量与就业问题。认为市场具有不完全性是造成经济波动的重要原因;主张政府进行适当干预。保持宏观经济平衡一是要建立和完善市场运行机制;二是要适当运用宏观经济政策,通过财政和货币政策保持和促进经济稳定。但干预应适度,因为干预过多会损害市场机制⑤自我调节的能力、导致经济滞胀等后果。

新凯恩斯主义认为财政政策与货币政策同等重要;可进行最佳的政策组合影响总需求;尽管存在时滞,但任一政策变化都会影响短期或长期经

---

① 保罗·萨缪尔森,威廉·诺德豪斯著. 经济学 [M]. 北京:华夏出版社,2000年。
② 奥肯缺口就是潜在产出与实际产出的缺口。
③ 指通货膨胀与失业率之间是此消彼长的关系。
④ 建立了微观经济基础,提出"工资黏性""价格黏性"概念替代原凯恩斯主义的"工资刚性""价格刚性";提出"非市场出清"替代新古典宏观经济学的"市场出清"假设。
⑤ 如劳动力市场、产品市场、资本市场等。

济；强调需求管理，又关注供给管理，因为工资、价格具有黏性，宏观政策可从供给角度对经济进行干预；理性预期能加大宏观政策效力，而不会使之无效。承认相机抉择有必要性，但不主张过于频繁调整财政政策和货币政策。赞成货币非中性，认为货币政策应坚持长期稳定，追求单一的物价稳定政策目标；财政政策应以预算平衡为出发点，运用自动稳定器自动刺激总需求；只有在经济非常特殊的情况如极度衰退时，才使用双扩张的政策组合。

2.2.5　其他理论

2.2.5.1　货币主义——凯恩斯革命的革命

二十世纪五六十年代，以弗里德曼为代表，逐步兴起货币主义。货币主义反对政府干预太强，强调自由主义，认为私人经济具有内在稳定性，应让市场机制充分发挥作用，政府干预过多会侵蚀自由市场。政府应在保护社会不受侵犯、立法司法制定规则、从事私人不愿投资的公共事业和公共设施、保护弱势社会成员等方面发挥作用。

货币主义认为货币政策最重要，"货币数量变动"是影响国民收入、产出和物价水平的重要因素。反对凯恩斯相机抉择货币政策策略，主张应根据物价上涨、劳动生产率的情况，对"货币供应量"实行按一定比例增长的"单一规则"。因为货币政策实施有一定时滞，再加上人们的预期，相机抉择货币政策影响短暂而有限。反对凯恩斯把"利率"作为目标，认为利率调整短期有效，长期则无效。[1] 认为菲利浦斯曲线中通货膨胀与失

---

[1]　因为货币数量供应开始增加时，利率会下降，从而促进消费和投资增加；随着消费和投资的增加，支出会增加，这会刺激物价上涨，进一步增加对货币的需求，从而使利率上升；再叠加预期的作用，利率调整在长期无效。

业率间仅存在短暂的此消彼长的关系①，中央银行不应通过货币政策刺激通货膨胀解决失业问题；相反应保持物价稳定，维护较低的通货膨胀，才更利于促进产出和就业。

政府对弱势贫困人员进行福利支持，应通过"负所得税"、以货币化方式实施，而不必通过提供住房、食物等实物福利补助。负所得税是对最低收入标准以下的家庭或个人，根据实际收入情况，按一定的负税率给予货币补助。这样既能提高效率有助公平，又让受众有自由的货币选择，让货币促使市场机制充分发挥资源配置的作用，而不使之受政府各项实物福利的干扰。

2.2.5.2 供给学派——从供给角度促进经济增长

20世纪70年代，面对经济持续滞胀，拉弗等经济学家研究供给与经济增长的关系，逐步形成了供给学派。供给学派批评凯恩斯主义只强调需求管理而忽视生产、储蓄、投资、劳动等供给要素，最终双扩张的财政政策和货币政策只会导致通货膨胀，影响供给能力，不能使经济持续增长。供给学派坚持"萨伊定律"，认为供给可以创造需求。政府应从总供给的角度刺激生产而不是消费。

财政政策和货币政策应共同注重供给管理，刺激储蓄、增加投资、促进生产，促进经济增长和就业，减少通货膨胀和经济停滞。其中，财政政策应通过减税、减支的方式刺激总供给。拉弗曲线阐述了税收与供给的关系，说明税率太高会打击人们生产、储蓄、投资的意愿，减少税收尤其是减少富人和企业的税收负担能刺激富人储蓄和企业投资，因为富人和企业是储蓄和投资主体。减少政府支出尤其是用于社会福利和军事方面的支出。减少政府赤字和债务，进而减少通货膨胀压力，不挤占

---

① 提出"自然失业率"，指在无货币因素的影响下劳动力市场与商品市场均衡时的失业率。认为存在失业是市场经济中的正常现象，关键是失业的程度要可控。随着通货膨胀中人们预期的改变，名义工资会被要求增加，雇主不愿雇用更多的人，失业率仍不会改善。因此反对菲利浦斯曲线。

私人储蓄和投资。供给学派认为美国滞胀的根源是高利率，投资大于储蓄。应紧缩货币政策，控制货币发行数量和货币乘数，主张金本位制以减少政府过多干预货币发行，降低利率促进储蓄转化为投资。不过政府不能过多干预私人经济，应减少对私人企业的管制，充分发挥市场作用。

2.2.5.3 新古典经济学派——逆周期调整政策无效

20世纪70年代，以卢卡斯、萨金特、巴罗为代表的新古典经济学派逐步兴起。[1] 该学派假设市场能出清、实现一般均衡，人们有理性预期，把宏观经济与微观经济相结合、把理性预期假说与货币主义自然失业率等理论相结合。

新古典经济学派认为凯恩斯主义采用政府逆周期调节经济的政策无效。因为人们能对政策进行理性预期[2]，主动调整经济行为进行预防，致使政府采取逆周期的财政政策或货币政策难以达到既定目标。菲利浦斯曲线中通货膨胀与失业之间在短期也不存在此消彼长的关系。[3] 逆周期扩张性财政政策具有挤出效应，会影响私人投资；用预算赤字和债务刺激总需求也无效，因为根据李嘉图等价定理——公债等价于未来税收，当政府利用赤字或债务拟刺激消费、投资、加大劳动供给时，公众会增加储蓄以备未来纳税之用，从而降低公众消费和私人投资。

反对政府干预，认为政府干预越少经济效率才会越高，因为经济本身能自我调节；政府应考虑公众的理性预期能力，注重保持政策的稳定性、

---

[1] 面对滞胀，传统的凯恩斯主义无能为力，由货币主义和理性预期发展而成的新古典经济学派逐步兴起。假设人们可以理性预期未来；生产者追求利润最大化、消费者追求效用最大化；市场可持续出清，不存在商品剩余；失业率会处于自然失业率的状态；货币是中性的。

[2] 凯恩斯理论中政府制定政策时并没有充分考虑人们有理性预期，甚至把人们的行为视作不变因素。

[3] 因为人们的理性预期可清楚的意识到，随着货币供应量的增长，通货膨胀率会随同增长，所以即使是短期失业率也不会发生下降。

持续性和信誉度；财政政策与货币政策的主要任务是通过制定并公开一定的规则，"为私人经济提供一个稳定的可预测的环境"。①

2.3　财政和货币政策协调配合的主要理论模型

2.3.1　IS-LM 曲线——封闭经济下财政与货币政策对经济的影响

1937 年，约翰·希克斯和汉森在凯恩斯理论基础上建立了 IS-LM 曲线②，成为宏观经济分析的重要模型和工具（见图 2-2）。

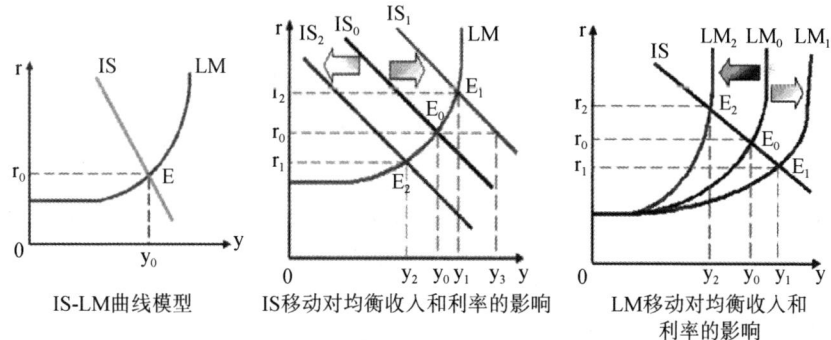

图 2-2　约翰·希克斯和汉森 IS-LM 曲线模型

资料来源：维基百科。

---

①　小沃尔特·格萨迪. 切合实际的新经济学 [J]. 世界经济译丛，1979 年第 5 期.

②　John Hicks. Mr. Keynes and the Classics: A Suggested Interpretation [J]. Econometrica (1937): 147-159.

I 表示投资（Investment），S 表示储蓄（Saving），IS 曲线上每一点投资都等于储蓄，表示产品市场处于均衡状态。IS 曲线反映产品市场均衡时总产出 Y 与利率 r 之间的关系。L 表示 Liquidity Preference 流动偏好，相当于货币需求；M 表示 Money Supply 货币供给；LM 曲线上每一点货币需求等于货币供给，表示货币市场处于均衡状态。LM 曲线反映货币市场均衡时总产出 Y 与利率 r 之间的关系。IS－LM 曲线表示产品市场和货币市场之间相互作用、共同决定国民收入与利率，即在物价水平既定的前提下，产品市场和货币市场均衡时，利率 r 和总产出 Y 之间的关系。

该模型反映了凯恩斯理论，货币不是中性的，它与实物经济相互影响；财政政策和货币政策是两大核心经济政策；财政政策对产品市场、货币政策对货币市场有重大影响；分别移动 IS、LM 曲线体现了两大政策该如何配合以影响总产出。

2.3.2 米德冲突——单一政策无法兼顾内外均衡

1951 年，詹姆斯·米德在《国际经济政策理论》第一卷《国际收支》提出，开放经济环境下，一国是难以通过一种政策既实现内部均衡又实现外部均衡的，即"米德冲突"。米德通过分析国内经济变化、国际收支和资本流动的相互关系，认为在开放经济中实现内外均衡面临冲突，尤其是实施单一的金融政策调控面临两难境地，无法兼顾内外均衡。只有运用政策搭配才能将一国经济尽可能地趋于内外均衡（见图 2－3 左）。

"米德冲突"为两大政策搭配奠定了理论基础。要解决内外不均衡的矛盾，需要财政政策和货币政策协调配合（见图 2－3 右）。财政政策一般对国内经济影响较大，更倾向于稳定国内经济，实现内部均衡；货币政策对国际收支影响较大，更倾向于平衡国际收支，实现外部均衡。应根据国内国际不同情况将二者适当协调配合，以实现内外均衡解决"米德冲突"。

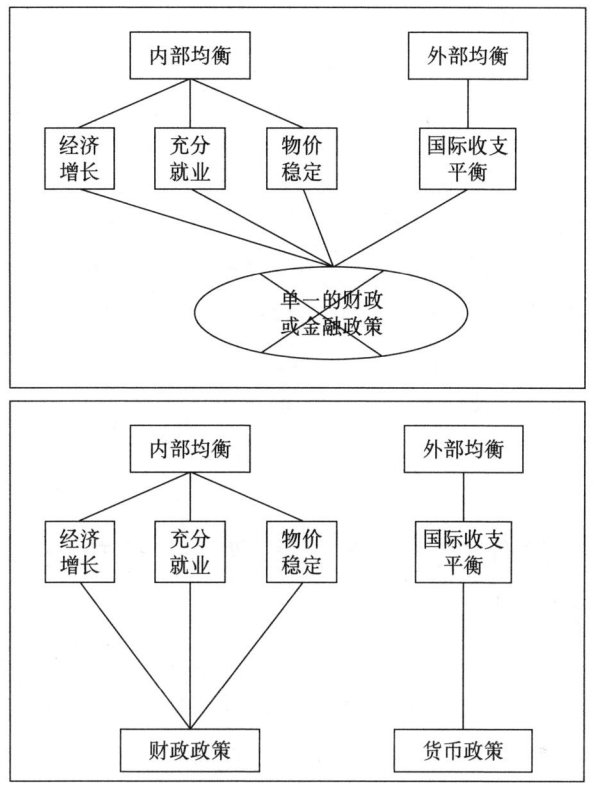

图 2-3 米德冲突简意图

资料来源：根据维基百科"米德冲突"整理。

2.3.3 丁伯根法则——不同经济目标需要不同的政策工具

丁伯根论证了实现"经济目标"与有效运用"政策工具"之间的关系。他在《经济政策：理论和设计》中假设政策调控追求的最优宏观经济目标是T1、T2，可使用两种政策工具I1、I2，经济目标是政策工具的线性函数，则：

$$T1 = A1 \cdot I1 + A2 \cdot I2 \qquad (式2-1)$$

$$T2 = B1 \cdot I1 + B2 \cdot I2 \qquad (式2-2)$$

当 A1/B1 = A2/B2 时,方程组无解,说明一个独立的政策工具不可能实现两个独立的经济目标。

当 A1/B1 ≠ A2/B2 时,可解出实现最优目标 T1、T2 时所需要的 I1、I2:

I1 = (B2·T1 − A2·T2) / (A1·B2 − B1·A2)　　　　(式 2-3)

I2 = (A1·T2 − B1·T1) / (A1·B2 − B1·A2)　　　　(式 2-4)

说明政府只要能运用两种独立的政策工具,并通过政策工具的配合,就能实现两个理想的经济目标。

丁伯根法则的数学模型可进行拓展,说明要实现 N 个独立的政策目标,至少要有 N 种相互独立的、有效配合的政策工具。

2.3.4　蒙代尔—弗莱明模型——开放经济下财政货币政策效果不同

20 世纪 60 年代,罗伯特·蒙代尔、马库斯·弗莱明分别在 IS-LM 模型基础上,分析了开放经济条件下两大政策的不同效应及固定汇率制度下如何解决"米德冲突"。被称为"蒙代尔—弗莱明模型"(见图 2-4)。

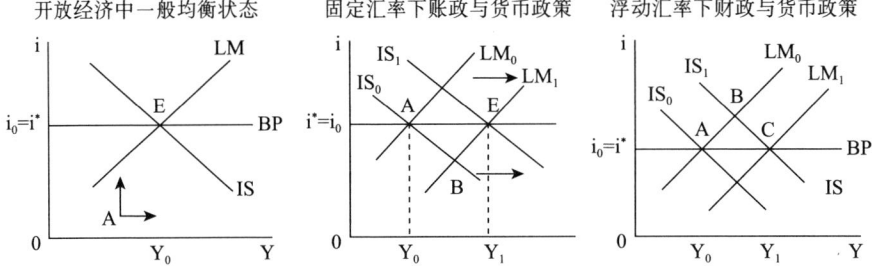

图 2-4　蒙代尔-弗莱明模型

资料来源:维基百科。

图 2-4 中,IS 曲线是开放经济中商品市场的均衡线,表示商品市场均衡时国民收入与利率的关系。LM 曲线是开放经济中货币市场的均衡线,

表示货币市场均衡时国民收入与利率的关系。BP 是能使国际收支平衡时国民收入与利率的轨迹，该线上方表示国际收支顺差，下方表示国际收支逆差。

该模型说明开放经济中不同汇率制度下，财政与货币政策对一国宏观经济的效果不同。在固定汇率情况下，财政政策效果显著，货币政策无效或效果甚微、传递到他国。在浮动汇率情况下，无论资本如何流动，货币政策效果显著；财政政策则会根据资本流动情况产生不同效果。资本完全流动时，财政政策对刺激经济无效；资本有限流动时，财政政策有效但效果小于固定汇率时对经济的刺激作用；资本不流动时，财政政策有效。

2.4 国内外理论与文献的启示与不足

2.4.1 我国宏观调控与西方国家干预等理论的联系与区别

从国内外理论与文献看，我国宏观调控与西方国家干预等理论既有联系也有区别。联系在于财政与货币政策都是宏观调控或国家干预宏观经济政策的重要内容和工具，是国家对经济的干预与调节。区别在于：

2.4.1.1 发展历程不同

中西方在理论与实践中认识政府与市场关系的历程不同。西方国家经历了从主张中央集权干预经济、到纯自由竞争市场经济政府为看不见的手、再到市场失灵时需政府干预经济的历程。主要是在市场机制较充分发挥作用的基础上，逐步认识到政府对经济应起必要的作用。例如，面对经济发生严重衰退、危机等情况，西方主要国家逐步意识并采取了必要措施进行干预，以维护经济社会稳定。我国是在中央集权下不断自我改革、自我完善，尤其是在从计划经济向市场经济转轨的过程中，在政府较充分发挥作用的基础上，逐步认识到市场在资源配置中应发挥重要作用。

2.4.1.2　手段方式略有不同

西方国家干预经济主要运用经济与法律手段等间接调控方式，我国是逐步从直接调控方式转向以间接调控为主、必要时采取直接与间接调控相结合的方式，在主要运用经济与法律手段的同时，也综合运用规划手段和必要的行政手段调控。

2.4.1.3　目标范围侧重点不同

一般情况下，西方国家干预宏观经济的目标主要包括：经济增长、充分就业、物价稳定、国际收支平衡等宏观经济总量。经济增长指一国的产出（包括产品与服务）实现的增长或产出生产潜力的增长，通常以 GDP 衡量。充分就业指非自愿失业人员实现的就业程度，通常用失业率衡量失业与就业情况。物价稳定指价格基本稳定，不发生严重的通货膨胀，通常以 CPI 衡量。国际收支平衡指国际收支的经常项目与资本项目基本平衡，通常用国际收支平衡表上的账户来衡量。不同国家不同阶段宏观经济政策目标或调控目标也不一样，会根据所处时期的主要矛盾确定特定目标。我国宏观调控，即国家对经济的治理，除强调总量调节外，还强调调整经济结构，提高经济增长质量。在经济总量上注重扩大消费、出口、投资，促进经济平稳较快发展；在结构上注重调整优化产业结构、区域结构、城乡结构等经济结构，促进经济转型升级。此外还有防通胀、保就业、惠民生、促改革、防风险等目标。随着经济社会发展，我国还逐步注重统筹考虑经济、政治、文化、社会、生态"五位一体"等综合目标的实现。

2.4.1.4　期限侧重点不同

西方国家干预更多强调短期干预。例如，在出现重大经济金融危机时，国家对宏观经济政策作出重大调整，在危机结束后逐步退出或改变宏观经济政策。因为西方市场经济相对成熟，市场较为完备，形成了小政府、大市场的格局，无须政府过多干预。我国宏观调控不只关注短期，还关注中长期，善于规划，未雨绸缪。短期主要表现在年内定期召开会议①、每年年末召开中央经济工作会议确定下一年度经济政策取向；或根据重大经济形势变化不定期召开各种会议，讨论调整与部署经济政策。中长期主要表现在五年规划及重大会议确定的长期目标。例如，党的十三大报告（1987 年）指出，我国经济建设战略部署确立为"三步走"。② 党的十八大报告（2012 年）提出了"两个百年"奋斗目标。③ 党的十九大报告提出到 2050 年分"两步走"的战略部署。④

2.4.1.5 供需侧重点不同

西方国家干预理论侧重于需求管理，我国在经过多年的需求管理实践后，根据我国国情和经济形势的变化，开始推动从供给侧推进结构性改革，宏观调控在调节国民经济总量与结构的过程中，把需求管理与供给管理相结合，兼顾供给和需求管理。

2.4.1.6 我国供给侧结构性改革与西方供给学派不同

首先，理论基础不一样。陈东琪（2017）指出，供给侧结构性改革的理论基础不是西方供给学派、结构主义，而是马克思主义理论观点和方法论在新常态下的具体运用，是中国特色社会主义政治经济学在新历史时期

---

① 如每周国务院常务会议、每季度经济形势分析会等。
② 第一步实现国民生产总值比 1980 年翻一番，解决人民温饱问题；第二步到 20 世纪末，使国民生产总值再增长一倍，人民生活达到小康水平；第三步到 21 世纪中叶，人均国民生产总值达到中等发达国家水平，基本实现现代化。
③ 一是在中国共产党成立 100 年时全面建成小康社会；二是在新中国成立 100 年时建成富强民主文明和谐的社会主义现代化国家等。
④ 一是 2021 年到 2035 年，基本实现社会主义现代化；二是 2036 年到 2050 年，建成富强民主文明和谐美丽的社会主义现代化强国。

的发展和创新。其次，政策背景、发展理念与内容不一样。卫兴华（2016）指出国外供给学派旨在短期解决"滞胀"危机，试图快刀斩乱麻地对经济困境力挽狂澜，重在"治标"；中国的供给侧结构性改革更强调促进有效供给、经济结构调整及经济可持续增长，强调"治本"。胡鞍钢、周绍杰、任皓（2016）认为"里根经济学"突出表现为通过减税和放松管制解决"滞涨"问题，我国供给侧结构性改革的核心是调整经济结构、转换经济发展方式，通过提高供给结构的适应性和灵活性，提高全要素生产率。既有短期任务，抓好"三去、一降、一补"五大任务；也有长期战略，以转变经济增长方式为目标，落实"创新、协调、绿色、开放、共享"五大新发展理念。① 陈东琪（2017）认为我国供给侧结构性改革的目的是通过改革生产关系，解放和发展生产力，促进我国社会主义制度自我完善，为 2020 年全面建成小康社会、跨越"中等收入陷阱"、实现中华民族伟大复兴的中国梦创造条件。主攻方向是扩大有效供给，提高供给体系质量和效率，让生产端的主体、要素和制度都能适应需求的变化；核心是体制机制创新，包括政府体制改革、国有企业改革、财税金融体制改革及土地、资本、劳动力要素改革等最终形成经济增长新机制。②

2.4.2　国内外理论与文献的不足

经济理论的发展遵从于理论从实践中来并指导实践这一规律，经济理论和政策随经济形势的重大变化而不断完善并服务和指导经济实践。国内外关于宏观调控中财政与货币政策协调配合的理论研究很多，但面对经济形势发生重大变化的新时代、经济进入新常态和推进供给侧结构性改革，已有的理论仍难满足我国经济实践的需求，主要表现在：

---

① 胡鞍钢，周绍杰，任皓．供给侧结构性改革——适应和引领中国经济新常态[J]．清华大学学报（哲学社会科学版），2016 年第 2 期。
② 陈东琪编著．通向新增长之路，供给侧结构性改革论纲[M]．北京：人民出版社，2017 年。

2.4.2.1 短期与长期的关系问题

西方凯恩斯主义注重解决短期问题,尤其是在经济发生危机时主张政府进行干预救助,而不注重考虑长期发展问题及长期政府应承担的确切职责。货币主义认为相机抉择的货币政策影响短暂且有限,强调长期应对"货币供应量"实行按一定比例增长的单一货币规则。究竟应怎样看待短期与长期的关系?政府政策应如何定位才能妥善解决熨平短期波动与促进长期发展还需进一步明确。

2.4.2.2 需求管理与供给管理的关系问题

凯恩斯主义强调从需求侧缓解和救助经济危机,财政与货币政策通过刺激消费、投资和出口增强有效需求,提高国民收入、促进充分就业。供给学派主张从供给角度刺激生产而不是消费,财政政策通过减税减支、货币政策通过降低利率调控货币供应量刺激总供给,进而实现经济增长促进就业。究竟应该怎样看待需求与供给管理的关系促进经济平稳增长?

2.4.2.3 总量与结构的关系问题

自凯恩斯开创宏观经济学从总量分析总供给和总需求以来,总量一直是经济考察的核心内容。但是,要保持经济持续增长与化解各种深层次矛盾,还需经济结构不断优化重组与推陈出新。中国新时代发展不平衡不充分的社会主要矛盾凸显了经济结构与经济总量都需改善的时代诉求,如何兼顾总量与结构的平衡发展,需进一步深入研究与破题。

2.4.2.4 速度与质量的关系问题

速度是衡量经济总量增长的重要指标,但追求速度是追求经济总量增长的全部吗?经济快速增长在带来诸多利益的同时,出现了产能过剩、资源环境恶化、增长难以持续、中等收入陷阱、人民幸福感不能同步提高等问题。如何兼顾经济增长速度与质量,并统筹考虑短期与长期、需求与供给、总量与结构问题，需进一步深入研究。

2.4.2.5　财政政策与货币政策协调配合的问题

政府干预经济离不开财政政策和货币政策的协调配合，采用任何单一政策都效力有限。各国学者在理论探求和实证研究中不断深化对财政与货币政策及其协调配合的认识。大多数学者达成了共识：两大政策是政府维护经济平稳运行的重要手段，财政与货币政策具有各自的特点、优势，不同时期的作用效力也不同。两大政策必须协调配合，才能维护经济稳定增长、应对衰退和走出危机。尤其是 2008 年金融危机后，人们重新反思宏观经济政策深化了认识。无论是短期、中期还是长期，两大政策都不能完全各自独立，会通过预算约束、平衡债务与信贷和币值的关系及刺激经济相互联系、相互影响，共同作用与反作用于经济发展。大规模公共投资导致财政支出增多，会导致信贷增加、货币扩张；大规模货币供应扩张，会导致债务扩张，进一步影响财政的可持续性和宏观经济的增长质量和效率。财政依赖金融手段和金融杠杆，金融风险和金融危机最终也会转嫁为财政问题。但对于两大政策究竟如何协调配合，运用什么类型搭配、调控什么重点方向、使用什么工具配合、建立什么协调机制进行配合，还有待深入研究。

2.5　构建宏观调控中财政与货币政策协调配合的基本框架

财政政策与货币政策是两大重要的宏观经济政策，是实现宏观调控的重要手段和工具。财政政策与货币政策应以实现宏观调控目标为核心导向，加强协调配合，短期着力熨平经济周期大幅波动，通过适度的需求管理发挥政府投资的优势，维护经济总量基本稳定；长期着眼促进经济持续增长，通过供给管理激发市场活力，优化经济结构推进经济转型升级；同时还应加强两大政策工具的协调配合。

从短期与长期来看，宏观调控要兼顾短期与长期发展。宏观调控不能只关注短期，实现短期目标是实现长期目标的基础，同时不能为实现短期目标而牺牲长期利益。短期维护稳定是经济能长期持续增长的前提，在经济稳定的基础上逐步实现持续增长，可减少经济阵痛和社会震荡，降低改革成本和发展代价，最终促进实现国家长治久安。

从经济总量与结构来看，宏观调控要兼顾总量与结构发展。一方面，经济总量可体现综合国力，经济结构可反映增长动力和发展质量；把握经济总量与结构的平衡关系，是解决新时代社会基本矛盾和实现高质量增长等目标的关键所在。另一方面，维护经济总量短期基本稳定可为经济长期增长提供良好的环境和前提，在经济稳定的基础上调整优化经济结构可促进经济持续平稳优质增长。

从速度与质量来看，宏观调控要兼顾速度与质量发展。宏观经济不能一味靠速度扩总量，还应通过结构调整提高经济质量、培育经济内生动力转型升级。完全没有质量的数量增长最终会造成过剩产能、形成无效供给，会被市场经济淘汰掉。兼顾速度、质量平衡发展与保持经济总量、结构平衡发展相统一。保持一定的经济总量需要一定的速度支撑，优化经济结构是提高增长质量的重要源泉。

从需求管理和供给管理来看，宏观调控要兼顾需求管理和供给管理。需求管理和供给管理两者各有侧重，又相互影响。需求管理可直接影响经济总量，供给管理可优化调整经济结构；同时，需求管理可间接影响供给结构，供给管理也可创造需求总量。

从财政政策与货币政策协调配合来看，既要加强两大政策在调控经济总量方面的协调，又要加强两大政策在优化经济结构方面的协调，还要加强两大政策工具之间的协调，以聚力增效，更好维护经济平稳、优质、高效、持续增长。

2.5.1　短期注重维护经济总量基本稳定，侧重需求管理

短期注重维护经济总量基本稳定，两大政策应首先根据形势确定适宜的政策搭配类型；在保持政府战略定力的基础上，必要时使需求具有一定张力，发挥政府投融资的传统优势；同时防范化解重大风险。这样才可维护大局稳定，使经济保持一定增速，解决好就业及风险等问题，为稳中求进、推进供给管理优化结构调整、促进经济转型升级和持续优质增长，做好铺垫和保障。

2.5.1.1　确定适合经济形势的政策类型搭配

根据经济形势和宏观调控目标，财政政策和货币政策首先应确定适宜的政策搭配类型，为总量调控奠定基础，为结构优化做好铺垫。适宜的政策类型搭配，有利于经济平稳增长，实现宏观调控目标，反之亦然。

一般情况下，根据财政与货币政策分别有松、紧、中性三种类型分类，财政与货币政策类型搭配有九种方式：一是双松政策搭配，即财政与货币政策都是宽松政策状态；二是松财政、紧货币，即财政政策保持宽松状态、货币政策保持紧缩状态；三是松财政、中货币，即财政政策保持宽松状态、货币政策保持中性状态；四是紧财政、松货币，即财政政策保持紧缩状态、货币政策保持宽松状态；五是双紧政策搭配，即财政与货币政策都是紧缩状态；六是紧财政、松货币，即财政政策保持紧缩状态，货币政策保持宽松状态；七是中财政、松货币，即财政政策保持中性状态，货币政策保持宽松状态；八是中财政、紧货币，即财政政策保持中性状态，货币政策保持紧缩状态；九是双中，即财政与货币政策都保持中性状态。如果加入开放和封闭状况又有不同组合。

2.5.1.2 短期适度利用需求管理优势，维护总量基本稳定

需求管理是西方国家干预理论总量管理的重要内容，也是我国宏观调控的传统优势，但是需求管理不能无限期、无限度使用，而应在必要时适度发挥其优势。因为财政政策和货币政策从需求端影响经济总量，途径较为直接，效果较为明显；尤其是在短期经济大幅下滑、市场自发力量有限、需要宏观调控稳定经济增长时，从需求侧稳定经济总量更具重要意义。同时，需求管理也能间接影响经济结构，利用需求管理时要结合供给管理的结构调整，以供给管理的结构调整为方向指引，使需求管理在保持总量基本稳定的过程中为优化结构提供必要的基础支撑。

2.5.1.3 防范化解重大经济风险

两大政策在利用政府投资从需求侧维护经济总量基本稳定的过程中，还应居安思危，关注经济中潜在的风险，并积极稳妥采取必要措施，防范与化解重大风险，维护经济金融社会总体稳定，为进一步推进改革、优化结构、促进增长，提供稳定良好的经济环境。注重把握实体经济与金融经济的平衡，尤其是维护金融稳定，两大政策应提前布局、未雨绸缪，为防范和化解重大风险做好准备。

2.5.2 长期注重优化结构提高经济质量，侧重供给管理

2.5.2.1 利用供给管理优化经济结构，促进经济持续优质增长

市场经济中市场是资源配置的真正主体，宏观调控应根据形势变化为市场保驾护航，但不能取代市场本身的作用。在市场尚不足以支撑经济基本稳定时，财政与货币政策可适度进行需求管理，抑制经济过度下滑，弥

补发展短板，为市场营造较稳定的环境。在经济基本稳定的基础上，两大政策还需推动供给管理，促进经济结构调整，培育、孵化和促进市场内生增长动力，激发市场活动，推进经济转型升级和持续优质增长。

结构优化秉承着经济动力的转化和创新，是经济持续优质增长的核心依托。经济结构包括产业结构、供需结构、区域结构、城乡结构等，其中产业结构是经济结构的核心。财政与货币政策通过各自的政策传导机制，都会影响相关主体及其经济行为，进而对经济结构产生影响。相比而言，财政政策更具有结构性调整优势，因为财政可直接将政府配置资源投向需要扶持的领域。货币政策更具有总量调节的优势，因为调控货币总量本身并不直接影响某个行业领域；不过，随着调控手段、方式、工具的创新，货币政策结构性间接调控的功能和做法也不断创新和加强。利用供给管理，可促进经济增长动能推陈出新，永保经济增长活力。

2.5.2.2　加强共同定向调控，发挥政策合力

随着宏观调控的精准化、高效化，定向调控成为财政与货币政策针对某些特殊行业或领域给予一定扶持或限制的调控措施，这种调控针对性强，能直接或间接影响特殊领域的结构调整。如果两大政策调控方向一致，共同作用于相同的经济主体及行为，属于两大政策协调配合的一种特殊情况——共同定向调控，能使调控更加精准、高效。例如，在做好"三去、一降、一补"工作的基础上，对特殊、重大领域进行定向调控，财政发挥引领作用，货币政策给予必要支持，能高效精准推动经济结构优化调整。加强两大政策共同定向调控，能够同时发挥两大政策优势，提高两大政策共同影响效力，促进经济结构调整，提高经济增长质量。

2.5.3　加强两大政策工具协调配合，提高政策合力和效率

财政与货币政策关系密切、相互影响。两大政策应以相互影响的政策

工具为连接枢纽，加强市场化协调配合力度，提高两大政策资金效率，促进两大政策各自目标和宏观调控总目标的高效实现。这比只依赖任一政策自身工具的成本低、效率高，能起到"事半功倍""1+1>2"的作用。例如，国债和国库现金同时具备财政与货币政策功能。很多发达国家中央银行利用国债调节货币供应量。充分发挥国债、国库现金工具的作用，可有效提高两大政策资金使用效率，加强市场化运作实现政策目标。

2.5.3.1 国债

国债兼具财政功能、货币金融功能：它是以国家信用为基础的政府债券；因具有风险低、安全性强、流动性高、收益稳定等特点，成为广大金融机构和社会投资者进行投资、交易、计量和对冲风险的金融工具；从而使之成为能联结财政政策与货币政策的重要枢纽。

国债与财政政策关系密切。一是通过国债可筹集资金弥补财政赤字。当财政收入小于财政支出时，政府利用国债筹资相比增税、向银行透支印发货币等手段利大于弊。因为税收具有强制性、无偿性、固定性，开征新税需较多的政治法律程序，收税过多会抑制社会投资和消费增长；向银行透支和印发货币则容易导致通货膨胀。二是利用国债可体现财政政策意图调节社会总供求。国债可投入到需政府扶持的基础设施等领域，从而有效提高社会投资需求，促进优化经济结构，通过乘数效应促进经济增长。

国债与货币政策也关系密切。一是国债是中央银行通过公开市场操作调控市场流动性、影响货币供应量的重要工具。央行通过公开市场卖出或正回购国债，会占用商业银行在中央银行的超额或法定准备金，从而减少金融机构流动资金或降低基础货币供给，再通过货币乘数能减少信贷规模，缓解流动性过剩；买入或逆回购国债，能增加市场流动性。二是国债及其收益率能影响市场基准利率、其他金融资产定价形成。国债收益率一般被看作无风险收益率，反映不同期限结构的国债利率水平、收益水平。国债收益率曲线被称为国债利率期限结构。成熟国债市场上形成的国债利率期限结构，能反映无风险利率水平、利率随期限变化而变化的预期或趋势,并影响市场基准利率的形成。其他金融资产、金融产品都会根据自身风险程度并参考对照国债收益率定价。

2.5.3.2 国库现金

国库现金指政府日常收支余额、国债发行取得的资金等。实行国库集中收付制度改革、建立国库单一账户促进了我国国库现金的集中统一管理。近年来,国库现金波动也成为影响基础货币供应量的重要因素之一。而且,中央国库现金如果转换成商业银行定期存款,能影响商业银行在央行的准备金规模,从而成为公开市场操作影响货币供应量的重要工具。

| 第 3 章 |

世界主要国家财政货币政策协调配合的经验与启示

本章尝试分析财政政策与货币政策协调配合的国际经验，选取美国、日本、德国三个国家，梳理这些国家两大政策在维护经济总量基本稳定、促进经济结构调整和两大政策工具之间这三大方面协调配合的经验做法。主要介绍美国自"大萧条"后、日本和德国自第二次世界大战后的协调配合历程，并对2008年国际金融危机后各国应对措施进行专门梳理，以期为我国两大政策协调配合提供一些国际经验借鉴。

3.1 美国各阶段财政与货币政策协调配合情况

美国在反英殖民统治过程中通过开展独立战争（1775～1783年），以1776年发表《独立宣言》为标志建国。战争胜利后，1787年先立宪法，1789年宪法被通过后才组建联邦政府。① 宪法的根本目的是确保国家安宁，保障人民自由，增进公共福利。联邦政府的权限仅限于宪法授权范围

---

① 美国联邦政府于1789年3月4日成立。

内，各州拥有相对独立的自主权①，实行三权分立。② 美国重视法治、崇尚自由，逐步形成了以自由竞争为主导的市场经济模式。

1900年美国GDP总量即超过英国③，成为全球经济实力最强的国家。在进步时代（1880～1920年），逐步建立了现代财政制度和行使中央银行职责的美国联邦储备体系④（Federal Reserve System，Fed）。1929～1933年大萧条后，以"罗斯福新政"为代表的政府干预经济理论与实践登上历史舞台。此后，美国宏观经济政策不断发展、变化和完善。尽管经济周期波动仍然存在，但政府稳定和促进经济的能力不断加强，经济波动的幅度明

---

① 美国宪法第十修正案：没有被宪法赋予联邦的权利，或并未由宪法禁止授予各州的权利，由各州人民自主保留。

② 国会拥有立法权，总统及其领导的政府机构具有行政权，联邦最高法院具有司法权（和司法审查权）。国会拥有的权力：规定和征收直接税、间接税、进口税与货物税，以偿付国债、提供合众国共同防御与公共福利，但所有间接税、进口税与货物税应全国统一；以合众国的名义借贷款项；管理合众国与外国的、各州之间的以及与印第安部落的贸易；制定全国统一的归化条例和破产法；铸造货币，厘定国币和外币的价值，并确定度量衡的标准；制定关于伪造合众国证券和通货的罚则；设立邮局并开辟邮路；保障著作家和发明家对其著作和发明在限定期间内的专利权，以促进科学与实用技艺的发展；设立低于最高法院的各级法院；明确划定并惩罚在公海上所犯的海盗罪与重罪以及违反国际法的犯罪行为；宣战，颁发缉拿敌船许可证和报复性拘捕证，制定关于陆上和水上的拘捕条例；招募陆军并供应给养，但此项用途的拨款期限不得超过两年；装备海军并供应给养；规定征召民兵的组织、装备和纪律，规定可能征召为合众国服务的那部分民兵的管理办法；但民兵军官的任命和按照国会规定纪律训练民兵的权力由各州保留；在任何情况下，对由某些州让与合众国，经国会接受，充作合众国政府所在地的区域（其面积不超过10平方英里）行使专有的立法权；并对经州立法机构同意由合众国在该州购买的一切用于修筑要塞、军火库、兵工厂、船厂及其他必要建筑物的地方行使同样权力。制定为执行以上各项权力和依据本宪法授予合众国政府或政府中任何机关或官员的其他一切权力所必要的和恰当的法律。

③ 1900年GDP排名美国第一，占世界GDP的23.6%，经济实力居世界第一，但军事上仍落后于欧洲列强，综合国力还在英国之后；英国GDP排名第二，占世界GDP的18.5%，但军事实力还是世界第一，综合国力仍居首位；德国GDP排名第三，占世界GDP的17.9%，军事实力仅次于英国，科技水平排名第一。

④ 联邦储备系统包括联邦储备委员会（Federal Reserve Board，核心机构）、联邦公开市场委员会（The Federal Open Market Committee，简称FOMC）、联邦储备银行（12个）等。

显收窄（见图3-1）。本章主要介绍自"罗斯福新政"后各阶段财政与货币政策的协调配合。

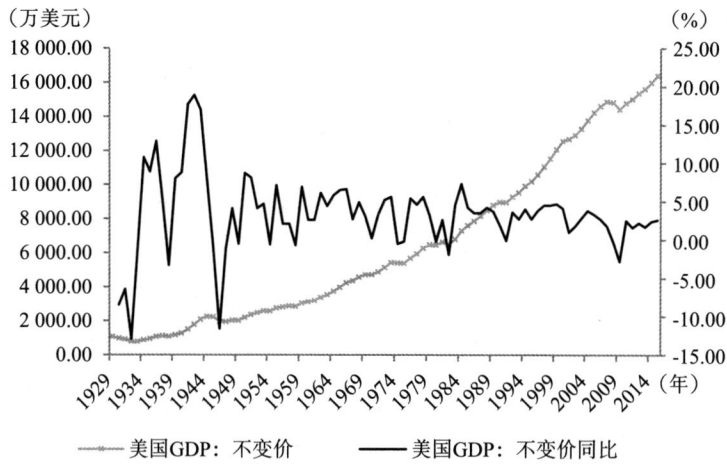

图 3-1　美国 GDP 变化图（不变价）

资料来源：万德数据库。

3.1.1　"罗斯福新政"中财政与货币政策及其协调配合

1929 年 10 月起美国股市开始崩盘①、银行遭到数次挤兑②，经济逐步

---

① 1929 年 10 月 29 日被称为黑色星期二，美国股票平均价格下跌 40% 以上。第一次世界大战时（1914～1918 年），金本位制一度被放弃。但美国不断加大黄金储备，停战时（1918 年）美国黄金储备已从战前占全球的 22% 上升到 38%。1919 年美国率先恢复金本位制。为了支持英国恢复重建金本位制，1924 年美国在公开市场大量买入债券，增大货币供给，促进本币贬值；并较大幅度调低美国贴现率，从原 4.5% 的水平下调到 3% 的低位，截至 1927 年，贴现率一直处于较低水平，促使黄金外流。但是，信用货币增多的同时美股上涨过快，1928 年 8 月底股市平均价格比 5 年前上涨了 3 倍；银行投机增多，信贷资金难以流向实体经济，股市出现严重泡沫。1928～1929 年为抑制股市投机过多，美联储实施紧缩性货币政策，通过公开市场操作卖出债券来降低市场流动性，不断提高利率，从 1927 年的 3.5% 提高了 3 次到 6%，以控制信贷规模。

② 1930 年 10 月、1931 年 3 月、1933 年 1 月分别发生较大规模的银行挤兑。

陷入紧缩状态，社会生活混乱不堪。银行出现倒闭、企业大量破产、1 700多万人失业，成为历史上持续时间最长、影响最为深远的"大萧条"。[①] 1933年3月4日罗斯福就任美国总统发表就职演讲[②]，掀开了政府干预经济的伟大实践——史称"罗斯福新政"。

3.1.1.1　第一阶段危机救助的货币与财政政策

货币金融方面，一是改革美联储，加强其调节经济的能力。1933年修订《联邦储备法》，正式建立公开市场委员会（The Federal Open-Market Committee，FOMC），明确公开市场操作是货币政策的重要工具。1935年成立专门的美联储理事会[③]（The Board of Governors of The Federal Reserve System），使之成为联储核心机构，增加其调节经济的能力。总统对其成员有任命权。二是建立联邦存款保险制度。通过《1933年银行法》，也称《格拉斯—斯蒂格尔法案》[④]（Glass-Steagall Act），将商业银行与投资银行分离，为建立联邦存款保险制度[⑤]奠定了基础。在这一法案背景下，联邦存款保险公司（Federal Deposit Insurance Corporation，FDIC）、联邦储蓄与贷款保险公司（Federal Savings and Loan Insurance Corporation，FSLIC）[⑥]

---

①　"大萧条"时期是指1929～1933年。

②　1929～1933年时任美国总统胡佛依然信奉"市场不干预主义"，虽然通过成立复兴金融公司向危机中的银行和企业提供贷款、促进市场自愿联合互助，但拒绝扩大财政赤字和催促美联储扩大货币供给和信贷规模；还提高了一千种工农产品关税税率，实行贸易保护主义，引起国际不满和报复；甚至还武装镇压了要求政府兑现退伍补助金的失业退伍军人和家属，造成危机久拖不决、经济紧缩萧条、后果影响严重。受当时金本位等思想影响，美联储还没意识到应脱离金本位、建立现代信用货币本位制度、通过资产组合调控货币存量和信贷规模。罗斯福就职演讲题目即为："我们唯一不得不恐惧的就是恐惧本身（The Only Thing We Have to Fear Is Fear Itself）。

③　美联储理事会也有人称其为美联储委员会。

④　1999年该法案有关条款被取消，结束了长达66年的美国金融分业经营的历史。

⑤　1950年《格拉斯—斯蒂格尔法案》的部分内容被撤销并改成了联邦存款保险法。

⑥　FDIC针对商业银行办理存款保险相关业务；FSLIC针对储蓄银行办理存款保险相关业务。

分别成立。三是成立证监会，监管证券市场。面对危机直接的导火索——证券市场，分别通过《1933 年证券法案》和《1934 年证券交易法案》，1934 年成立美国证券交易委员会，旨在保护投资者，维护证券市场的公平、秩序与效率。四是放弃金本位制，通过美元贬值，化解通货紧缩。1933 年 3 月美国禁止黄金在国内支付，开始实施外汇管制①；4 月罗斯福签署了 6102 号法令，公众持有的黄金必须到美联储兑换成联邦储备券②，标志美国放弃了金本位制。美元与黄金价值脱钩，通过让美元贬值提高所有以美元计价的商品物价，使通胀预期加强，实际利率下跌，再加上恢复和加大货币供给、黄金持续流入美国，有效遏制了通货紧缩形势加剧。

财政政策方面，在第一阶段新政中，通过扩大财政支出，举借一定债务，救助和促进经济复苏。1934 财年预算支出 105 亿美元、赤字 73 亿美元。③ 主要用于：一是救济困难人群。1933 年 5 月出台《联邦紧急救济法》，成立联邦紧急救济署，5 亿美元用于救济贫困家庭和需要救济的人。二是促进工农业恢复和复兴。1933 年 5 月出台《农业调整法》，通过"农产品播种面积分配制"限制农产品供给面积的方式，促进提高农产品价格。财政部向减耕减产的农民给予一定补贴。1933 年 7 月出台《全国工业复兴法》④，旨在通过缩短工时增加就业量，通过限制产量、减少盲目生产来避免生产过剩、提高工业产品价格和工资，通过统一的法规促进公平竞争。三是开展公共工程项目建设。1935 年成立公共事业振兴署，通过政府直接雇用劳动力解决失业的办法，进行道路、机场、水坝、防洪、电力、

---

① 罗伯特·L. 黑泽尔著，曾刚、陈婧译. 美联储货币政策史 [M]. 社会科学文献出版社，2016 年。

② 加里·M. 沃尔顿，休·罗考夫著，王珏等译. 美国经济史（第十版）[M]. 北京：中国人民大学出版社，2014 年。

③ 赫伯特·斯坦著，苟燕楠译. 美国的财政革命——应对现实的策略（第二版）[M]. 上海财政大学出版社，2010 年。

④ 1935 年 1 月最高法院以 8 比 1 的票数，宣布罗斯福的《国家工业复兴法》违宪，因为国会非法将立法权授予总统。

住房等基础设施建设。其中1933~1941年雇用的工人平均为296万人。①四是增税。为减轻赤字规模,《1935年税收法案》出台,重点是对富人的财产和收入增税,规模约2.5亿美元。② 1936年再次增加税收,两次增税引起了工商界强烈反对。五是建立社会保障制度。1935年美国《社会保障法》出台,成为增进公民福利、稳定社会秩序、促进经济发展的重要保障。开征社会保障税,明确联邦对州进行拨款,对养老、公共健康、失业、儿童、盲人等给予援助。

在一系列新政措施下,美国经济增速从1934年开始转负为正,GDP从1933年的-4%,分别提高到1934~1936年的16.9%、11.1%、14.3%。

3.1.1.2 第二阶段的财政政策与货币政策

随着通货膨胀不断加剧,政府债券市场出现低迷。1936年中期以后,货币供给增速逐步放缓至负增长、法定储备金不断提高、银行超额储备金不断减少。政府本想维护财政预算平衡,较快减少支出和赤字③;但受税收等因素影响,私人投资活力难以充分释放;1937年8月经济再次陷入衰退,GDP增速从1937年的9.6%降至1938年的-6.1%。

迫于形势,1937年第三季度以后,货币供给转负为正,逐步恢复增速。④财政政策不得不扩张⑤,成为走出衰退的重要途径。主要通过加大以工代赈⑥支出、农业支出、加大政府投资(公共工程)等刺激需求。进一步加大联邦赤字和债务。此外,1938年5月国会通过减税方案,降低资本利得税税率,1939年起取消未分配利润税,缓解工商界不满情绪,鼓励和刺激私人投资。此次衰退于1939年6月见底,当年GDP增速恢复至7%。

---

① 根据美国经济史(加里·M. 沃尔顿,休·罗考夫著)相关数据整理。
②③④ 赫伯特·斯坦著,苟燕楠译. 美国的财政革命——应对现实的策略(第二版) [M]. 上海财政大学出版社, 2010年。
⑤ 罗斯福本想采用稳健的财政政策,让公众相信大规模支出不会持续太久。
⑥ 政府雇用有工作能力的失业人,让他们通过劳动来获得工资,而不是政府对其发放救济金。

3.1.1.3 财政与货币政策配合的要点

（1）两大政策共同救助和整顿银行业，遏制危机蔓延。面对遭受重创的金融业，1933年3月9日出台《紧急银行法》，财政部负责救助和整顿银行业，以恢复银行信用和人们的信心。一周之内美国3/4的银行①重新开业，银行不再遭受挤兑，有效稳定了银行体系，遏制了金融危机蔓延。

（2）美联储帮助稳定公债市场。双宽松的货币政策和财政政策使通货膨胀形势加剧。1936年随着黄金流入，联储黄金储备不断提高；1936年、1937年联储数次提高银行的法定准备金，利率出现下滑；再加上政府债务和赤字规模加大，财政预算不能平衡，政府公债市场价格出现下跌。为缓解公债价格跌幅过大，美联储采取通过购买政府公债的方式稳定公债市场。

（3）财政部解冻黄金储备助力货币信贷供给。在经济再次陷入衰退之际，1938年罗斯福决定解冻财政部14亿美元黄金储备②，配合货币政策增加信贷供给。

3.1.2 第二次世界大战期间财政与货币政策及其协调配合

第二次世界大战真正成就了美国世界霸主的地位。第二次世界大战时，美国本土并未发生大的战争，反而通过扩军备战、对价格进行战时管制、对物资进行战时配给及高税收、高支出、高债务的扩张型财政政策，扩大黄金储备。尽管通胀较高，但美国GDP按现价1945年是1939年的2.44倍，按不变价是1.91倍，总体呈现战时生产高涨、经济繁荣的状况。

战争期间，财政与货币政策配合的要点：一是根据战时需要，为降低

---

① 约14 000家。
② 赫伯特·斯坦著，苟燕楠译. 美国的财政革命——应对现实的策略（第二版）[M]. 上海财政大学出版社，2010年。

筹资成本，美联储大量购买联邦债务，促使国债利率保持低位。例如，从1942年4月到第二次世界大战结束，3个月期国债利率一直保持在0.375%的低位。这一举措也使货币供给和信贷规模扩大。① 二是美国凭借当时占据世界3/4的黄金储备和军事经济实力，1944年主导建立了布雷顿森林体系——实行美元与黄金挂钩、其他国家货币按固定汇率与美元挂钩的做法②，从此构建了以美元为中心的国际货币体系。

3.1.3 第二次世界大战后至20世纪70年代财政与货币政策及其协调配合

3.1.3.1 杜鲁门时期（1945~1953年）财政与货币政策及其配合

第二次世界大战刚结束时，美国面临较严重的问题是通货膨胀、债务和就业。其中CPI曾于1946年第三季度达39%的最高位。

货币政策上，为制止通货膨胀，杜鲁门继续采用价格管制的办法③，M1增速不断降低。M1从1945年的10.3%下降到1946年和1947年的4.7%、1948年的-0.9%。1948年第3季度出现通缩后，货币增速逐步转负为正。1950年朝鲜战争爆发，新一轮通货膨胀开始；联储通过调整利率应对，1953年经济再次通缩陷入衰退。

财政政策上，1946年美国出台了《1946年就业法案》，批准建立经济

---

① 加里·M. 沃尔顿，休·罗考夫著，王珏等译. 美国经济史（第十版）[M]. 北京：中国人民大学出版社，2014年。

② 一盎司黄金等于35美元，其他国家货币根据其含金量确定同美元的汇率。实行可调整（在法定汇率上下1%的幅度内）的固定汇率，如果超过1%的幅度，各国有义务干预，以维持汇率稳定。1971年12月，幅度扩大到2.25%。这种汇率制度也被称为"可调整的钉住汇率制度"。

③ 但1946年中期取消管制后物价仍然高涨。受朝鲜战争影响，1951年1月起再次管制至1953年2月。

顾问委员会,确立促进"低失业率"①是国家的一个优先目标②,标志政府有责任运用财政政策等工具促进实现低失业率。③ 对农业进行援助,支持企业合并重组。进一步扩大和提升社会福利和社会保障范围;1946年联邦政府通过紧急计划为退伍军人提供270万套住房;1949年通过《住房法案》为低收入家庭提供住房。1948年起开始削减所得税。

财政政策与货币政策协调配合的要点:一是明确两大政策共同稳定经济的职责。1948年经济顾问委员会发表声明,财政政策和货币政策应共同稳定经济,两大政策各有分工但具互补性。④ 二是1951年财政部与美联储签署协议,提高货币政策独立性。第二次世界大战中尽管美联储积极支持财政部,大量购买国债,力促政府降低筹资成本,但这一举措在实际中造成了通货膨胀、偏离了中央银行的主要目标。双方对联储是否该维护政府债券收益率水平存在严重分歧。⑤ 经过激烈争辩,1951年3月4日,双方达成"财政部—美联储协议"。美联储被允许限制购买政府债务⑥,不再有责任和义务利用钉住价格稳定政府债券市场及其收益,从此获得了真正的利率调整权,标志着美国政府首次明确美联储应被允许独立运行。⑦ 此协议极大提升了美联储的独立性和货币政策的重要性。

---

① 而不是"充分就业"。

② 不是唯一目标。

③④ 赫伯特·斯坦著,苟燕楠译. 美国的财政革命——应对现实的策略(第二版)[M]. 上海:财政大学出版社,2010年。

⑤ 米尔顿·弗里德曼,安娜·J. 施瓦茨著. 巴曙松,王劲松等译. 美国货币史(1867—1960)[M]. 北京:北京大学出版社,2015年。

⑥ 加里·M. 沃尔顿,休·罗考夫著,王珏等译. 美国经济史(第十版)[M]. 北京:中国人民大学出版社,2014年。

⑦ 本·伯南克著,巴曙松,陈剑译. 金融的本质——伯南克四讲美联储[M]. 北京:中信出版社,2014年。

3.1.3.2 艾森豪威尔时期（1953~1961年）财政与货币政策及其配合

1953年7月，朝鲜战争结束，国防开支、政府支出大幅减少①，"战时景气"很快转为新一轮衰退。1954年GDP从上年的6%降到0.4%。艾森豪威尔公开表示自己是保守派，信奉"小政府"，致力于财政平衡，反对通货膨胀。② 这一阶段，财政政策主要运用自动稳定器、减税、适度增加支出和赤字应对衰退。在艾森豪威尔的支持下，美联储的独立性大大提高；马丁③主席带领美联储建立了现代中央银行。经过第二次世界大战和朝鲜战争，美联储把"物价稳定"看成是货币政策的主要目标，并认为通货膨胀的主要原因是需求过多，而不是资产投机过多。1951年后④，美联储开始利用利率尤其是短期利率调节总需求和通货膨胀。1953年面对新一轮经济衰退，美联储掀开了"逆周期"货币政策的序幕，通过调节货币、短期利率和信贷规模，稳定总需求，而不是重在抑制资产投机和资产价格波动。⑤ M1增速从1954年初不到1%的增速提高到1955年中的3.9%，货币政策"积极宽松"。⑥

在适度宽松的财政政策和积极宽松的货币政策下，1955年GDP反弹至9%的高位。但新一轮通货膨胀又成为头等问题。货币政策从积极宽松逐步转向紧缩，抑制通胀，货币存量增速降到1.9%。1956年、1957年GDP分别为5.6%、5.5%。1958年经济再次衰退GDP降至1.5%，失业率为6.8%，通货膨胀更为严重。20世纪50年代末由于进口快速增长等原

---

① 1953年3月至1954年6月政府总开支减少110亿美元。

② 小阿瑟·施莱辛格主编. 美国共和党史 [M]. 上海：上海人民出版社，1977年。

③ 小威廉·迈克切斯内·马丁（Willian McChesney Martini Jr），1951~1970年连任五届美联储主席。

④ 财政部与美联储签署协议后。

⑤⑥ 米尔顿·弗里德曼，安娜·J. 施瓦茨著. 巴曙松，王劲松等译. 美国货币史（1867—1960）[M]. 北京：北京大学出版社，2015年。

因，黄金流出问题较为严重。美联储通过稳定货币总量等做法抵消黄金大量流出带来的压力。财政政策没再减税，而是适度增支。经济于1959年恢复较快增长，GDP增速为8.4%。随着经济的复苏，财政政策倾向于追求财政平衡，1960年实现了财政盈余。

财政政策与货币政策配合的要点：一是两大政策类型合理搭配被逐步重视。随着凯恩斯主义的兴起、货币主义流派的逐步产生，人们期待财政与货币政策能联合推进经济增长。1955年萨缪尔森向国会作证时指出：财政政策与货币政策正确搭配是可以实现充分就业和经济高速增长的，而且在这一过程中，还可利用税收解决好收入再分配问题。[1] 二是在工具上，政府债券依然是美联储的偏好。自财政部与美联储签订协议后，美联储支持政府债券市场的计划和做法被放弃了。但国库券在这期间仍是美联储的重要选择，被称为"国库券偏好"或"仅存国库券"。[2] 例如，1955年美联储购买了1年期国库券1.67亿美元，1958年购买了1年期国库券11亿美元，1960年购买了1年期国库券12亿美元。美联储认为在债券市场上，国库券市场是最成熟、最丰富的债券，美联储进行公开市场操作的目标是影响货币总量尤其是基础货币总量，关键在于公开市场操作的规模有多大、影响有多大，而不是买哪个债券；将公开市场操作购买债券品种限定在国库券，既利用了国库券优势，又可更少干预债券市场。不过"国库券偏好"这一做法于1961年被废除了，因为黄金外流、国内紧缩形势严峻：如果阻止黄金外流需高利率激励人们手持美元；如果应对紧缩需低利率刺激经济。为兼顾这双重目标，美联储和财政部又开始了新的配合。即美联储不再只偏好短期国库券，而是持有长期政府债券，促进长期利率降低，刺激经济复苏；卖出短期国库券，促进短期利率高企，激励人们持有美元。财政部则负责进一步调整和优化政府债券的期限结构，促进实现这双

---

[1] U. S. Congress. Federal Tax Policy for Economic Growth and Stability [W]. Jiont Committee on the Economic Report. 1955。

[2] 米尔顿·弗里德曼，安娜·J. 施瓦茨著. 巴曙松，王劲松等译. 美国货币史 (1867-1960) [M]. 北京：北京大学出版社，2015年。

重目标。

3.1.3.3 20世纪60年代财政和货币政策及其配合

肯尼迪于1961~1963年任美国总统，约翰逊于1963~1969年任美国总统。肯尼迪上任之际，美国仍处衰退之中。起初财政政策适度增加支出，加大军事国防、对外援助、教育培训、养老医疗、基础设施、促进地区经济发展等支出。1962年财政实际支出比预算增加了30亿美元。1962年3月、5月股市大跌，再次引发人们对经济状况的担忧。很多人认为税收压抑了私人投资，财政本身是拖累经济的根本原因，敦促减税提上议程。这一期间，受国际收支逆差影响，为维护美元稳定，货币政策较紧。

约翰逊总统上任后提出要建立"伟大的社会"，要"向贫穷开战""大炮与黄油都要"。财政继续推行养老、医疗等各项福利改革。国会于1964年2月通过减税法案旨在刺激经济。减税重点是降低个人所得税、企业所得税、扩大资本折旧税收优惠等，总规模约100亿美元。此次减税是美国历史上首次全面减税。越南战争加剧了政府债务，美联储坚持其独立性，不为战争引起的赤字提供融资便利。[①] 根据经济状况，货币政策1964年起转向宽松，1966年启动加息。

随着减税等刺激政策的发酵，经济逐步回升，1963~1965年GDP增速分别为5.5%、7.4%、8.4%，失业率于1965年底降到4%这一目标，1965年财政赤字只有1.41亿美元。赫伯特·斯坦认为这是"本土化凯恩斯主义"的成功实践，利用减税刺激经济、降低失业率是美国的一次"财政革命"。

随着经济的恢复与增长，1967年5月国债收益率高企，引发通货膨胀担忧。与此同时，黄金价格高涨势头不减，美元稳定受到挑战，出现了第二次世界大战后第一次美元危机。

---

① 罗伯特·L.黑泽尔著，曾刚、陈婧译.美联储货币政策史 [M].北京：社会科学文献出版社，2016年。

财政与货币政策配合的要点：为维护美元稳定、防止经济衰退，采取紧财政、松货币的搭配组合。为拯救美元，保持在国际上的领导力，美国不得不采用增税方案弥补赤字、减少债务、保持财政平衡。1968年夏，增税方案被国会通过，财政政策转向紧缩。当年联邦财政赤字为25.16亿美元，比上年增长了16.52亿美元。为防止经济陷入衰退，货币政策通过保持宽松予以配合。1968年8月美联储开始调低贴现率。不过这样的配合，又带来通货膨胀的后遗症，为20世纪70年代的滞涨埋下隐患。1968年、1969年通货膨胀率分别为4.5%、5.1%。1969年联储主席马丁反思了货币政策"错误所带来的遗产"①，不应以宽松的货币政策配合财政政策刺激经济再次转向紧缩。

3.1.3.4　20世纪70年代财政与货币政策及其协调配合

20世纪70年代美国总统依次是尼克松（1969～1974年）、福特（1974～1977年）、卡特（1977～1981年）。尼克松上任时主要面临通货膨胀（见图3-2）、美元危机、实体经济放缓和高失业率问题。布雷顿森林体系后②，美元经历了从短缺到过剩的变化。起初各国为换取美元竞相贬值、大量出口换汇，美元短缺；随着经济的恢复与快速发展，这些国家形成大量顺差持有大量美元，美元大量流出美国，美元过剩。由于美元相对被高估及通胀等原因，进口增长大于出口，美国国际收支逆差严重，1971年上半年逆差就有83亿美元。此外，黄金储备从第二次世界大战结束时约250亿美元占全球3/4的水平下降到1971年约100亿美元的规模，低于美国外债规模的1/5。多国央行担忧其所持美元能否兑换成黄金，美元面临被挤兑成黄金的危机。

---

① 罗伯特·L.黑泽尔著，曾刚、陈婧译.美联储货币政策史［M］.北京：社会科学文献出版社，2016年。美联储主席马丁1969年2月26日在国会作证时表示，后悔在1967年鼓励增税法案的通过，并配合以宽松的货币政策。

② 美元与黄金挂钩、其他国家汇率与美元挂钩。

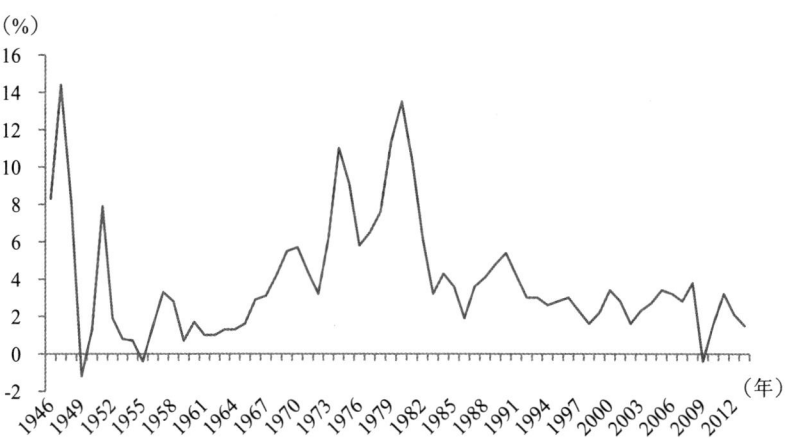

图 3 – 2　第二次世界大战后美国 CPI 年度平均增速变动图

资料来源：根据美国劳工部网站相关数据整理。

1971 年 8 月，尼克松政府宣布"新经济政策"：停止美元兑黄金，关闭黄金窗口，使之成为布雷顿森林体系解体的重要转折[①]；宣布进行价格管制，控制通货膨胀局面。但通胀得到短暂控制后失业率依然高至 6%。政府重启财政与货币政策刺激经济。1972 年货币存量增速 13%；财政赤字达 234 亿美元，社会保障水平大幅提高、《紧急就业法案》出台。价格管制稍有放松，以肉类为代表的食品价格指数 1972 年增速高达 14%。[②] 此外，1973 年国际石油危机爆发，1973～1975 年美国 CPI 分别为 6.2%、11%、9.1%；失业率分别为 4.86%、5.64%、8.48%。面对严重的通胀，1973 年后财政与货币政策再次转向紧缩，失业率不断高企。

1977 年卡特上任后以提高就业为主要目标，采用扩张性财政政策和宽松的货币政策配合。财政政策主要是减税、扩大财政支出提高社会保障、增加赤字。1977～1979 年财政支出增速分别为 11.98%、10.04%、

---

① 美国关闭黄金窗口后，建立了"史密斯协议"，还想维持固定汇率，但没持续多久。各国逐步开始采用浮动汇率制，到 1973 年后，固定汇率制彻底走下了历史舞台，标志着布雷顿森林体系的彻底崩溃与瓦解。

② 加里·M. 沃尔顿，休·罗考夫著，王珏等译. 美国经济史（第十版）[M]. 北京：中国人民大学出版社，2014 年。

17.06%。货币政策并没优先控制通货膨胀,而是通过宽松的政策倾向,刺激经济提高就业,1977 年货币存量增速为 10.6%,1978 年 M1 增速 8.3%。这种搭配加剧了通胀。1979 年 8 月,保罗·沃尔克出任美联储主席,受货币主义思想影响,他认为只有货币政策才能解决通胀问题。① 10 月,美联储宣布防止通货膨胀是联储首要目标,承诺控制货币增速,以货币供给量为中介目标,实行信贷限制,防止利用信贷进行投机,控制通胀预期、稳定币值。货币政策转向紧缩。财政政策也开始削减赤字预算。但 1979~1981 年 CPI 增速依然分别高达 11.3%、13.5%、10.3%。

两大政策通过松紧搭配逆向调节经济冷热,通货膨胀带来双刃剑。一方面,通货膨胀频频来袭在一定程度上缓解了财政支出和赤字的压力。据罗伯特·黑泽尔计算,1974 年因通胀原因,财政收入增加了 339 亿美元,其中,铸币税获得收入 122 亿美元、个人所得税增收 67 亿美元、企业所得税增收 100 亿美元、资本得利税增收 5 亿美元、未偿还政府债务部分减轻政府支出 45 亿美元。另一方面,严重的通货膨胀使货币政策失去了"可信度",沃尔克表示恢复货币政策可信度、控制通胀心理预期至关重要。②

3.1.4　20 世纪 80 年代财政与货币政策及其协调配合

1981~1989 年,里根就任美国总统,他刚上任时经济的突出问题是滞涨、高税负和赤字。通货膨胀是 20 世纪 70 年代以来的最大顽疾,1980 年、1981 年通货膨胀分别处于 13.5%、10.3% 的高位;名义 GDP 增速分别为 8.82%、12.15%;失业率分别处于 7.18%、7.62% 的较高位。滞涨使凯恩斯主义受到严重挑战,里根吸取供给学派等理论特点并用于实践,被称为"里根经济学"。

---

①② 罗伯特·L. 黑泽尔著,曾刚、陈婧译. 美联储货币政策史 [M]. 北京:社会科学文献出版社,2016 年。

实行紧缩的货币政策。坚持以防治通货膨胀为首要目标，不因经济下行和政治压力改变紧缩倾向，坚定恢复和稳定公众对通胀的预期。M1 增速 1981 年从上年 7.4% 骤降到 2.3%，联邦基金利率 1982 年最高达到 15%。

财政政策较为宽松。里根推出"经济复兴计划"主要包括"减税""减少非国防支出"，并期待财政平衡。1981 年降低个人所得税最高税率 20 个百分点至 50%；降低企业所得税最高税率 10 个百分点至 36%；降低资本利得税鼓励投资；对企业投资、加速折旧、中小企业等给予优惠。大幅减少社会福利支出，1984 年能领到失业补助的失业工人比例只占 1/4，而 1975 年这一比例是 3/4。国防支出大幅增长，受冷战与苏联展开军备竞赛等因素影响，1983 年启动"消除战略核导弹威胁"计划①，国防军事开支 1985 年比 1981 年增长了 61%。

在紧缩货币政策和较宽松财政政策的搭配下，通货膨胀得到遏制，经济增速有所提高，但失业率仍处高位。1982 年、1983 年 CPI 分别降到 6.2%、3.2%；GDP 增速分别为 4.05%、8.65%；失业率分别为 9.71%、9.6%。不过，减税效果不甚明显，联邦赤字不断扩大，从 1981 年的 790 亿美元上升到 1982 年的 1 280 亿美元、1983 年的 2 078 亿美元、1985 年的 2 123 亿美元。

1985 年里根第二任期开始，经济呈现高利率、高汇率、高赤字、高逆差的局面。很多国家认为美国财政赤字推动了较多的外资流入，使美元处于强势地位，增加了国际上出现债务危机、影响金融稳定的风险，加剧了美国贸易逆差。

面对经济形势变化，里根调整了应对思路。1985 年 9 月组织主要国家签订《广场协议》，敦促各国共同干预外汇，促进美元贬值，助推经济复苏。此后美元大幅贬值，日元大幅升值，美国逐步从净债权国转为净债务

---

① 也称"星球大战计划"。

国。① 12月，国会通过《平衡预算和紧急赤字控制法案》②，意在逐年减少财政赤字。同时，启动新一轮减税，1987年再次降低企业所得税最高税率从46%下降至34%；降低个人所得税最高税率22个百分点至28%；简化个人所得税纳税级次，从14级减为2个级次。不过，财政赤字降低速度缓慢，1986年仍比上年增加了8.9亿美元，达2 212亿美元。总体来说，美元汇率大幅下降，财政政策较为宽松，促进了复苏。

但贸易逆差还在持续，1986年约有1 600亿美元贸易赤字，日本、德国仍是主要贸易输出国，日元升值过快。③ 为防止美元过度贬值、缓解各国贸易争端，1987年2月七国财长和央行行长签署《卢浮宫协议》，拟在宏观经济政策和外汇市场方面加强合作，阻止美元汇率过度下滑，维护汇率稳定。美元汇率维持稳定的时间不长，就因美日贸易摩擦，美方威胁要加征日本相关产品关税而继续大跌。美元贬值引发通胀恐慌，长期国债收益率不断上涨，其中，30年国债收益率1987年1月是7.4%，4月是8.5%，10月超过10%的高位。货币政策不断提高联邦基金利率、贴现率。股市、债市出现严重泡沫，于1987年10月19日暴跌22.6%。联储密切关注金融市场，全力提供流动性。10月29日开始调低联邦基金利率0.5个百分点到6.875%，1988年2月再次下调到6.5%并保持到12月，货币政策逐步宽松应对此次危机，营造低通胀和经济增长的稳定环境。里根执政后期，1987~1989年财政赤字有一定减少，分别为1 497亿美元、1 552亿美元、1 526亿美元（见图3-3）。CPI分别是3.6%、4.1%、4.8%。GDP中高速增长分别为6.2%、7.69%、7.46%。失业率总体下行分别为6.18%、5.49%、5.26%（见图3-4）。

---

① 截至1986年底，对外净债务高达2636亿美元。
② 也被称为《格拉姆-拉德曼-霍林斯法案》。该法案要求，财政要逐步减少赤字，并于1991年实现平衡。1986~1990财年预算赤字分别为1 719亿美元、1 440亿美元、1 080亿美元、720亿美元和360亿美元，1991财年实现财政平衡。
③ 参看日本财政与货币政策历史回顾部分。

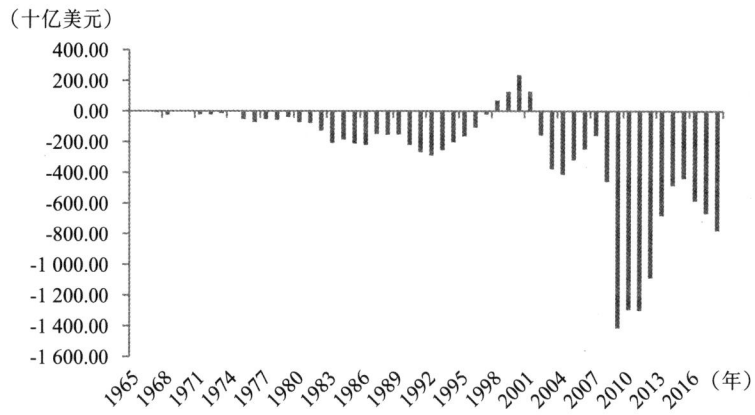

图 3-3　美国联邦政府财政盈余变动图

资料来源：万德数据库。

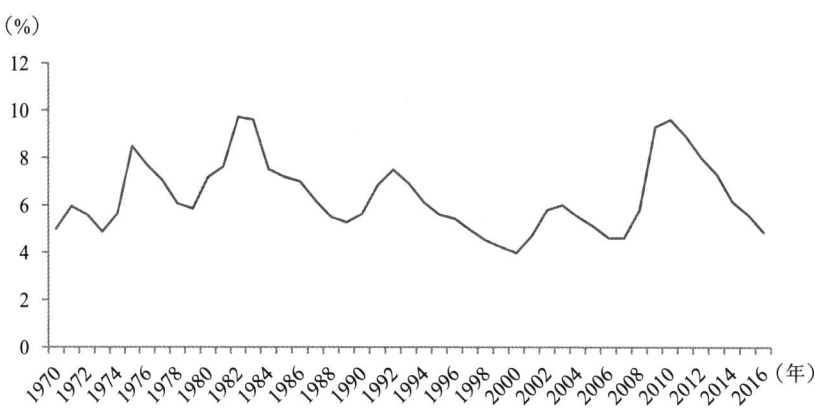

图 3-4　美国失业率变动图

资料来源：万德数据库。

财政与货币政策在工具之间配合的要点：美联储把政府债券利率作为管理通胀预期的重要指标。在控制通胀的过程中，1983 年，美联储对通胀预期管理进行了创新，不再以"货币增速"而以"长期政府债券利率"作为管理通胀的重要指标，使债券利率成为货币政策新的中介目标。① 这一举措丰富了财政与货币政策协调配合范围。"债券利率高"与"通胀预期强"之间关系密切，越是期限长的债券受通胀的影响越大，因为长期债券的未来收益及其折现现值对通胀变化非常敏感。如果公众对未来的通货膨胀预期强烈，长期债券利率就会高涨；如果长期债券利率上涨过快，表明公众对未来通胀的预期不断加强。政府债券信用等级最高、规模庞大，政府债券利率水平最适宜担当金融市场的基准。联邦公开市场委员会（FOMC）对债券市场跟踪密切、反应迅速，如果政府长期债券利率上涨过快，可及时采取提高联邦基金利率的办法应对②，减少决策时滞。例如1983年3月至8月，债券利率从10.5%上涨到12%的过程中，FOMC把原8.5%的联邦基金利率相应适度提高至9.5%的水平。

3.1.5　20世纪90年代财政与货币政策及其协调配合

3.1.5.1　乔治·赫伯特·布什时期的财政与货币政策及其协调配合

1989~1993年，乔治·赫伯特·布什就任美国总统，经济面临新一轮衰退。

财政政策方面，乔治·赫伯特·布什采取减税、调支、减赤字的做法。在税收方面，降低企业所得税鼓励投资，1990年企业所得税从上年的1 032亿美元降到935亿美元。在支出方面，减少军事支出和一般性支出，增加净化空气支出。国防部计划1990年起5年内每年减少360亿美元军费支出。受美苏关系缓和、苏联解体、海湾战争爆发等因素影响，1991年国

---

① 罗伯特·L.黑泽尔著，曾刚、陈婧译.美联储货币政策史[M].北京：社会科学文献出版社，2016年。

② 通货膨胀发生时，通过调高利率，可抵消或减轻因通胀所导致的资金贬值，稳定投资收益的真实水平。

防军事支出 3 204 亿美元，比上年减少了 6%；1992 年国防军事开支有所提高后再次逐步下降（见图 3-5）。减少一般性其他支出，1992 年其他支出 672 亿美元，比上年减少了 47.6%。面对环境污染加剧的形势，1990 年增加 190 亿美元用于净化空气。根据 1989 年对《平衡预算和紧急赤字控制法案》的修正案目标，从 1990 年开始减少赤字拟于 1993 年实现盈余。不过在实际中，降低财政赤字进展困难，财政赤字在 1992 年达到 2 903 亿美元高峰后开始回落，1993 年赤字仍高居 2 551 亿美元（见前图 3-3）。

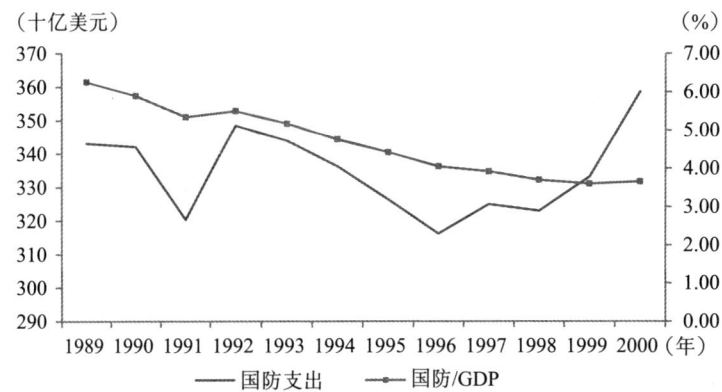

图 3-5　国防支出及国防支出占 GDP 的比重

资料来源：根据美国政府收入网、贸易经济网站数据整理（右轴为国防支出占 GDP 比重）。

货币政策方面，格林斯潘①延续了沃尔克时期的主要政策目标和方式，密切关注债券市场，把降低长期债券利率当作一个重要目标，注重引导通胀预期——把握货币的"名义锚"，试图恢复货币政策的可信度。30 年国债利率从 1989 年 7 月 9.3% 的高位，不断下跌至 1993 年 10 月的 5.8%。同时相应调整联邦基金利率，发挥货币价格作用。联邦基金利率从 1989 年 5 月 9.875% 的高位，下调至 1992 年的 3%，并一直保持此低利率至 1994 年 2 月。

---

① 格林斯潘 1987~2006 年任美联储主席。

这一期间通货膨胀得到有效控制，货币政策的可信度逐步恢复。CPI 从 1990 年的 5.4% 降至 1992 年、1993 年的 3%①，低通胀为长期经济发展提供了稳定坚实的基础保障。1990～1993 年 GDP 增速分别为 5.81%、3.32%、5.7%、5.04%，失业率分别为 5.62%、6.85%、7.49%、6.91%。

3.1.5.2 克林顿时期财政与货币政策及其协调配合

克林顿 1993～2001 年任美国总统，致力于复兴美国经济、减少财政赤字。面对多年的财政赤字，实施结构性紧缩的财政政策。在支出方面，一是继续减少国防军事开支，1993 年时支出为 3 439 亿美元，占 GDP 的 4.5%；1996 年降至 3 162 亿美元，占 GDP 的 4%；1999 年 3 332 亿美元，占 GDP 的比重降到 3.6%。二是进行社会福利改革。改革医疗保险和社保资金，助力减少财政赤字。三是增加基础设施、科技、人力、小企业等方面支出。例如，1993 年 9 月出台"国家信息基础设施"（National Information-tion Infrastructure，NII）计划②，计划 20 年内总投入 4 000 亿美元，使之成为科技关键和优先发展战略。政府注重关键项目研发支持、标准化等制度制定和规范，并充分鼓励民间投资参与。据统计截至 1996 年，美国企业投资信息建设达 2 120 亿美元③，为互联网和新经济发展奠定了重要基础。在税收方面，通过增税助力消除财政赤字。提高富人个人所得税边际税率和大企业企业所得税边际税率。例如，对年收入超过 14 万美元的家庭，个人所得税税率从 31% 提至 35%；对超过 1 000 万美元利润的大企业，企业所得税税率从 34% 调高至 36%。随着支出的调整、税收的提高及新经济带来的繁荣，美国财政于 1998 年、1999 年分别实现了 693 亿美元、1 256 亿美元的盈余（见前图 3-3）。

---

① CPI 于 1990 年至 1993 年分别为 5.4%、4.2%、3%、3%。
② 也称为"信息高速公路"计划。
③ 工业和信息化部王喜文，江道辉．美国"信息高速公路"战略 20 年述评，中国经济网。

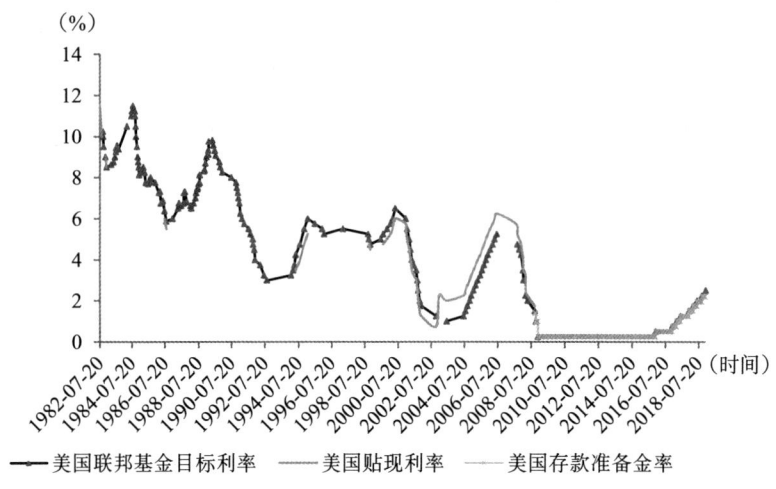

图 3 – 6　美国主要利率变动情况

资料来源：万德数据库。

货币政策方面，在格林斯潘的带领下，美联储仍坚持稳定通胀预期的做法。1994 年后随着经济快速增长、生产率提高，美联储提高联邦基金利率主动抑制通胀预期提高。30 年期国债收益率从 1994 年的 7.4% 降到 1998 年的 5.6%。不过随着亚洲金融危机的来袭，货币政策再次从紧缩转向扩张，1998 年三次降低联邦基金利率（见图 3 – 6），从 5.5% 分别降至 5.25%、4.75%。M2 保持较高增速，1998 年第四季度约为 12%。组织协调国际组织和主要国家，对亚洲等国进行救助，防止和减少资本逃离新兴市场国家，稳定金融市场，保护投资者权益。采取扩张性货币政策后，1999 年起通货膨胀再次抬头，资产价格加速上涨。

3.1.5.3　财政与货币政策协调配合的要点

（1）两大政策共同服务于经济复兴和金融稳定。货币政策注重维护通货膨胀的稳定预期，适时微调；财政政策注重自身重建，战略性调整收支结构；再加上新经济快速发展，财政实现盈余，克林顿经济学获得巨大成功。此外，财政部与美联储联手救助墨西哥金融危机，联储利用政府债券调整维护本国货币与金融体系稳定。亚洲金融危机前，墨西哥于 1994 年底至 1995 年上半年发生了金融危机。① 美联储通过货币互换的方式对墨西哥提供贷款援助②，以美元换墨西哥比索。然后联储增持以比索计价的债券；同时减持等量的美国政府债券，对冲因与墨西哥互换货币而引起本国基础货币的变化，使本国基础货币不变。联储持有债券总价值不变，但利用政府债券调整既实现了与他国的货币互换，对他国进行救助；又保持了本国基础货币、货币政策的稳定；还帮助本国投资者挽回了一些对墨西哥投资的损失，维护了金融经济稳定。

（2）两大政策工具之间，财政部发行通胀保值债券助力联储管理通胀预期。1997 年财政部首次发行通货膨胀保值债券（Treasury Inflation Protected Securities，TIPS），将国债与通货膨胀（CPI）挂钩，成为规避通胀风险的一个国债品种。本金实行浮动制，随通胀变化而变化；票面利率实行固定制，财政部每半年付息一次。这种政府债券因考虑了通胀因素，不仅成为美联储管理通胀预期的重要工具和公开市场操作的重要债券品种，又保障了投资者权益，扩大了政府融资渠道。

3.1.6　21 世纪国际金融危机前财政与货币政策及其协调配合

乔治·沃克·布什于 2001～2009 年任总统。2001 年 3 月美国股市暴跌，新经济泡沫破裂。"9·11"事件突发，直接经济损失高达 500 亿美元，影响了人们对美国未来的信心。消费、非住宅固定投资等大幅下降。2001 年末股市市值 13.98 万亿美元，比上年末的 15.11 万亿美元下降了 7.44%；2002 年末股市市值 11.05 万亿美元，比上年末下降 20.95%（见

---

① 墨西哥货币比索汇率狂跌、大量短期外资出逃，股市暴跌。由于《北美自由贸易协定》于 1994 年刚刚生效，墨西哥既是北美自由贸易区的重要成员，又是美国第二大贸易伙伴，而且美国在墨西哥投资者投资规模较大，占墨西哥外资总投资中的 65%，因此，美国财政部与美联储决定组织协调对墨西哥进行国际救助。

② 后来经美国组织协调，IMF 出面进行了相关救助。

图3-7）。2000~2002年GDP增速分别为5.92%、3.17%、3.37%，失业率分别为3.97%、4.7%、5.8%。

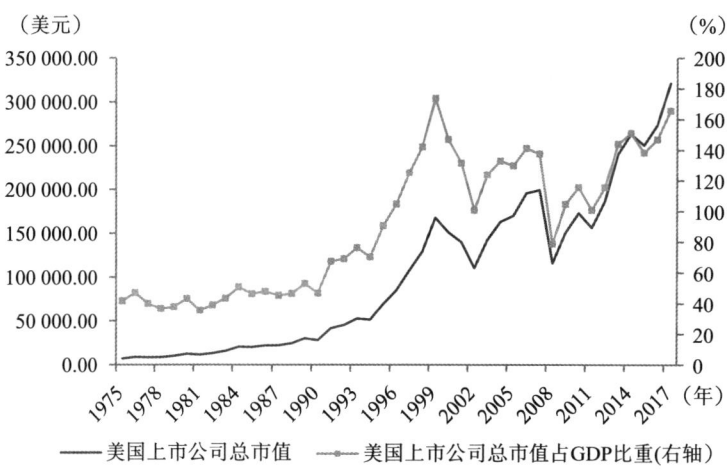

图3-7　美国股市市值及占GDP比例图

资料来源：世界银行。

面对经济衰退和恐怖主义袭击，财政政策主要包括：一是减税。2001年5月国会批准了1.35万亿美元减税计划。包括削减低收入家庭所得税约3 100亿美元；提高每个有未成年孩子的家庭退税额500美元；简化个人所得税级次并降低税率，最高税率从39.6%减至33%、最低税率从15%减至10%，税率从5级变为4级；房地产遗产税逐渐取消约减税2 600亿美元；对企业研发减税约500亿美元。"9·11"后，2001年10月国会紧急批准减税1 000亿美元计划促进经济恢复、刺激经济发展。2003年5月，国会又批准3 500亿美元减税措施，降低个人税负、降低股息税和资本增值税，鼓励投资、促进恢复股市。二是增加支出，提高国防、社保、科技、环境等支出。乔治·沃克·布什提出重振国防（见前图3-5），2002年国防支出4 217亿美元，比上年增长15.16%。2003年发动伊拉克战争，2003~2005年国防支出增速分别为14.51%、12.32%、10.62%。此外，增加医疗、教育、社会福利等公共服务支出（见图3-8左轴）。医疗支出2000年为3 516亿美元，2001~2009年医疗支出平均增速9.04%；教育支出 2000 年为 599 亿美元，2001～2009 年教育支出平均增速为 5.53%；福利支出（不包括退休金）2000 年为 1 714 亿美元，2001～2009 年平均增速为 10.59%。三是增加财政赤字。大量减税、增支及不景气的经济使财政再次陷入大量赤字之中。2002 年财政从上年盈余 1 282 亿美元转为赤字 1 578 亿美元，2004 年达小高峰 4 127 亿美元后逐步回落至 2007 年 1 607 亿美元。公共债务总额占 GDP 比例 2003 年是 61.67%，2008 年上升到 67.84%（见图 3-9 右轴）。

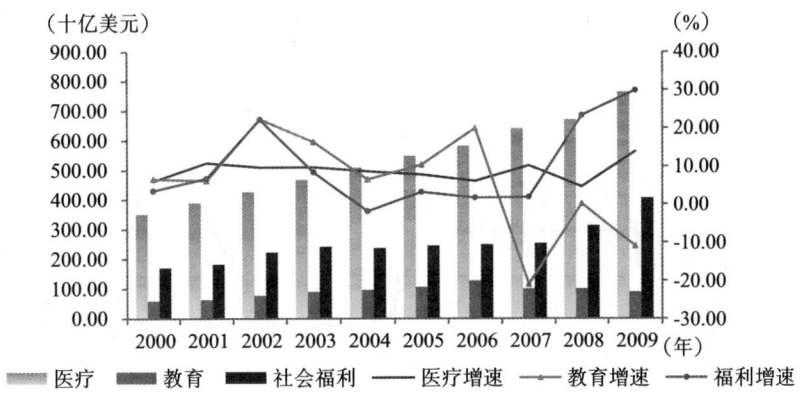

图 3-8 2000～2009 年美国医疗、教育、福利支出图

资料来源：美国政府收入网相关数据整理。

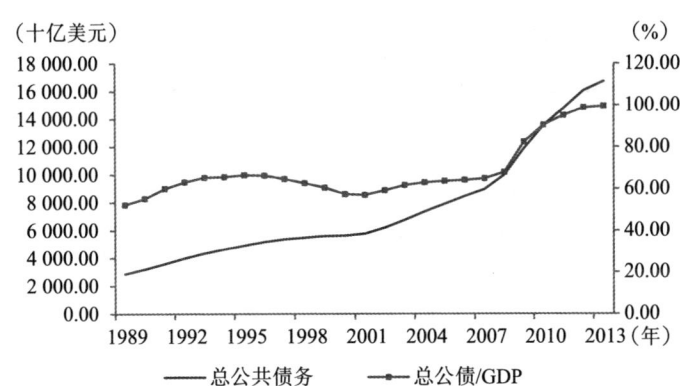

图 3-9 美国联邦政府公共债务及占 GDP 比重变化图

资料来源：根据美国政府收入网和贸易经济网站相关数据整理。

货币政策方面,联储把"稳定物价"目标调为维护"低通胀";2001年5次下调联邦基金目标利率、2002年又下调2次。2003年出现愈加严重的通货紧缩形势。面对日益严重的衰退和通缩,美联储2003年再次下调2次联邦基金目标利率,6月25日联邦基金目标利率降至1%,贴现率降至2%。受经济形势有所好转、国际油价大幅上涨(见图3-10、图3-11)等因素影响①,通胀再次抬头,2004年6月30日开始提高联邦基金目标利率至1.25%,贴现率提高至2.25%,进入加息通道。经过10次上调②,到2006年6月29日达到联邦基金目标利率5.25%、贴现率6.25%的高位,直到次贷危机恶化。③

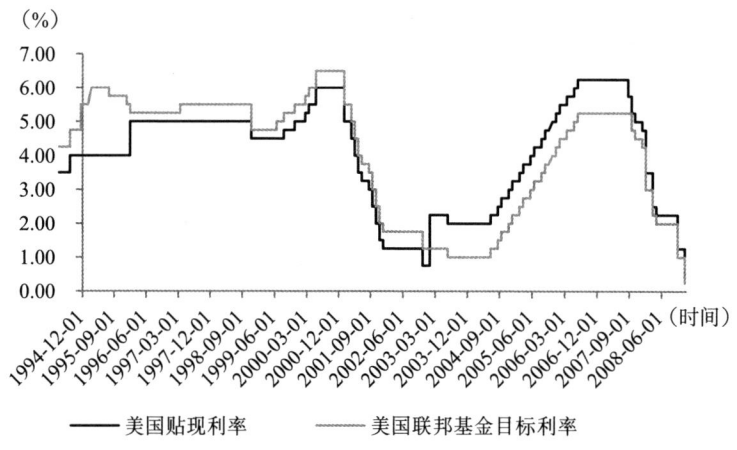

图 3-10　美国联邦基金目标利率和贴现率变动图

资料来源:万德数据库。

财政与货币政策协调配合的要点是逆周期搭配应对波动。与本时期经济波动相对应,财政与货币政策采取"双松""双紧"、再"双松"的搭配来应对。经过沃尔克和格林斯潘多年恢复货币政策可信度的努力,通货

---

① 国际油价2004年末比上年末上涨约1/3,此后依然不断上涨。
② 每次基本上调0.25个百分点。
③ 2007年8月16日起开始新的调整,后文详叙。

第3章 世界主要国家财政货币政策协调配合的经验与启示 | 95

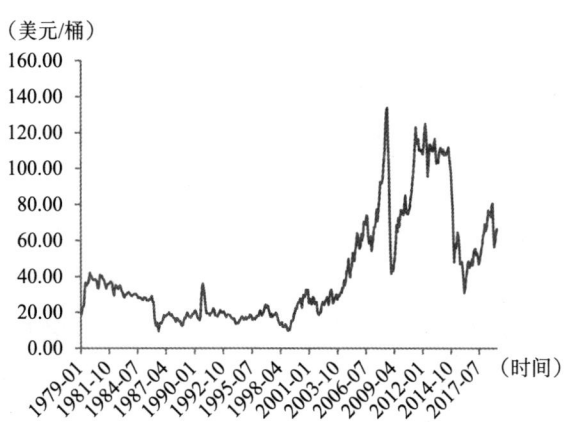

图 3-11 国际原油（布伦特）价格变动图（日价格变化）

资料来源：万德数据库。

膨胀预期逐步稳定。面对新经济泡沫破裂、"9.11"等重大冲击，财政政策转向宽松；在通货膨胀转向通货紧缩的背景下，货币政策也转向宽松。两大政策"双松"搭配，使美国 GDP 于 2004 年再次快速增长为 6.62%，比上年的 3.37% 几乎提高了一倍。面对经济的强劲复苏，2004 年起货币政策转向紧缩，不断提高联邦基金利率，继续稳定通胀预期；财政政策开始削减赤字，转向紧缩倾向，虽然减税还在延续，但依然想减赤重建财政。直到 2007 年起随着次贷危机的恶化，两大政策再次双双转向宽松，共同应对危机。

3.2 日本各阶段财政与货币政策协调配合情况

日本自 19 世纪 60 年代明治维新后，开始工业化进程，经济逐步起飞，但两次世界大战让日本经济基本回到赤贫状态。第二次世界大战结束后，受西方经济等因素影响，日本政府决定将经济增长确立为国家首要目标，而且国家、企业、个人都统一到这一价值体系中。① 举国上下使追求经济优先增长、高速增长成为本国集体主义、民族主义传统文化及本国信念理想、思想价值的重要体现和取向,成为日本赶超经济模式的灵魂。② 在此背景下,逐步形成日本"政府主导型工业化赶超经济增长"的模式。

"政府主导"主要表现在:政府的定位不只是弥补市场失灵,而是为实现国家根本利益和工业化赶超总体目标,利用政府自身权力和资源配置能力,通过制定宏观经济发展计划、确立宏观经济政策目标、方案和行动路径,积极干预经济,主动从供给侧引导资源配置提升有效供给能力,通过调整和把握政府与各利益集团间的关系,使经济向政府引导的方向发展。"工业化赶超经济增长模式"的特点在于:日本政府注重工业发展,以工业带动经济增长,尤其是以出口工业为导向;专门设立经济企划厅制定经济发展计划,设立通商产业省制定产业发展战略对产业发展与贸易进行指导和促进;通过制定促进工业发展的财税政策、信贷政策等,配合产业政策发展;并与私人企业广泛深度合作,有力促进本国工业化的飞跃。因此,日本"政府主导型赶超经济模式"以政府为主导,政府制定经济计划、细化产业政策和明确产业发展方向,以产业政策为重点推进落实经济发展计划,以财政政策与货币政策配合经济计划落实和支持产业发展为主要手段,实现战后日本经济的高速增长。

第二次世界大战后日本经济增长主要分为五个阶段。20 世纪 40 年代中期至 20 世纪 50 年代中期是日本经济恢复重建时期。1955~1978 年为高速增长时期,以现价折算日本 GDP 及其增速(见图 3-12、表 3-1),日本 GDP 增速基本保持在 10% 以上的高速增长。③ 1979~1991 年基本保持在平均 6.63% 的中高速增长。1992~2012 年为低速增长时期,被称为"迷

---

① 安永武已著. 日本人和经济行动的构图 [M]. 日本钻石社,1975 年。
② 徐平著. 苦涩的日本——从"赶超"时代到"后赶超"时代 [M]. 北京:北京大学出版社,2012 年。
③ 除 1958 年外。其中,1968 年起日本 GDP 超过西德位居全球第二并保持至 2009 年。

失的二十年",其中有 11 年正增长,最高增速仅为 1992 年的 2.6%;8 年负增长,最低速为 2009 年的 −6%;2005 年为零增长。2012 年后又实现正增长并缓慢回升。

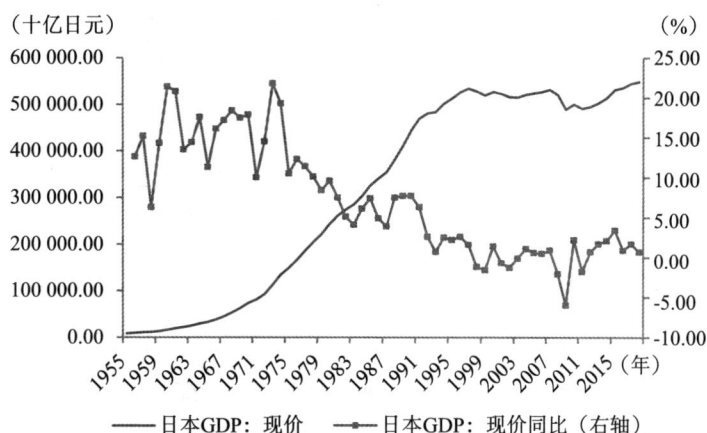

图 3−12　日本 GDP(按现价折算)及其增长简图

资料来源:万德数据库。

表 3−1　　　　日本 GDP(按现价折算)及其增长表

时间	GDP (10 亿日元)	同比增长 (%)	时间	GDP (10 亿日元)	同比增长 (%)
1955	8 369.50	—	1967	44 730.50	17.20
1956	9 422.20	12.60	1968	52 974.90	18.40
1957	10 858.30	15.20	1969	62 228.90	17.50
1958	11 538.30	6.30	1970	73 344.90	17.90
1959	13 190.30	14.30	1971	80 701.30	10.00
1960	16 009.70	21.40	1972	92 394.40	14.50
1961	19 336.50	20.80	1973	112 498.10	21.80
1962	21 942.70	13.50	1974	134 243.80	19.30
1963	25 113.20	14.40	1975	148 327.10	10.50
1964	29 541.30	17.60	1976	166 573.30	12.30
1965	32 866.00	11.30	1977	185 622.00	11.40
1966	38 170.00	16.10	1978	204 404.10	10.10

续表

时间	GDP (10亿日元)	同比增长 (%)	时间	GDP (10亿日元)	同比增长 (%)
1979	221 546.60	8.40	1999	519 651.80	-1.60
1980	242 838.70	9.60	2000	526 706.00	1.40
1981	261 068.20	7.50	2001	523 005.00	-0.70
1982	274 086.60	5.10	2002	515 986.20	-1.30
1983	285 058.30	4.10	2003	515 400.70	-0.10
1984	302 974.90	6.10	2004	520 965.40	1.10
1985	325 401.90	7.40	2005	524 132.80	0.60
1986	340 559.50	4.90	2006	526 879.70	0.50
1987	354 170.20	3.90	2007	531 688.20	0.90
1988	380 742.90	7.50	2008	520 715.70	-2.10
1989	410 122.20	7.70	2009	489 501.00	-6.00
1990	442 781.00	7.70	2010	500 353.90	2.20
1991	469 421.80	6.30	2011	491 408.50	-1.80
1992	480 782.80	2.60	2012	494 957.20	0.70
1993	483 711.80	0.70	2013	503 175.60	1.70
1994	501 537.70	2.50	2014	513 876.00	2.10
1995	512 541.70	2.20	2015	531 319.80	3.40
1996	525 806.90	2.60	2016	535 986.40	0.90
1997	534 142.50	1.60	2017	545 121.90	1.70
1998	527 876.90	-1.20	2018	548 904.40	0.70

资料来源：万德数据库。

3.2.1　财政政策的演进

财政政策总体服务于日本宏观经济计划，从信奉财政平衡战略到赤字财政，再到财政重建、遵守规则，根据经济形势变化在紧缩与扩张、经济重建与财政重建中相继变化。

3.2.1.1　第二次世界大战后到 1964 年，均衡预算的财政政策

在第二次世界大战后恢复和宏观经济计划框架下，财政政策利用各种财政手段包括减免税等支持产业发展，但依然信奉收支平衡原则，把握财政投资及其他支出规模，1949 年首次实现战后无赤字，1955 年经济恢复并超过战前水平，迈入新阶段。但经济快速发展的同时也出现了人民工资及福利低、生态环境污染高、物价高等迫切需要解决的问题，宏观政策面临挑战。

3.2.1.2　1965～1973 年，赤字财政政策

由于经济发展不平衡等因素影响，1965 年日本经济增速大幅下滑，GDP 增速从上年的 17.6% 快速降到 11.3%。日本开始突破均衡预算的约束，运用赤字财政政策应对经济衰退、促进经济平稳快速增长。1965 年开始发行大额长期国债，用于弥补财政赤字和进行公共基础设施建设与生活生态环境改善等。1966 年日本 GDP 增速快速回升到 16.1%。20 世纪 70 年代初，石油危机波及日本，经济增速再度下滑，1971 年 GDP 从上年的 17.9% 下降到 10%。财政政策继续扩张，应对经济变化。日本国债 1971 年是上年的 2.43 倍；截至 1973 年日本建设国债余额 76 970 亿日元，相当于当年政府一般会计预算的 56%。①

3.2.1.3　1974～1975 年，紧缩性财政政策

面对连续 9 年的财政赤字和严重的通货膨胀，1974～1975 年财政政策开始紧缩，控制预算增速，缩减公共投资工程。通货膨胀得到遏制，但 GDP 增速也从 1974 年 19.3% 骤降到 1975 年的 10.5%。经济面临下降与衰退考验。

---

① 孙执中主编. 战后日本财政 [M]. 北京：航空工业出版社，1988 年。

3.2.1.4　1976~1978年,扩张性财政政策

1976年日本重启扩张性财政政策应对经济下行,财政投资大幅增加,每年增幅20%~30%;减税力度加大,主要减轻居民负担;国债规模扩大,1976~1978年每年国债发行额分别为75 694亿日元、98 741亿日元、113 066亿日元。扩张性财政政策稳住了经济增长,1976~1978年GDP年均增长11.27%,但财政本身面临重大债务压力,1978年国债依存度达31.3%,国债负担率达20.4%。

3.2.1.5　1979~1990年,重建财政与民生财政政策

1979年日本首相大平正芳提出"重建财政,要从庞大的国债尤其是特例国债中解脱出来"。[①] 这一时期日本逐步转变政府职能,宏观经济目标不只促进国民经济健康发展,还注重提高国民生活水平。在此背景下,财政政策进行转型,调整预算编制方式,优化收支结构,控制投资支出,出售部分国有固定资产,缩减国债发行规模。在预算编制上,采取下达预算规模限额的办法,控制支出总额;在收入上进行税制改革,降低个人与法人所得税,开征消费税,增加政府非债收入;压缩政府投资支出规模,注重提高国民福祉,1990年社保支出占财政支出的16.6%;出售部分国有固定资产实行私有化,既减轻政府负担,又提高运营管理效率;缩减国债规模,1990年停止发行赤字国债,国债依存度降至9.2%,初步实现财政重建的目标。这一阶段日本基本进入中高速发展阶段。

3.2.1.6　1991~1996年,应对泡沫破裂的扩张型财政政策

20世纪90年代泡沫经济破灭,日本经济陷入萧条状态,GDP增速从1991年的6.3%骤降到1992年的2.6%,此后经济经常在正负增长之间徘徊(如前表3-1)。财政政策相机转为扩张型:不断增加债务规模,1992

---

① 冯昭奎编著. 日本经济 [M]. 高等教育出版社,1998年。

年、1993 年国债增速分别高达 21%、22%，1994 年开始发行已暂停 3 年的特别赤字融资国债；通过减税刺激经济，1995 年实行 3.5 万亿日元减税政策，1996 年实行 2 万亿日元特别减税政策；增加公共投资，公共固定资本 1992 年增长 17.6%，1993 年增长 13.13%；增加社保支出、提高低收入人群和老年人收入水平等民生支出。扩张性财政政策促使经济低速平稳运行，1996 年 GDP 增速为 2%，比上年增长了 0.8 个百分点；但日本税收收入从 1991 年的 59.8 万亿日元，下降到 1996 年的 52.1 万亿日元；日本债务从 1991 年的 25.6 万亿日元，上升到 1996 年的 48.3 万亿日元，债务问题再次被关注。

3.2.1.7　1997～1998 年，紧缩性财政政策

1997 年日本新当选首相桥本龙太郎提出财政改革，国会通过改革财政结构的法案，要求控制赤字、压缩债务、公共投资等支出，重建财政。因此财政政策开始紧缩：延长公共投资期限，缩减国防、教育、对外援助等各项支出及对中小企业和能源开发的补贴，进行医疗保险改革；提高消费税税率；降低债务增速，1997 年日本国债发行增速仅为 3%。但是，紧缩性财政政策打破了低速复苏势头，加重了泡沫经济破裂以来的衰退程度，而且亚洲金融危机来袭，1998 年 GDP 从上年的 2.2% 下降为 -2.1%。

3.2.1.8　1998～2005 年扩张性财政政策

面对形势的恶化，1998 年 4 月财政政策又转向扩张，通过减税、增支、举债的办法，减轻所得税负担，增加公共投资，促进消化不良债权，优化经济结构。1998 年日本出台了 4 万亿日元特别减税方案，法人税税率从 49.98% 降至 40.87%，下调证券交易税等。1998 年国债发行额增速为 53%；国债依存度上升至 40.30%，比上年增加了 16.8 个百分点。2000 年日本成为全球最大的国债发行市场。2001 年起，经国会批准，日本还开始发行财政投融资特别会计国债至今（见图 3-13、表 3-2）。即使这样，由于体制机制及经济结构等因素影响，日本经济增速还是较为低迷。

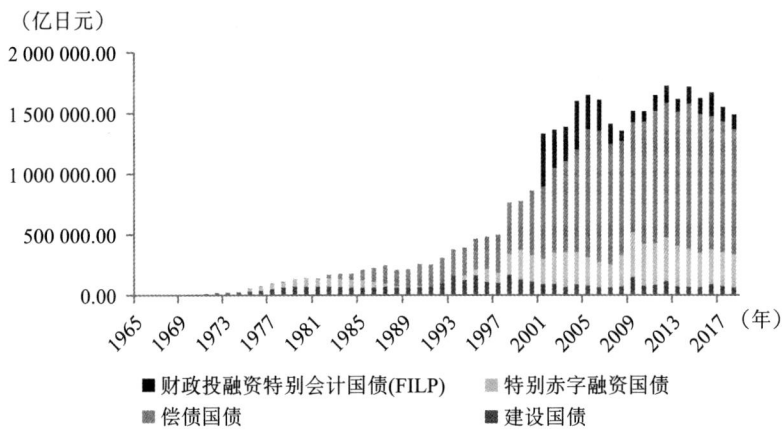

图 3-13　日本国债发行构成

资料来源：万德数据库。

表 3-2　　　　　　　　　日本国债发行基本情况　　　　　　（单位：亿日元）

时间	国债发行额：财政支出用小计	建设国债	特别赤字融资国债	偿债国债	财政投融资特别会计国债	国债发行额：合计	国债债务依存度	国债债务负担率
	①=②+③	②	③	④	⑤	⑥=①+④+⑤	⑦	⑧
1965	1 972	—	1 972	—	—	1 972	5.30	0.60
1966	6 656	6 656	—	—	—	6 656	14.90	2.20
1967	7 094	7 094	—	—	—	7 094	13.90	3.40
1968	4 621	4 621	—	—	—	4 621	7.80	3.70
1969	4 126	4 126	—	—	—	4 126	6.00	3.80
1970	3 472	3 472	—	—	—	3 472	4.20	3.70
1971	11 871	11 871	—	—	—	11 871	12.40	4.80
1972	19 500	19 500	—	—	—	19 500	16.30	6.00
1973	17 662	17 662	—	5 958	—	23 620	12.00	6.50
1974	21 600	21 600	—	6 358	—	27 958	11.30	7.00
1975	52 805	31 900	20 905	4 156	—	56 961	25.30	9.80
1976	71 982	37 250	34 732	3 712	—	75 694	29.40	12.90
1977	95 612	50 280	45 333	3 128	—	98 741	32.90	16.80

续表

时间	国债发行额：财政支出用小计	建设国债	特别赤字融资国债	偿债国债	财政投融资特别会计国债	国债发行额：合计	国债债务依存度	国债债务负担率
1978	106 740	63 300	43 440	6 326	—	113 066	31.30	20.40
1979	134 720	71 330	63 390		—	134 720	34.70	25.00
1980	141 702	69 550	72 152	2 903	—	144 605	32.60	28.40
1981	128 999	70 399	58 600	8 952	—	137 951	27.50	31.10
1982	140 447	70 360	70 087	32 727	—	173 175	29.70	34.90
1983	134 863	68 099	66 765	45 145	—	180 009	26.60	38.00
1984	127 813	64 099	63 714	53 603	—	181 417	24.80	39.50
1985	123 080	63 030	60 050	89 573	—	212 653	23.20	40.70
1986	112 549	62 489	50 060	114 886	—	227 435	21.00	42.40
1987	94 181	68 800	25 382	154 490	—	248 672	16.30	41.90
1988	71 525	61 960	9 565	139 461	—	210 986	11.60	40.40
1989	66 385	64 300	2 085	150 798	—	217 183	10.10	38.70
1990	73 120	63 432	9 689	186 532	—	259 652	9.20	36.80
1991	67 300	67 300	—	188 757	—	256 057	9.50	36.20
1992	95 360	95 360	—	214 969	—	310 329	13.50	36.90
1993	161 740	161 740	—	218 129	—	379 869	21.50	39.90
1994	164 900	123 457	41 443	228 817	—	393 717	17.90	41.70
1995	212 470	164 401	48 069	253 767	—	466 238	24.20	44.60
1996	217 483	107 070	110 413	265 524	—	483 007	25.20	47.40
1997	184 580	99 400	85 180	314 320	—	498 900	23.50	49.50
1998	340 000	170 500	169 500	424 310	—	764 310	40.30	57.80
1999	375 136	131 660	243 476	400 844	—	775 979	42.10	65.50
2000	330 040	111 380	218 660	532 697	—	862 737	36.90	72.00
2001	300 000	90 760	209 240	593 296	438 831	1 332 127	35.40	78.20
2002	349 680	91 480	258 200	696 155	318 435	1 364 271	41.80	84.60
2003	353 450	66 930	286 520	749 489	285 086	1 388 025	42.90	91.10
2004	354 900	87 040	267 860	844 505	401 297	1 600 702	41.80	99.30
2005	312 690	77 620	235 070	1 055 195	282 494	1 650 379	36.60	104.30
2006	274 700	64 150	210 550	1 081 206	255 595	1 611 502	33.70	104.40
2007	253 820	60 440	193 380	991 894	167 696	1 413 410	31.00	105.50

续表

时间	国债发行额：财政支出用小计	建设国债	特别赤字融资国债	偿债国债	财政投融资特别会计国债	国债发行额：合计	国债债务依存度	国债债务负担率
2008	331 680	69 750	261 930	939 095	86 000	1 356 775	39.20	111.50
2009	519 550	150 110	369 440	904 803	94 100	1 518 453	51.50	125.30
2010	423 030	76 030	347 000	1 008 355	84 000	1 515 385	44.40	132.50
2011	427 980	83 680	344 300	1 090 200	131 000	1 761 680	42.50	141.40
2012	474 650	114 290	360 360	1 109 579	142 200	1 775 303	48.90	148.60
2013	408 510	70 140	338 370	1 101 569	107 000	1 643 114	40.80	154.00
2014	384 929	65 770	319 159	1 193 728	160 000	1 719 857	39.00	158.10
2015	364 183	64 790	299 393	1 143 728	140 000	1 667 374	36.50	160.10
2016	344 320	60 500	283 820	1 091 144	165 000	1 622 028	35.60	161.50
2017	355 546	72 818	282 728	1 075 815	120 000	1 551 361	35.90	155.00
2018	336 922	60 940	275 982	1 032 371	120 000	1 489 293	34.50	156.4

资料来源：万德数据库。

3.2.1.9 2006年后至国际金融危机前的财政政策

2006年以后，日本经济增长依然低迷，在零增长线上徘徊。财政政策总体相机抉择在经济与财政重建中权衡施策。经济略有好转时，财政政策强调解决债务问题，减少发行债务规模，如2006～2008年每年国债增速分别为−0.2%、−0.12%、−4%。经济下行严重时，财政又转向刺激经济。

3.2.2 货币政策的演进

日本货币政策通过不断完善与运用公开市场业务、存款准备金率、再贴现率、信贷政策等工具和手段调节货币供应量和利率，维护物价稳定、促进经济增长、平衡国际收支、优化资源配置等。

3.2.2.1 第二次世界大战后~1957年，偏紧的货币政策控制通胀

第二次世界大战后到50年代中期的主要目标是恢复经济和稳定物价。面对严重的通货膨胀，货币政策偏紧，贴现率①从1946年的3.65%提高了6次到1957年的8.4%（见图3-14）。通过公开市场买入国债，扩大货币供给量。

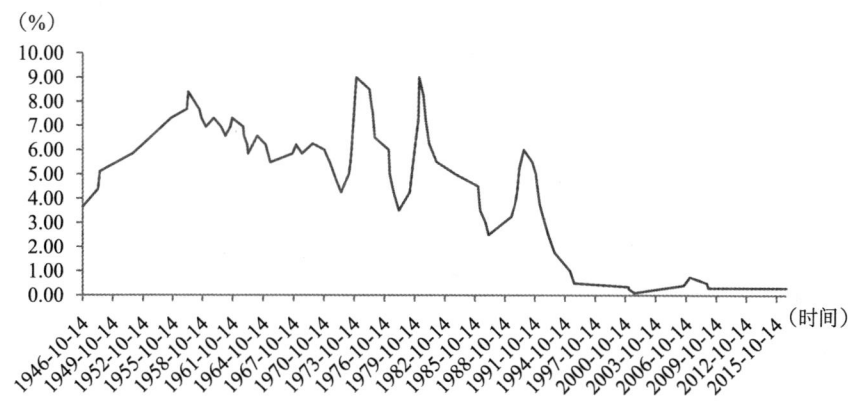

图3-14 日本贴现率变动

资料来源：万德数据库。

3.2.2.2 1957~1972年，宽松的货币政策

这一阶段属第二次世界大战后日本经济高速增长期，货币政策呈宽松态度，贴现率基本处于下行态势，从1957年的8.4%高点下降至1972年的4.25%。利率一直"人为抑制"在较低水平。信贷政策以低息贷款向政府鼓励的重点产业和进出口企业进行扶持。此外，鼓励政府与民间进行储蓄，鼓励企业发行债券。不过由于布雷顿森林体系瓦解，国际货币体系发生重大变化，日元兑美元不再实行固定汇率制而实行浮动汇率制，日元面临大幅升值挑战。

---

① 贴现率在日本被称为官方利率，一直是官方常用的工具，2001年起日本才开始运用政策目标利率。

3.2.2.3　1973~1975年，紧缩的货币政策

由于长期人为实施较宽松的货币政策，日元升值压力加大，再加上1973年爆发第一次石油危机，日本发生了第二次世界大战后最严重的通货膨胀，经济陷入滞涨状态。据世界银行统计，CPI从1972年的4.84%跃至1973年的11.62%、1974年的23.18%，1975才降到11.78%（见图3-15）。货币政策转向紧缩。1973年5次提高贴现率从4月的5%提到12月的9%，该贴现率一直保持到1975年4月。不断降低基础货币增速，从1973年的37%降至1974年的25%、1975年的13%。此外，采用窗口指导引导金融机构调节信贷规模与投向、降低工资增长率等。此后，稳定物价被日本更为重视。

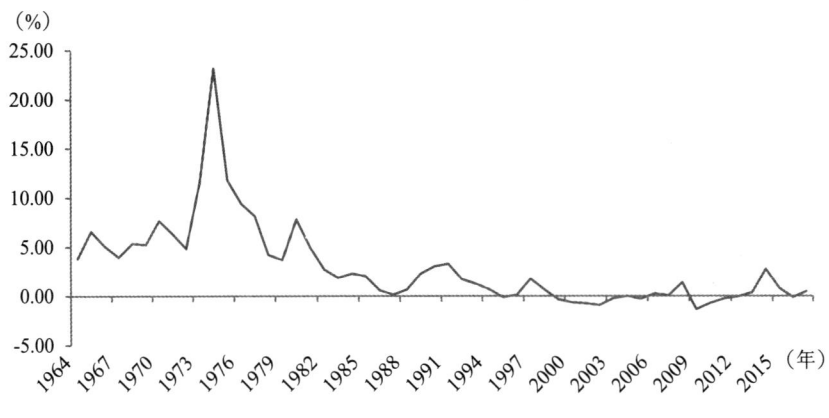

图3-15　日本CPI变动

资料来源：万德数据库之世界银行数据。

3.2.2.4　1975~1978年，宽松的货币政策

通胀压力减轻后，宏观经济又面临经济较大下行压力，货币政策再次转向宽松。1975年贴现率从8.5%经4次下调至6.5%，1977年再次下调3次至1978年的3.5%低位。此期间日元继续保持升值状态（见图3-16），1975年1美元兑300日元，1978年底1美元兑170日元，日元升值幅度达

43.3%。股市不断上涨。

图3-16 美元兑日元汇率变动

资料来源：万德数据库。

3.2.2.5 1979~1980年，紧缩的货币政策

经前期宏观经济政策的调整，日本摆脱了第一次石油危机、通货膨胀的影响，经济增长较为稳定，经济景气回暖上升。但是，第二次石油危机又带来新的冲击，物价上涨、国际收支恶化较为突出。1979年日本实施了三次"综合物价对策"，把稳定物价作为宏观经济政策的第一目标。货币政策开始紧缩银根，贴现率从1979年4月到1980年3月提高了5次，从4.25%提高到9%的高位。宏观经济增速不再延续过去两位数增长之势，转入一位数中高速增长。

3.2.2.6 1980~1989年，宽松的货币政策

进入20世纪80年代，实行两年的紧缩货币政策开始逐步回归并转向宽松，以适应新的形势变化，贴现率从1980年的最高点9%逐步下调5次到1983年的5%。与此同时，日本对外贸易顺差不断扩大，日美贸易摩擦加大（见图3-17），1985年"广场协议"签订导致日元快速升值。

受日元升值等因素影响，1986年日本GDP迅速从上年的7.4%下降到4.9%。为应对下滑局面，货币政策继续加大宽松力度，1986年4次下调

贴现率到3%。1987年，七国集团签署《卢浮宫协议》，为避免日元兑美元过度升值，日本进一步下调贴现率到2.5%的低位①，并保持该水平到1989年5月。这一阶段日元汇率经历了先升后贬的回调，到1989年5月时美元兑日元实际有效汇率为1∶112.22（见图3－16）。但日本经济只经历了较短时间的冲击，1988年GDP即从1987年的3.9%回升到7.5%。这一阶段，日本金融自由化进程不断推进，直接金融、资本市场快速发展。在利率长期较低、国内储蓄过剩、产能过剩、财政政策重建等背景下，股市、房地产等资产价格快速提高。1983年日本东京证券交易所市值为133万亿日元，1984年被称为"金融自由化之年"，1989年市值达646万亿日元，比1983年市值增长了2.84倍（见图3－18）。城市土地价格快速上涨，以2010年3月31日为基准，城市土地价格指数（见图3－19）从1980年的70.70快速上涨到1989年的117.40。长期低利率与资产价格过快上涨为经济埋下新的隐患。

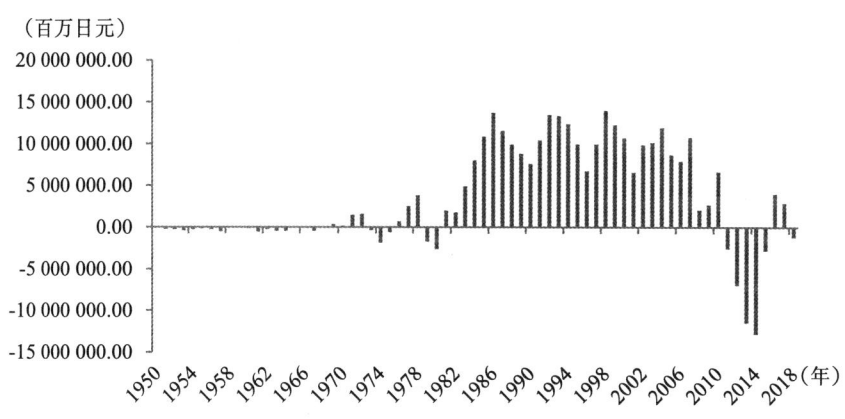

图3－17　日本贸易差额

资料来源：万德数据库。

---

① 利率降低，资本外流，这样购买美元增多，美元需求增多供给减少，美元汇率上升；日元抛售增多，日元供给增加需求减少，日元汇率下降。

第 3 章　世界主要国家财政货币政策协调配合的经验与启示

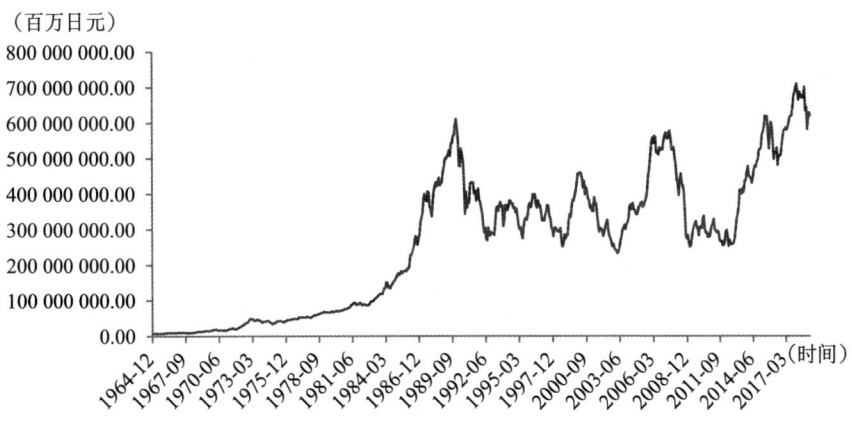

图 3-18　日本东京证券交易所市值

资料来源：万德数据库。

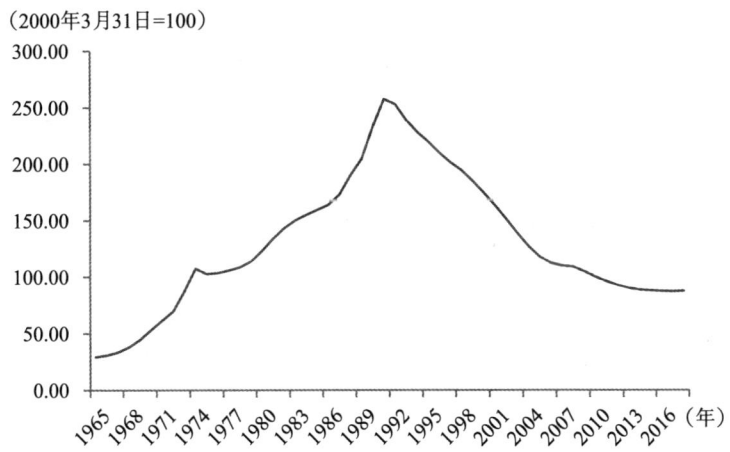

图 3-19　日本城市土地价格指数（以 2000 年 3 月 31 日为基期）

资料来源：万德数据库。

3.2.2.7　1989~1997 年，紧缩转宽松的货币政策

面对国内日益高涨的资产价格泡沫、较高速的经济增长，1989 年货币政策转向紧缩。1989 年 5 月~1990 年 8 月，央行 5 次上调贴现率，从

2.5%上调到6%。控制基础货币量，1989年、1990年基础货币量分别为429万亿日元、470万亿日元，增速分别为11%、10%，1991年、1992年分别为477万亿日元、467万亿日元，增速仅为2%、-2%。与此同时，控制信贷规模，严格信贷增长尤其是控制不动产贷款。[①]

受各种因素影响，泡沫终于破裂。尽管贴现率从1991年7月的5.5%下降到1995年的0.5%，货币政策转向宽松；货币供应量从1993年起恢复正增长，每年增速分别为3%、5%、8%；日本政府和日本银行采取干预汇率的措施；日本经济泡沫还是被戳破，陷入"迷失"状态。日经指数以1989年为拐点，到1992年股市下跌了44%，此后略有回升，但1995年又比1989年下跌了40%。GDP增速大幅下滑，从1991年的6.3%下降到1992年的2.6%、1993年的0.7%，1994~1997年年均增速为1.97%。

3.2.2.8　1998~2006年，宽松的货币政策

日本泡沫经济还没恢复，亚洲金融危机爆发。日本经济在第二次世界大战后首次出现负增长，GDP增速1998年、1999年分别为-2.1%、-1.5%，经济萧条、通货紧缩形势加剧。官方利率——贴现率从1995年9月起[②]一直处于0.5的水平，政策目标利率——无担保隔夜拆借利率已于1998年9月处于0.25的低位。在此背景下，央行实施了"非传统的零利率政策"：1999年9月将政策目标利率——无担保隔夜拆借利率下调为零（见图3-20）。央行开始通过购买日本国债增加货币供给，1997年购买47万亿日元国债，1998年增持10%，1999年增持33%，这3年央行持有国债占央行总资产比例分别为66%、57%、62%，此后央行持有国债占其总资产比例基本在60%以上。央行通过公开市场操作向金融机构购买和增持政府债券，实质上增加了商业金融机构在央行的法定准

[①]　郭丰晨. 我国当前的货币政策选择——基于日本泡沫经济经验与教训的分析[J]. 中国科技信息，2008年第20期。

[②]　截至2001年1月。

备金,央行资产负债表资产与负债方同时扩大,资产方"政府债券"增加,负债方"超额准备金"增加,达到了扩大基础货币供给的效果和目的。1999年日本央行重新开始要求商业银行在央行交纳法定准备金。①

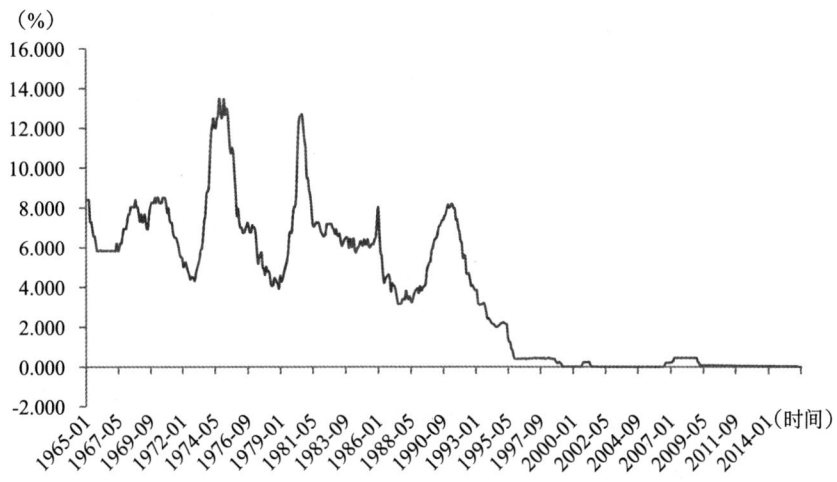

图 3-20 日本隔夜抵押拆借利率(平均值)变动

资料来源:万德数据库。

2000年8月退出零利率政策,当年GDP转负为正,增速为1%,但好景不长,受美国新经济互联网泡沫影响,经济再次转为负增长,2001年起GDP增速分别为-0.8%、-1.3%、-0.1%。从2001年3月起实施量化宽松的货币政策,在政策目标利率再度为零的基础上,再度加大增持国债规模;期间数次提高商业银行在中央银行的法定存款准备金(见图3-21)。直到2006年经济有所好转,通缩压力减轻,才退出量化宽松政策。

---

① 日本法定存款准备金率曾于1957年确立,20世纪60年代使用较多,不过法定存款准备金率一向很低,日本调整其的次数少,幅度小,作用有限。实施浮动汇率制后法定存款准备金率的作用更小,1991~1999年几乎没有使用这一工具。

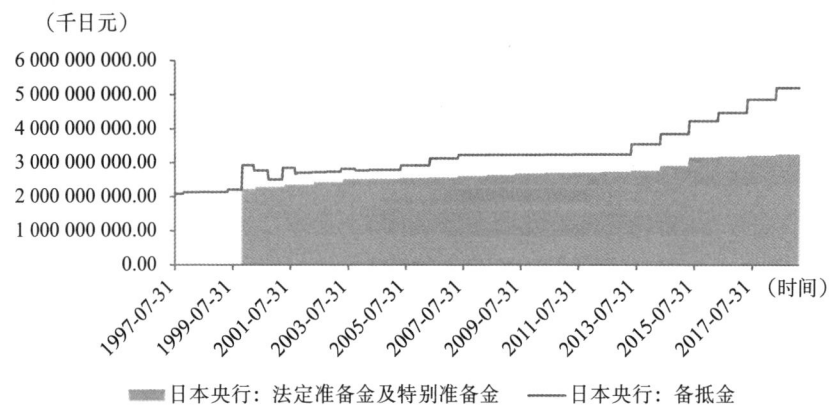

图 3-21　日本央行持有法定准备金变化

资料来源：万德数据库。

3.2.3　财政政策与货币政策的协调配合

3.2.3.1　共同维护经济稳定，妥善处置金融机构不良资产

由于泡沫经济破裂，日本金融机构出现了大量不良债权。财务省与日本银行共同采取措施处理金融机构的不良资产过多问题。例如，1998年日本财务省专门建立公共基金13万亿日元，向危机中出现问题的银行进行注资。日本央行通过增持债券尤其是政府长期债券的方式增加货币供给，提高银行体系流动性，再通过维系低利率促进银行扩展信贷业务恢复经济发展。2002年，在对问题银行实行"国有化"的过程中，日本银行负责制定和宣布"国有化计划"的金融机构清单，财务省以收购股票的方式向问题银行进行实质性注资。[1]

3.2.3.2　共同扶持相关产业发展

在政府主导型的经济模式下，产业发展是宏观经济的重中之重，财政

---

[1]　吕慧. 日本银行业不良资产的处置与启示 [J]. 新经济，2016年9月（下）。

与货币政策共同大力支持产业发展。财政政策通过加大投入、税收优惠等方式进行产业扶持，货币政策通过"主银行体制"进行窗口指导、信贷引导，在金融自由化后，促进直接金融服务产业发展。此外，通过设立政策性金融机构为相关部门、产业提供低息贷款。在泡沫严重的情况下，日本主动刺破泡沫，实际更是为了让日本产业有更好的发展环境，让资本重新回归实体经济。

但因政府主导过多，在日本经济跃居世界第二后①，政府没有急流勇退，固有体制下形成的利益关系僵化，产业政策难有新突破，没有培育出更多市场自身竞争力强的产业行业，再加上外部因素影响，以广场会议后日元大幅升值为转折点，经济增长逐渐陷入低迷状态。

3.2.3.3 日本央行通过增持国债扩大货币供给

为应对经济下行、缓解通货紧缩状态，日本央行通过扩大持有政府债券的方式扩大货币供给，提供流动性支持。一方面，在公开市场操作中购买短期政府债券，提供短期流动性支持；另一方面，日本银行向金融机构购买其所持有的长期政府债券，向金融机构和金融市场提供长期流动性支持，扩大货币供给。1997年起日本央行不断增持政府债券规模（见表3-3），央行持有的政府债券基本占央行总资产的60%以上。

表3-3　　　　　　日本央行持有政府债券情况表

时间	央行持政府债券（千日元）	持债增速（%）	央行资产总额（千日元）	持债占比（%）
1997年12月31日	47 366 005 937.00	—	71 458 417 045.00	66.28
1998年12月31日	52 002 267 153.00	9.79	91 238 234 600.00	57.00
1999年12月31日	69 236 283 374.00	33.14	111 347 888 014.00	62.18
2000年12月31日	56 294 345 192.00	-18.69	106 796 289 381.00	52.71
2001年12月31日	75 591 175 650.00	34.28	117 507 925 883.00	64.33

---

① 1968年即超过联邦德国位居第二。

续表

时间	央行持政府债券 （千日元）	持债增速 （％）	央行资产总额 （千日元）	持债占比 （％）
2002年12月31日	83 123 661 770.00	9.96	125 126 398 290.00	66.43
2003年12月31日	93 502 694 460.00	12.49	131 368 503 873.00	71.18
2005年12月31日	98 917 521 064.00	5.79	155 607 117 811.00	63.57
2006年12月31日	80 596 414 816.00	−18.52	115 543 672 768.00	69.75
2007年12月31日	70 461 291 260.00	−12.58	111 284 451 491.00	63.32
2008年12月31日	63 125 580 901.00	−10.41	122 770 853 185.00	51.42
2009年12月31日	71 990 023 468.00	14.04	122 533 671 521.00	58.75
2010年12月31日	76 738 270 103.00	6.60	128 710 450 372.00	59.62
2012年12月31日	113 676 872 964.00	48.14	158 362 714 966.00	71.78
2013年12月31日	181 395 848 549.00	59.57	224 189 765 264.00	80.91
2014年12月31日	250 439 452 441.00	38.06	300 211 710 127.00	83.42
2015年12月31日	325 001 994 469.00	29.77	383 107 615 865.00	84.83

资料来源：万德数据库，经整理。

3.3　德国各阶段财政与货币政策协调配合情况

德国经济模式被称为"社会市场经济模式"，它的理论基础源于20世纪30年代德国新自由主义的弗莱堡学派，代表人物是欧根、阿尔马等。他们认为，历史上较为突出的经济模式有"自由市场经济"和"中央高度集中管理经济"模式，这两种模式各有利弊。最理想的经济模式应以自由竞争市场机制为基础，国家适当干预，形成有社会化明确方向的市场经济，即"社会市场经济模式"。这样不仅能发挥自由竞争的优势，使之成为社会市场经济的前提，调动经济主体的积极性，促使资源合理配置、提高效率；国家又可通过建立公平、公正、有效的竞争秩序和规则等手段对经济进行适当干预，为自由竞争创造良好、稳定、有序的环境，防止市场经济社会完全自由放任导致不公平、失业和经济危机等情况的发生。因此，德国社会市场经济模式被认为是注重实现社会政策目标，在国家完全不干预的自由市场经济、中央高度集权管理的经济之间走的"经济人道主义的第三条道路"。①

3.3.1 第二次世界大战后到 20 世纪 60 年代中期中性的财政政策和偏紧的货币政策协调配合

第二次世界大战结束时，经济受到巨大创伤，工厂、房屋、设备等遭受巨大破坏，生产和商品严重不足，失业率高，1950 年失业率仍高达 12%。第二次世界大战后，德国主张在市场有序竞争的同时，强调社会责任和社会目标，鼓励按劳分配、激励技术进步和创新。② 第二次世界大战后至 20 世纪 60 年代中期，德国经济迅速恢复和发展，逐步迈入世界强国之列。这一时期宏观经济政策的特点是政府实行有限干预，既促进经济迅速增长，又避免陷入通货膨胀。

财政政策实行的是新自由主义主张的财政收支平衡策略，而没有实施当时较为流行的以赤字刺激经济的凯恩斯主义财政政策。1950～1966 年，净赤字只有 56 亿马克，占这一期间财政总支出的比重不足 1%。在税收方面，采取的措施主要包括：降低企业所得税和个人所得税的最高税率，促进加速折旧，鼓励投资。如个人所得税最高税率从 1948 年的 90% 逐步降至 1953 年的 70%；企业所得税最高税率从 73% 逐步降到 1958 年的 53%。货币政策基本偏紧，坚持以稳定物价为首要目标。这一时期德国国民生产总值年均增长 10.8%，各年度 CPI 均小于 2%，被称为德国经济发展的"奇迹"。

财政与货币政策配合的要点是共同维护通货稳定。由于历史上曾经历

---

① 傅志华. 德国财政政策的发展变化及其特点 [J]. 经济研究参考，1993 (Z1)。

② 主要论述联邦德国。

过恶性通货膨胀,德国对通货膨胀心有余悸、深恶痛绝。财政政策的制定以稳定货币为出发点,坚持实行严格的财政收支平衡政策,严格控制赤字,甚至不惜以失业为代价实现财政盈余。

3.3.2 20 世纪 60 年代中期至 20 世纪 80 年代初反周期的财政政策和货币政策协调配合

1966 年,德国发生第二次世界大战后第一次经济危机,经济形势恶化,经济波动较大,生产出现过剩,供求矛盾突出,艾哈德政府被迫下台,基督教社会联盟与社会民主党共同组建新的"大联合政府"。为应对危机,大联合政府采取全面干预经济、反周期调节的财政政策和货币政策。1967 年出台《促进经济稳定与增长法》,成为财政政策从追求收支平衡转向反周期调节经济的重要转折。主要包括:一是根据形势变化调增或调减税收,如调整所得税率和折旧率等。二是开始实行中期财政计划制度,建立平衡周期的储备基金。在经济衰退时,利用储备基金扩大政府投资;在经济过度扩张时,推迟或减少政府投资,结余资金作为储备基金存入联邦中央银行或用于对联邦银行的还款。三是对各级政府信贷规模进行调节。在经济过于扩张和繁荣时,对联邦、州和地方政府限制借款,限额不低于借款主体过去一年平均借款额的 80%;在经济衰退和不景气时,鼓励各级政府扩大借款加大政府开支,增加借款总额 50 亿马克。为应对危机,这一时期货币政策也转向宽松。

德国宏观经济政策转向反周期调节后,宏观经济主要经历了三次危机:1966～1967 年、1974～1975 年、1980～1981 年(见图 3-22)。财政与货币政策根据经济形势进行反周期调节。以 1966～1967 年的经济危机为例,危机发生后,财政与货币政策转向宽松,注重运用财政政策熨平经济周期,促进经济稳定增长,并尽量避免通货膨胀。1967 年、1968 年政府债务 240 亿马克。货币政策也转向宽松。1969 年随着经济形势好转,经济开始出现过热,CPI 从上年的 4.8% 上涨到 7.5%。财政与货币政策开始转向紧缩。1969 年清了政府债务，还储备了 36 亿马克资金用于周期平衡。

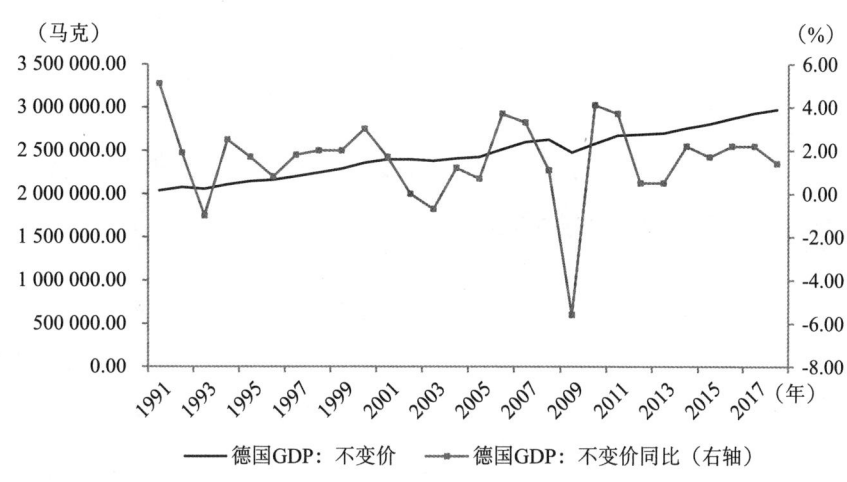

图 3-22 德国 GDP 变动图

资料来源：万德数据库。

在反周期调节的过程中，财政政策不断加大对居民民生和社会福利的开支。工资和社会福利支出快速增长，工资总额占 GNP 的比重从 1969 年的 70.5% 上升到 1975 年的 74%；社会福利支出占 GNP 的比重从 1965 年的 25% 上升到 1975 年的 33.7%。1974 年德意志联邦银行对外宣布货币政策的中介目标是中央银行货币增长率，成为世界上首个制定货币政策中介目标的国家。1974 年 11 月至 1978 年，中央银行货币增长率被定为 8%，主要考虑未来一年的潜在产出增长率、能承受的通货膨胀率最高值和货币流通速度变化情况。不过实践中，央行控制的货币存量实际增长率都超过了这一目标值。[1] 1979 年后货币政策中介目标不再是单一固定值，而改为一个区间范围，为货币政策调整留有一定的空间。

财政与货币政策配合的要点是共同反周期调节经济。这一时期，根据经济形势的变化，财政与货币政策采取反周期调节的方式共同应对：经济

---

[1] 杨林. 德国货币政策中介目标的历史回顾与分析 [J]. 浙江金融，1996 年第 10 期。

衰退时，两大政策同向宽松；经济过热时，两大政策同向紧缩。即使德国非常注重防止通货膨胀，但同时宽松的财政与货币政策，仍难以完全避免通货膨胀的到来。

3.3.3　20世纪80年代初至2008年紧缩的财政政策与偏紧的货币政策协调配合

20世纪80年代初，德国再次发生经济危机，1982年施密特政府被迫下台，科尔政府上台。新政府否认了全面干预、反周期调节的宏观经济政策，提出要减少政府干预、抑制预算规模、提高市场自身净化能力、促进私人投资，恢复经济和扩大就业，开始采用谨慎保守的紧缩性财政政策和偏紧的货币政策。

财政政策主要包括：一是降低支出增速，缩减预算规模。1981~1985年财政支出年均增长18%，比20世纪70年代财政支出平均增速的62.5%降低了44.5个百分点。减少社会福利支出，降低财政负担，社会福利支出占GNP比重从20世纪80年代初的31%下降到1986年的27%。财政支出占GNP比重从1982年的49.8%下降到1987年的46.8%。二是缩减财政赤字和债务。财政赤字占GNP比重从1981年的4.9%下降到1985年的2.1%。三是减轻税负，鼓励企业投资。1984~1988年政府启动中期税改，分阶段降低个人所得税、企业所得税等边际税率。

货币政策执行过程中，中央银行货币供应量的实际增长率频频超过中介目标上限。1986年、1987年分别超出上限2.5个和2个百分点。1988年，德国宣布货币政策中介目标改为M3。经过几年的改革，CPI逐步下降，从1981年的6.3%下降至1984年的2.4%、1987年的0.2%；GDP在历经5年较为低迷的转型中，1986年后开始新一轮大幅增长（见图3-22）。

1990年两德统一，为助力原东德地区发展，1991年投入240亿马克发展东部地区，使之成为德国共同的事业。财政负担有所加重，不过总体来看,财政政策依旧较为保守、紧缩。M3 增长目标区间为 4% ~6%,实际增长率总体在此范围内。1992 年、1993 年由于欧洲货币体系频频出现危机,投资者大量投机马克,抛售英镑、里拉或法郎,德国不得不干预马克外汇市场,致使 M3、存贷款利率发生较大波动(见图 3-23)。1995 年后形势才相对稳定。

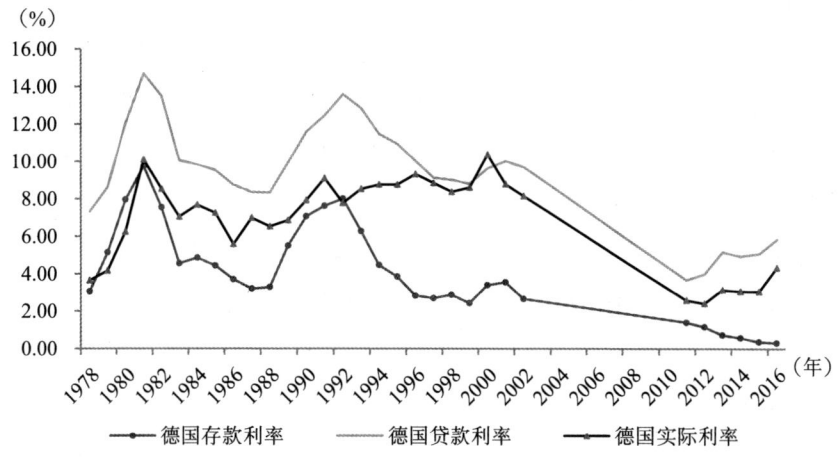

图 3-23 德国存贷款利率和实际利率变动图

资料来源:万德数据库。

1999 年 1 月起欧元正式登上历史舞台,欧元区各国对各自的财政政策拥有控制权,但不再具有发行本国货币的权力而统一使用欧元,货币政策由欧洲中央银行统一制定。德国加入欧元区后,货币政策的中介目标转向同业拆借利率,如果同业拆借利率超出目标范围,联邦银行会进行一定干预,维护物价稳定。2004~2006 年德国平均通胀率为 1.83%,2007 年时德国通货膨胀率为 2.3%。

21 世纪初,德国经济增长再次低迷,失业率达两位数,施罗德开始新一轮"物理疗法",降低失业津贴,放开临时工作。为促进经济、扩大就业,2000 年欧盟 15 国通过了"欧盟十年经济发展规划"——"里斯本战略",鼓励创新、推动信息通信技术的应用与发展。在此框架和背景下,德国计划在 2006~2009 年投入 150 亿欧元对信息技术、汽车与交通、航天航空等 17 个领域进行支持，并不断提高教育和科研经费。2004 年，德国政府出台"重建财政的调控措施"。中央政府加大对地方财政的转移支付力度，每年向乡镇拨款 25 亿欧元，增加地方收入，增强地方支配能力；减轻税负，增加民众可支配收入。2005 年默克尔上台后，修订宪法，退休年龄从 65 岁延长到 67 岁，要求联邦和州政府削减赤字，实行结构性较突出的紧缩性财政政策。德国一直严格坚持欧洲《马斯特里赫特约》规定的财政纪律，德国中央政府债务总额占 GDP 的比重从未超过 60% 的上限（见图 3 - 24），2006 年中央财政赤字占 GDP 比重为 1.6%。在税收方面，默克尔开展了以增税为主要内容稳定财政预算的"税收改革法"。主要包括：将增值税税率从 16% 提高到 19%，使联邦政府增收 500 亿欧元；提高高收入者所得税税率，年收入超过 25 万欧元的单身或超过 50 万欧元的夫妻，所得税税率从 42% 提高到 45% 等。同时将失业保险费从 6.5% 降至 4.5%，起到维护社会公平和稳定，增强财政"内在稳定器"作用。2007 年德国首次出现自两德统一以来的财政盈余。

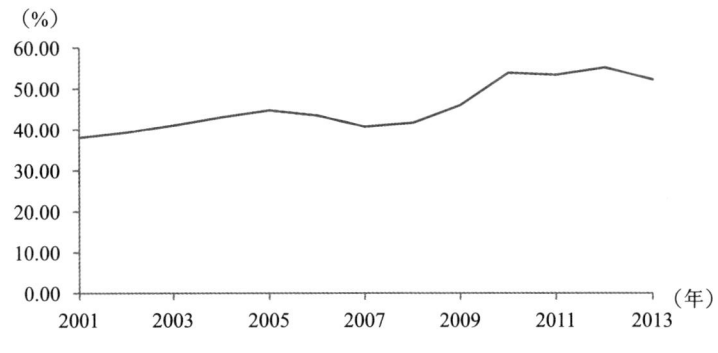

图 3 - 24　德国中央政府债务总额占 GDP 的比重

资料来源：万德数据库。

　　财政与货币政策配合的要点是共同反通胀、守纪律。这一阶段，总体呈现较为紧缩的财政政策和偏紧的货币政策，坚持财政与货币政策共同维护物价稳定的首要目标，严格坚守欧元区国家的财政纪律，控制政府赤字和债务水平在马约规定范围内，使德国成为欧洲名副其实的"反通胀斗士"榜样。

3.4 2008年金融危机后主要国家财政货币政策协调配合概况

3.4.1 美国应对金融危机财政与货币政策的协调配合

2007～2009年在美国被称为"大衰退"时期，GDP分别下滑至4.77%、6.61%、-2.04%，失业率分别为4.6%、5.8%、9.3%。前美国财长盖特纳说，此次衰退中有15万亿美元的居民财富蒸发，900万人失去工作，900万人生活水平下降到贫困线下，500万房主失去家园。面对衰退，为防止系统性金融风险的爆发，避免更大规模的危机蔓延，财政部与美联储联合救助危机，促进经济复苏。

3.4.1.1 应对金融危机的货币政策

（1）大幅降低利率，稳定公众对未来维持超低利率的预期。货币政策发挥了决策快、较灵活的优点，快速取向宽松。联邦基金利率从2007年9月18日～2008年12月16日降了十次（图3-25），从5.25%降至0～0.25%的低位，进入前所未有几近于零的低利率时代。12月16日利率降至历史低位时，联储依然注重稳定公众对未来的预期，表示"预计联邦基金利率在一段时间内保持在超低利率水平"。此后①，美联储通过不断与公众"沟通"，使

---

① 2019年1月、3月。

公众保持和延长低利率预期,借此助力降低长期利率。① 再贴现利率由次贷危机前的 6.25% 降至 2008 年底的 0.5%,再贴现利率与联邦基金目标利率的差距由原 100 个基点降至 25 个基点,法定准备金率从 4% 降至 1%。

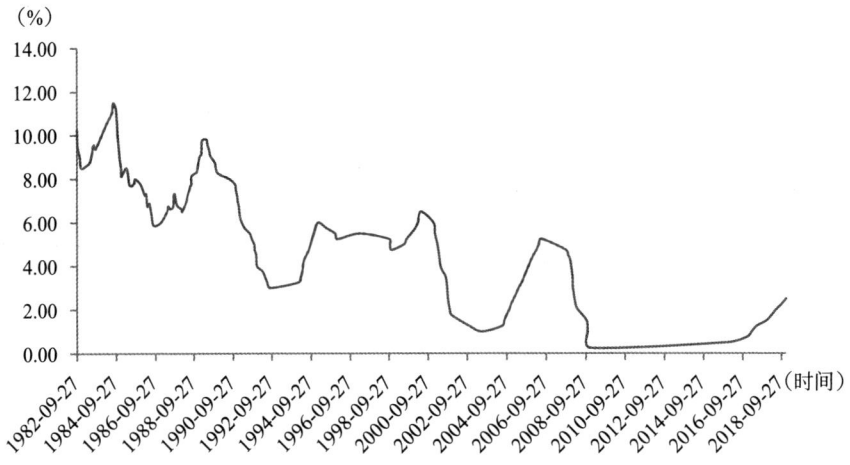

图 3-25　美国联邦基金目标利率

资料来源:万德数据库。

(2) 采取非传统货币政策——大规模资产购买计划(LSAP)。这是在传统的利率政策失去更多空间、难以继续下降的背景下,采取的非传统货币政策。伯南克认为这是替代宽松货币政策的方案,它的实质是"信用宽松",媒体和大众普遍称之为量化宽松(Quantitative easing,QE)的货币政策。② 美联储大规模购买政府支持型企业抵押支持证券(MBS)和国债等资产,购买后增加美联储资产负债表的资产方,同时增加负债方金融机构在联储的准备金。例如 2008 年 12 月、2009 年 3 月美联储分别购买"两房债券③" 1 000 亿美元,共 2 000 亿美元;2008 年 12 月、2009 年 3 月,

---

① 本·伯南克著,蒋宗强译. 行动的勇气——金融风暴及其余波回忆录 [M]. 北京:中信出版集团,2016 年。

② 本·伯南克著,巴曙松、陈剑译. 金融的本质——伯南克四讲美联储 [M]. 北京:中信出版社,2014 年。

③ "两房"就是房利美和房地美。

购买两房、吉利美所担保的抵押贷款支持证券共计 12 500 亿美元；购买 3 000 亿美元国债。上述三项购成 QE1 主要内容，合计 17 500 亿美元。QE2 发生在 2010 年 11 月至 2011 年 6 月，购买 6 000 亿美元国债。美联储大规模购买资产目的在于稳定"两房"及房地产领域；通过购买国债提高国债价格、降低国债收益率，降低利率尤其是长期利率刺激经济。因市场内国债数量有限，其他投资者要么购买国债，接受低利率；要么没太多国债可选，需购买其他债券；通过发挥国债收益率的定价基准参考作用，提高其他债券资产价格、降低其他债券收益率，从而降低其他发债机构的融资成本，实现联储的核心目的——降低长期利率刺激经济。QE1 一经推出，长期利率立刻下跌，10 年期国债收益率从 3% 一日之内下降约 0.5 个百分点，30 年期抵押贷款利率降到 4% 以下，到 2009 年第三季度 GDP 转负为正达 1.3%，第四季度 GDP 为 3.9%；2009 年底道琼斯工业指数上涨 3 000 多点，涨幅约 40%。QE2 以后，金融市场基本稳定并持续改善，公司债与国债的收益率差距逐步缩小，表明投资者投资和抗风险程度不断回升。

（3）采取"期限延长计划"（Maturity Extension Program）。在保持央行资产负债表规模不变的条件下，通过"卖短买长"国债，进一步降低长期利率，缩短长短期利率差距。媒体将之称为"扭曲操作"，因为它类似于 20 世纪 60 年代的"卖短买长"操作；也有人认为其效果与量化宽松政策相似，因此称之为 QE3。主要是 2012 年 6 月底前卖出 3 年期以内的 4 000 亿美元短期国债，买入 6~30 年期等量长期国债。此次购买长期国债不再需扩大央行资产负债表右端的银行准备金，而只调整资产负债表左端持有的政府债券。

（4）创新大量货币政策工具。如短期拍卖工具（TAF）、一级交易商信贷便利（PDCF）、定期证券借贷工具（TSLF）等，增加市场信贷供给，为市场提供流动性支持。2007 年 12 月，面对金融市场短期融资压力的恶化，美联储创新了 TAF（Term Auction Facility）即短期拍卖工具[1]，延长

---

[1] 也有人翻译为定期拍卖机制或短期拍卖便利。

央行向商业银行贷款的期限①到 28 天期。② 2008 年 3 月，美联储创新了一级交易商信贷便利（Primary Dealer Credit Facility，PDCF）工具，对包括五大投资银行③等在内的 20 个一级交易商都可用此工具和商业银行一样向联储借款；扩大担保品和抵押品范围，一级交易商持有的两房担保债券也在抵押品范围内；意在防止大型一级交易商破产，为市场提供流动性支持，稳定市场信心，推动信贷流动，稳定金融市场。短期证券借贷工具（Term Securities Lending Facility，TSLF），美联储将 2 000 亿美元国债借给商业银行和其他一级交易商，这些一级交易商以联邦政府机构债、3A 级房贷支持证券等抵押，期限从 1 天延长至 28 天；一级交易商借到国债后，可凭国债为担保向全球融资。这一工具的实质是利用美国国债的信用等级促进金融机构在全球范围内融资，同时缓解联储提供流动性的压力。此外，美联储还创设其他货币政策工具，如定期资产支持证券贷款工具（TALF）、定期资产担保证券贷款工具（TABSLF）、货币市场投资者融资工具（MMIFF）、商业票据融资工具（CPFF）等工具，为金融机构提供流动性支持、促进消费信贷、维护货币市场有效运转、促进商业票据市场恢复，有效缓解了金融市场压力。同时，联储还注重与公众进行沟通，即"公开口头操作（Open－mouth Operations）"，通过设立和明确通货膨胀目标，向公众传递"未来在没有达到这一通胀目标时，联储将保持宽松货币政策"的信息，稳定市场预期。

（5）与其他国家开展货币互换。面对严峻的金融形势，美联储与欧洲、瑞士、英、澳、加、日、韩、巴西等 14 个④国家与地区的中央银行开

---

① 以前以隔夜贷款为主，防止商业银行向央行"申请贴现窗口贷款时背负成见"，影响商业银行声誉。

② 本·伯南克著，蒋宗强译. 行动的勇气——金融风暴及其余波回忆录 [M]. 北京：中信出版集团，2016 年。

③ 高盛、摩根士丹利、美林、雷曼兄弟、贝尔斯登五大投资银行。此前，大型投行虽与美联储可以直接交易，但不能直接向联储贷款，而且抵押品范围只局限于国债。

④ 截至 2008 年 10 月底，将美元与 14 个国家和地区的货币进行互换。

展货币互换,增加在危机中这些国家或地区对非本国货币需求的满足力度,为市场注入流动性。截至 2008 年 9 月 29 日,美联储货币互换规模提高到 6 200 亿美元。①

(6) 与其他国家加强政策协调。G7、G20、IMF 和世行年会等在危机中为各国加强政策协调发挥了重要的平台作用。主要国家之间保持密切联系与政策协调。例如:美、欧、英、加、瑞士、瑞典六国(地区)央行于 2008 年 10 月 8 日纽约时间早上七点,同时宣布降息 0.5 个百分点。②

3.4.1.2　应对金融危机的财政政策

(1) 减税。减税是扩张性财政政策的重要内容。2008 年 2 月小布什签署经国会批准的以减税为核心的 1 680 亿美元的《经济刺激法案》。③ 主要对个人、家庭、小企业进行减税退税,通过减轻相关主体的税收负担,刺激消费和经济。每个成人可获最高 600 美元的退税,每个家庭每有一个未成年子女另外可获最高 300 美元的退税。约 1.17 万家庭受惠,减税金额超千亿美元。一些小企业享受生产设备、固定资产投资等方面的退税,减税金额 500 多亿美元。2009 年奥巴马上任后出台了《2009 年美国复苏与再投资法案》(ARRA)——7 870 亿美元的经济复苏刺激方案,其中 2009 年当年减税 648 亿美元,2010～2019 年直接减税 1 497 亿美元。④ 重点对小企业和个人尤其是中低收入者减税,旨在刺激消费促进复苏。2010 年通过 170 亿美元的《雇佣激励以恢复就业法案》⑤,旨在鼓励就业,对雇用劳工给予一定的税收减免和抵扣。2010 年 12 月《税收减免、失业保险再授权

---

① 2008 年 10 月中旬,取消了欧、英、瑞士、日与美货币互换的额度限制,即不封顶。本·伯南克著,蒋宗强译. 行动的勇气——金融风暴及其余波回忆录 [M]. 北京:中信出版集团,2016 年。
② 本·伯南克著,蒋宗强译. 行动的勇气——金融风暴及其余波回忆录 [M]. 北京:中信出版集团,2016 年。
③ 经济刺激法案能否拯救美国经济 [N]. 新华网,2008 年 2 月 14 日。
④ 数据来自美国国会预算办公室。
⑤ 简称《雇用法案》。

和就业法案（TRUIRCA）》出台，把2001年、2003年乔治·沃克·布什（小布什）总统期间出台并到期的减税政策再延期两年至2012年年底结束；降低薪资税率2个百分点；将遗产税税率定为35%，遗产税豁免额为500万美元；对企业固定资本投资、企业研发给予税收减免等。减税总金额约1 890亿美元。此外，美国2011年、2012年还通过《临时工资免税延长法案》《中产阶级税收减免和就业创造法案》分别减税约290亿美元、1 250亿美元。

（2）增加财政支出。除金融救助外，增加支出用于基础设施建设，促进稳定住房，救助汽车业，鼓励新能源发展；加大联邦对州和地方政府的转移支付，改革和提高社保、就业、医疗等公共服务。据统计，此次金融危机政府刺激方案（含减税）总金额约14 300多亿美元（见表3-4）。其中：奥巴马《2009年美国复苏与再投资法案（ARRA）》7 870亿美元（见表3-5），除减税外，加大传统与非传统的基础设施建设开支1 470亿美元；包括31亿美元投入能源与水资源发展、55亿美元投入房屋与高速公路、维护和新建全长4 828公里的输电线路、为家庭安装4 000万部"智能电表"等。联邦政府加大对州和地方政府的转移支付支出1 740亿美元，主要用于医疗和教育的补助。增加失业救济支出2 240亿美元、增加社保、食品券等275亿美元支出。奥巴马认为ARRA这一立法是促进美国复苏的重要"里程碑"。此外，2010年3月，奥巴马签署可承担医疗法案（ACA），对美国医疗进行重大改革。扩大医保覆盖范围尤其是扩大低收入人群医保范围，拟达到覆盖率95%，政府通过设立医疗保险费率管理局加强监管、对州和地方加大转移支付力度、对雇主进行相关免税优惠、对高收入者征收个人所得税等措施，改革医疗过去支出较高、效率较低、有失公平的状况。

（3）增加赤字和债务。2009年财政赤字1 412.69亿美元，比上年赤字增长了2倍。2010~2012年财政赤字分别为1 294.37亿美元、1 299.59亿美元、1 086.96亿美元。2013年后财政赤字回落至千亿美元以下，当年为679亿美元赤字。联邦政府债务总余额2009年突破11万亿美元，占

表 3-4　　　　　　　　金融危机下美国财政刺激方案

时间	内容	金额（亿美元）
2008	《经济刺激法案》	1 680
2009	《2009 年美国复苏与再投资法案》	7 870
2009	旧车换现金计划	30
2009	《雇用法案》用工减税	170
2009	《房主和企业援助法案》	910
2010	《教育工作和医疗补助法案》	260
2010	《税收减免、失业保险再授权和就业法案》	1 890
2011	《临时工资免税延长法案》	290
2012	《中产阶级税收减免和就业创造法案》	1 250
总金额		14 350

资料来源：根据美国国会预算办公室、财政部、马克·赞迪著《美国回来了》（2013）、甄炳禧著《从大衰退到大增长——金融危机后美国经济发展轨迹》（2015）分析汇总整理。

表 3-5　　　　　　　　《2009 年美国复苏与再投资法案》

序号	项目		金额（亿美元）
1	基础设施开支		1 470
	其中：传统基础设施投资		380
	非传统基础设施投资		1 090
2	转移支付给州和地方政府		1 740
	其中：医疗开支		870
	教育开支		870
3	拨给相关人员		2 515
	其中：社保		130
	失业救济		2 240
	食品券		100
	其他		45
4	减税		2 145
总金额			7 870

资料来源：根据美国国会预算办公室、财政部、马克·赞迪著《美国回来了》（2013）、甄炳禧著《从大衰退到大增长——金融危机后美国经济发展轨迹》（2015）分析汇总整理。

GDP 比重 82.4%，比上年增加了 1.9 万亿美元。2010~2015 年联邦政府债务总额分别为 13.5 万亿美元、14.7 万亿美元、16.1 万亿美元、16.7 万亿美元、17.79 万亿美元、18.12 万亿美元，占 GDP 比重分别为 91.4%、96%、100.1%、101.3%、103.6%、101.8%。

（4）对金融系统注资及救助。根据美国法律，必须由国会授权才能进行全盘、整体的危机救助。国会最终于 2008 年 10 月 3 日批准了 7 000 亿美元的"问题资产救助计划"（Troubled Assets Rescue Plan，TARP），也称《紧急稳定经济法案》。

保尔森时期 3 500 亿美元的 TARP 方案：财政部决定对国会首批下拨的 3 500 亿美元 TARP 资金以注资为主对大型金融机构进行救助，需要救助的大型金融机构清单由纽约联邦储备银行提供，注资金额一般不超过各银行风险加权资产的 3%。[1] 见表 3-6，主要支出方向包括首批"资本收、购计划（CPP）"金额 1 250 亿美元，注资 9 家主要银行。[2] 同时，财政部向第一资本金融公司等 19 家地区性金融机构注资 350 亿美元。注资方式主要是购买金融机构的优先股——新发行且不具有投票权——以免外界认为政府要接管金融机构。之后，财政部又对形势恶化的美国国际集团、美国银行、花旗银行及通用、克莱斯勒两大汽车制造商给予一定的资金救助，包括注资和部分担保。

此外，TARP 出资 200 亿美元，为美联储开展的定期资产支持证券贷款工具（TALF）提供担保，促进购车、上学、信用卡等资产证券化市场的资产证券质量提高、促进资产证券化市场正常运转，美联储通过此担保计划可放大贷款 2 000 亿美元。

---

[1] 本·伯南克著，蒋宗强译. 行动的勇气——金融风暴及其余波回忆录 [M]. 北京：中信出版集团，2016 年。

[2] 其中向四大商业银行中摩根大通注资 250 亿美元、富国 250 亿美元、花旗 250 亿美元、美国银行 150 亿美元；向三大投资银行中高盛注资 100 亿美元、摩根士丹利 100 亿美元、美林 100 亿美元；向两大清算银行中道富公司注资 20 亿美元、纽约梅隆银行 30 亿美元。

表 3-6   保尔森时期首批 TARP 资金救助方案   （单位：亿美元）

首批注资	四大商业银行	摩根大通	250
		富国	250
		花旗	250
		美国银行	150
	三大投资银行	高盛	100
		摩根士丹利	100
		美林	100
	两大清算银行	道富公司	20
		纽约梅隆银行	30
	小计		1 250
	其他 19 家地区性金融机构	第一资本金融公司	350
其他救助	美国国际集团		400
	花旗（200 注资 +50 担保）		250
	美国银行		200
	通用		134
			50
	克莱斯勒		40
			50
	建立消费信贷担保计划支持美联储的定期资产支持证券贷款工具（TALF）		200
	其他		576
	小计		3 500

资料来源：根据保尔森著《峭壁边缘》（2010）、伯南克著《行动的勇气》（2016）整理。

盖特纳时期的金融稳定计划：国会第二笔拨付的 TARP 款项由新财长统筹安排。2009 年 2 月，新任财长盖特纳公布了新的"金融稳定计划"：第一，对 19 家资产超过 1 000 亿美元的大型银行机构全面展开压力测试。测试过程透明、严格，对外披露相关信息。对测试不合格的银行，财政部通过建立金融稳定信托基金①，进行资本救助。第二，开展公私合营投资

---

① 来自 TARP 的第二笔资金。

计划（PPIP）。财政部利用 TARP 的剩余部分资金（约 1 000 亿美元），与私人投资者联手成立投资基金。用此基金为私人投资者购买问题资产①提供贷款，收益风险双方共担。利用私人投资者的敏锐投资，既解决政府确定问题资产价格的难题，又解决需要收购这些问题资产的难题。第三，财政部与美联储合作，提高定期资产支持证券贷款工具（TALF）的资金规模，从 2 000 亿美元提高至 1 万亿美元②；并扩大贷款范围，包括小企业、学生、汽车和其他消费贷款及商业抵押贷款等以扩大二级市场尤其是上述消费信贷资产证券化产品的流动，促进消费和商业信贷市场的恢复。

压力测试成为金融市场恢复信心、金融体系走向平稳和恢复生机的重大转折。按照公开透明、严格测试、信息披露的做法对大型银行进行压力测试的过程中，极大活跃了同业拆借市场。测试结果显示大多数银行的资本都充足或接近充足，具有较强的竞争力，这一结果激发和提振了市场信心。美国各大银行向市场融资的能力和规模大大恢复和提高，从 5 月公布结果至 11 月期间，这些银行通过市场筹集了 770 亿美元的资本。只有一家机构——通用汽车金融服务公司需政府救助，于是财政部对其进行了注资。③ TALF 极大地促进了消费贷款支持证券的活跃、消费信贷市场的恢复。2008 年 9 月~2009 年 2 月消费贷款支持证券发行量月均 20 亿美元；扩大 TALF 规模和范围后，2009 年 3 月至当年底，月均发行量为 130 亿美元。④

3.4.1.3 财政政策与货币政策的协调配合

（1）共同救助大型金融机构，维护金融稳定。为防止系统性金融风险

---

① 约 5 000 亿美元。
② 蒂莫西·F. 盖特纳著. 压力测试——对金融危机的反思 [M]. 北京：中信出版社，2015 年。
③ 本·伯南克著，蒋宗强译. 行动的勇气——金融风暴及其余波回忆录 [M]. 北京：中信出版集团，2016 年。
④ 资料来源于美国财政部。

的全面爆发，美联储与财政部携手共同对一些会影响系统性金融风险的金融机构进行了救助。例如，共同协助"贝尔斯登"被收购，救助"两房"、美国国际集团（AIG），拯救花旗银行等。美联储向市场主体提供流动性支持、财政部在法律授权下向大机构注资持股，双方共同在权力范围内收购金融机构问题资产、防止能影响系统性风险发生的大型金融机构倒闭、解冻信贷市场、维护和重建公众信心，避免危机恶化。此外，共同稳定货币市场基金，避免金融市场崩溃，维护美元稳定。为防止3.5万亿美元的货币市场基金崩盘，财政部根据《黄金储备法案》（The Gold Reserve Act），运用汇率稳定基金（ESF）中的500亿美元给货币市场基金作担保。美联储通过创新运用"资产支持商业票据货币市场资金流动性工具"（Asset-backed Commercial Paper Money Market Fund Liquidity Facility，AMLF）、"货币市场投资者融资工具"（Money Market Investor Funding Facility，MMIFF）为银行提供优惠贷款——发放无追索权的贷款①，向货币市场基金间接提供5 400亿美元的流动性，有效缓解货币市场基金的资金抽逃问题。

（2）共同促进经济复苏。财政政策通过增加支出加强基础设施建设，促进制造业复兴和推动能源产业发展；通过减税促进企业投资、个人消费和加大出口；加大转移支付提高医疗、教育、社保、失业救济等公共服务水平。货币政策通过提供宽松的货币政策环境和稳定预期，促进经济稳步回升。两大政策共同扶持经济新增长点、支持实体经济，例如共同发力稳定房市、促进新能源革命、恢复制造业及促进消费、投资、出口，推进经济复苏和发展。

（3）美联储充分利用和发挥国债功能救助危机。美联储利用国债为市场提供流动性，恢复金融市场。危机时期通过大规模资产购买计划购买大量美国国债，为市场注入流动性。财政部在美联储设有一般账户，表现在

---

① 贷款的附加条件是由银行购买货币市场基金的相关证券，用间接的方式稳定货币市场基金。

美联储资产负债表的负债方。一般情况下，这个账户用于支付联邦政府支出，金额相对较少，通常保持在 40 亿~50 亿美元。危机期间，2008 年财政部在美联储还开设了补充融资计划账户（Supplement Financing Program，SFP），向联储提供临时性补充融资，财政部为该融资计划发行短期国债，筹到的资金存放在美联储该账户下，用来调节流动性。美联储还通过大量购买国债影响资产价格、促进恢复金融市场。联储充分利用国债的特殊性，创新货币工具，促进金融机构利用手持国债到全球融资。[①]

美联储利用买卖国债稳定基础货币供应量。联储紧急贷款救助大型金融机构的同时，会相应卖出一些国债平衡和冲销其对金融机构过多贷款引致的准备金过多问题。因为联储增加对金融机构的贷款会增加金融机构在美联储的准备金；而美联储卖出国债会减少金融机构在美联储的准备金。这样同时操作，既促进美联储对金融机构的顺利救助，又利用国债维系了基础货币的稳定。美联储日常持有大量的国债，表现在联储资产负债表的资产方。2002~2007 年联储持有的美国国债一般占其总资产的 80% 以上。2008 年后为应对金融危机，联储大量购买联邦机构债券、MBS 等债券，再加上用国债对冲联储诸多紧急贷款等，联储持有美国国债的比重有所下降，最低点为 2008 年 12 月底的 20.91%，此后逐步回升，2011 年后提高到 50% 以上的水平。2016 年底该比重是 54.78%（见图 3-26 右轴）。

美联储通过卖短买长国债的扭曲操作，降低长期利率预期。这使利率符合美联储的预期目标；同时尽力避免因短期大量购买国债导致利率大幅上升，从而改善信贷市场，促进经济复苏和增长。

美国成为全球率先复苏的国家，GDP 于 2009 年负增长以后，2010 年即实现 3.74% 的正增长，2011~2013 年 GDP 分别为 3.81%、4.57%、

---

① 如定期证券借贷工具（TSLF），将 2 000 亿美元国债借给商业银行和政府债券一级经销商，并以联邦政府机构债、3A 级房贷支持证券为抵押，使机构可凭国债为担保，向全球市场进行融资。

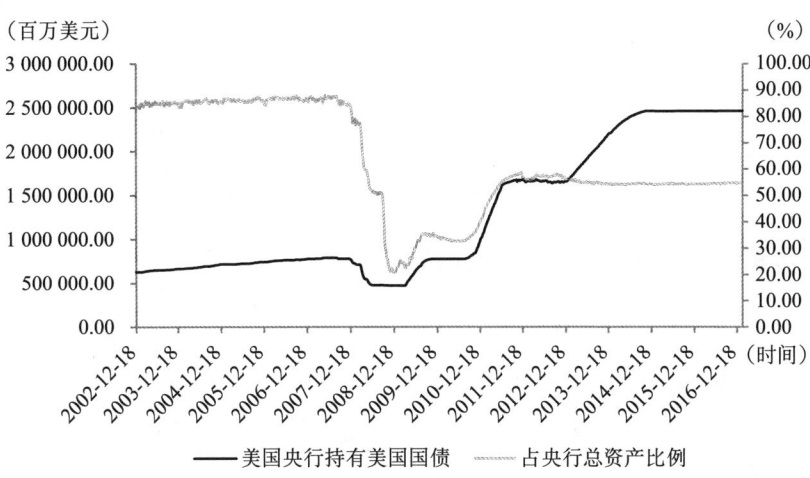

图 3-26 美联储持有国债规模及其占总资产的比例

资料来源：万德数据库美联储资产负债表的周数据。

3.45%。根据经济形势变化，财政与货币政策逐步退出。最突出的表现是 TARP 原计划可支出 7 000 亿美元，但实际只支出了 5 700 亿美元，执行率为 81%，因已起到预期效果，不再继续支出。2014 年 10 月，美联储宣布结束量化宽松政策。2015 年 12 月 16 日，联邦基金利率提高 25 个基点①，开启了加息模式。通过加息控制通货膨胀率，并维持低利率促进投资和增加就业。加息过程中，十分注重与公众沟通和引导预期。

3.4.2 日本应对金融危机财政与货币政策的协调配合

国际金融危机对日本金融市场、出口企业和中小企业等带来巨大冲击。股市大幅下跌，从 2008 年 9 月 12 800 多点下降到 10 月下旬的 7 100 多点，跌幅为 44.5%。一向是经济重要支撑的出口受到严重影响，2008 财年出现近 30 年不遇的逆差 7 253 亿日元。汽车等实体经济受损严重。GDP

---

① 联邦基金目标利率将维持在 0.25% ~ 0.50%。

不仅在增速上出现下滑为负,在绝对值上也出现下降和萎缩。2008年、2009年日本GDP增速分别为-2.3%、-6%,绝对值分别为501万亿日元、471万亿日元。为应对危机,日本出台了一系列刺激政策,仅2008年4月~2010年9月期,刺激总金额高达160万亿日元。

3.4.2.1 应对金融危机的货币政策

一是降利率。2006年日本退出量化宽松政策时,政策目标利率、贴现率分别于2006年7月和2007年2月提高了两次,分别从零利率提高到0.5%、从0.1%提高到0.75%。金融危机后,日本银行再次开启降息通道,2008年10月31日、12月19日两次降息,政策目标利率降至0.1%、贴现率降至0.30%的低位。2016年2月16日继续下调政策目标利率到-0.1%的负利率水平(如表3-7、图3-27)。

表3-7　　　　　　日本主要利率变化情况　　　　　　(单位:%)

变化时间	日本政策目标利率 (无担保隔夜拆借利率)	日本贴现率
2006-01-31	0.00	0.10
2006-07-14	0.25	0.40
2007-02-21	0.50	0.75
2008-10-31	0.30	0.50
2008-12-19	0.10	0.30
2016-02-16	-0.10	0.30

资料来源:万德数据库。

二是在利率没有更多下降空间的背景下,日本银行通过数量工具营造宽松的货币政策环境,致力于稳定金融市场、促进产业发展、刺激经济发展和稳定物价。主要通过大规模购买国债、商业票据、公司债券及其他债券等资产。其中,日本银行购买了大量长期国债(见表3-8),向金融市场投放基础货币、提供流动性支持。从2008年12月起每月购买长期国债数量从1.2万亿日元提高到1.4万亿日元;2009年3月起规模再次提高至

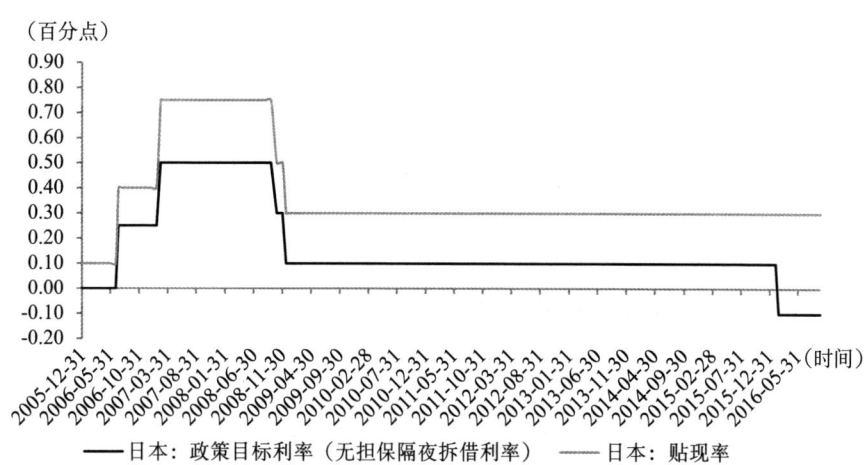

图 3-27　日本主要利率变化情况图

资料来源：万德数据库。

1.8 万亿日元；2010 年 10 月起实行"全面金融宽松政策"，每月购买国债规模约 4 万亿日元①；2013 年 4 月日本银行新总裁黑田东彦推出"量化——质化宽松政策"后，日本银行每月购买国债量约 7 万亿日元。②

表 3-8　　　　　　　　日本银行购买长期国债数量

时　间	每月购买长期国债量
2008.12~2009.03	从 1.2 万亿日元提高到 1.4 万亿日元
2009.03~2010.10	从 1.4 万亿日元提高到 1.8 万亿日元
2010.10~2013.04	约 4 万亿日元
2013.04~2014.12	约 7 万亿日元

资料来源：根据日本银行相关资料整理。

三是为稳定金融系统，日本银行还采用对超额准备金临时付息、购买金融机构股票、为金融机构提供贷款、扩大抵押品范围等方式。2008 年 10 月起，日本银行对商业银行在央行的超额准备金临时付息 0.1%，以稳定

---

① 包括央行购买以及利用资产购买国债。
② 取消了利用资产购买国债的方式。

市场利率和保障货币供给。2009年2月日本银行决定购买大型金融机构总金额高达1万亿日元的股票；2009年3月决定为大型金融机构提供总规模高达1万亿日元的贷款。

此外，日本银行还与美、欧等国家和地区开展双边货币互换，为本国金融市场和本国企业提供美元流动性支持。

3.4.2.2 应对金融危机的财政政策

国际金融危机后，日本财政政策转向扩张。2013年财政政策有所紧缩，2014年后又较为扩张。在应对危机的过程中，扩张性财政政策主要采用增支、减税、举债的方式。

（1）增加财政支出。2009年财政支出101万亿日元，比上年增加了16.3万亿日元。一是增加民生公共服务领域支出。如2009财年采取"安抚民心紧急综合对策"，投入2500亿日元减轻老年人医疗费用支出；800亿日元对孕妇产检和生产孩子实行免费；2万亿日元投入养老、育子；1.7万亿日元用于防灾减灾、交通与治安等领域促进居民安全安心生活；2.2万亿日元促进就业；2.5万亿日元用于基础设施建设；4100多亿日元用于教育和科技等。二是增加对地方转移支付3.6万亿日元。主要用于支持地方基础设施建设0.94万亿日元，促进地方扩大就业1万亿日元，提高地方粮食生产能力等600亿日元，促进地方政府医疗、养老、育子等其他各项事业1.6万亿日元。三是1.57万亿日元促进节能环保、低碳革命。其中6000亿日元用于太阳能在家庭、学校和其他公共建筑场所等普及应用发电；8665亿日元用于节能环保车以旧换新、节能家电推广使用。此外，财政支出2万亿日元实行"家计定额补贴"——对未成年人和老年人（小于18岁、大于65岁）每人补助1.2万亿日元，以提高家庭收入、刺激消费。

（2）减税。2009财年刺激计划减税1.1万亿日元。其中：对贷款购房进行税收扣除，减税约3400亿日元；对购买符合标准的环保车减免汽车购置税、汽车重量税，减税约2100亿日元；对中小企业减税约3000亿日元。

(3) 增加债务。2009 年国债发行增速提高至 12%，中央政府债务占 GDP 比重为 166.81%。在关注经济重建与财政重建的过程中，日本政府不断权衡，并通过设置一定规则、建立财政运营战略和遵守国际公约等手段健全财政能力，促进经济建设。对财政赤字、债务、支出设立目标上限，建立中期财政框架促进财政收支动态平衡。2010 年日本明确建立财政运营战略，提出控制中央与地方政府债务与赤字，完善财政管理的目标和原则，进一步深化中期财政框架等内容。此外，接受并致力于遵守相关国际公约的规定。但因执行约束力较弱等因素，这些做法依然没能扭转财政恶化的局面。按世界银行口径统计，日本中央政府债务占 GDP 的比重，2005 年时是 144.31%，2013 年为 201.57%（见表 3-9）。

表 3-9 日本中央政府债务占 GDP 比重

时 间	日本中央政府债务总额占 GDP 比重（%）	时 间	日本中央政府债务总额占 GDP 比重（%）
2005	144.31	2010	174.64
2006	145.15	2011	189.42
2007	144.08	2012	195.47
2008	153.08	2013	201.57
2009	166.81		

资料来源：根据万德数据库之世界银行数据整理。

3.4.2.3 财政政策与货币政策的协调配合

(1) 共同应对危机维护稳定。危机来临时，两大政策都转向宽松共同救助危机。日本货币政策长期维持极低利率，2016 年还进入负利率时代；财政政策中，日本中央政府债务占 GDP 比重长期居全球之首。两大政策共同促进本国经济恢复与增长。

(2) 共同支持中小企业、节能环保等领域。为缓解小企业融资难题，日本银行采用"支持企业融资特别操作"，放宽企业融资担保要求和信用等级，对支持企业融资的金融机构给予特别融资支持。截至 2009 年 9 月底，支持企业融资特别操作金额达 6.9 万亿日元。通过"买入金融机构持有的企业商业票据（CP）""企业债"等企业融资类金融产品，支持企业融资。2009 年 1～9 月底买入金融机构持有的企业商业票据（CP）1 000 亿日元、企业债 3 000 亿日元。2009 财年财政政策对中小企业实行两年减税，降低法人税税率 4 个百分点、提高中小企业交际费扣除标准，减税规模约 3 000 亿日元；对投资节能设备实行加速折旧，减税 1 900 亿日元。

（3）日本银行购买大量长期国债，投放基础货币、向金融市场提供流动性支持。面对危机，日本银行通过加大购买日本国债的力度和规模，增加基础货币供给，向金融市场提供流动性支持。央行持有的政府债券规模及其占央行总资产的比例不断攀升（见图 3-28）。

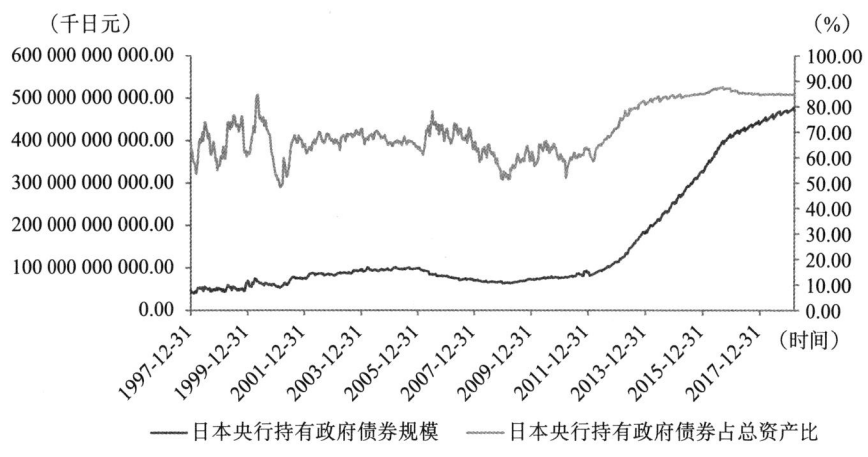

图 3-28　日本银行持有政府债券变动

资料来源：万德数据库。

2009 年底央行持有的政府债券规模达 122 万亿日元，占央行总资产的比例为 59%；2013 年底持债规模 224 万亿日元，几乎比 2009 年翻了一番，持债占央行总资产的比例为 81%；2015 年持债 383 万亿日元，占央行总资产比例为 85%。有人质疑日本央行是否以政府债务融资为目标。2017 年 2 月，日本央行行长黑田东彦对此明确表示否定。他表示，日本银行仍以维护物价稳定为首要目标，2013 年 4 月黑田上任以来已明确通胀目标为 2%，日本央行持有大量国债是为了调控基础货币供给量，从而实现物价稳定和促进经济增长。

3.4.3 德国应对金融危机中财政与货币政策的协调配合

国际金融危机使德国也遭受重创。2008年第二季度至第四季度经济开始出现负增长；2009年GDP比2008年下降了5.3%，失业率达8.2%。德国地产融资抵押银行2008年9月濒临破产；出口大幅下滑，据国际货币基金组织数据，2008年德国出口占GDP的比重为47.2%；德国制造销售量指数2008年10月比上年同期下降3.4%。面对危机，德国出台了救市计划和经济振兴计划，采取"双松"的财政政策与货币政策紧密配合。

3.4.3.1 应对金融危机的货币政策

欧洲中央银行于2008年10月～2009年4月，将主导利率从4.25%逐步降至1%的低位，采用购买政府债券的做法为市场注入流动性，维护金融市场稳定。德国联邦央行也大幅降低基准利率，于2009年6月宣布向德国银行体系注入500亿欧元的一年期贷款。同时还采用"资产担保债券购买""流动性管理"等非常规手段。

3.4.3.2 应对金融危机的财政政策

2008年11月出台《保经济增长促就业的一揽子措施》，计划出资700亿欧元财政资金刺激经济、促进就业。2009年3月议会通过《德国经济增长与稳定促进法》，拟投入515亿欧元作为第二个经济振兴计划。主要包括对基础设施建设进行投资，对中小企业给予税收减免和扶持，对汽车以旧换新给予补贴以鼓励汽车出口，对企业雇用短工给予一定补贴等。联邦赤字占GDP比重2009年突破3%达到3.3%。

3.4.3.3　财政政策与货币政策的协调配合

2008年10月,德国议会通过《金融市场稳定法》,设立金融市场稳定基金,由财政部提供4 000亿欧元担保,并注资参股部分金融企业,防止具有系统性作用的金融机构破产。两大政策共同果断对地产融资抵押银行、为中小企业提供信贷的德国工业信贷银行、德意志银行、德累斯顿银行等金融机构进行救助,维护金融与经济正常运转。

财政与货币政策双宽松的大力救市和刺激经济,取得较好成效。2011年,随着经济逐步恢复,德国决定退出财政与货币政策"双松"的刺激经济战略,希望尽快将财政赤字和总债务降下来,维护物价稳定。对此次金融危机中各级政府增加的新债务,联邦与各州政府制定《新债务限额》,2009年联邦参议院决定把《新债务限额》写入德宪法。根据规定,自2016年德国联邦政府的结构性赤字不能超过名义GDP的0.35%以内①,自2020年起各州政府不能新增任何债务。②

总体来看,作为欧元区的国家,德国联邦政府运用财政政策时坚持欧盟的财政纪律和要求,以经济增长为核心目标;德意志联邦银行运用货币政策与欧央行货币政策基本保持一致,以物价稳定为核心目标,属于"附带约束条件的分散决策架构模式"。③即使这样,两大政策依然相互协调,共同维护德国物价稳定、促进经济增长。经过多年实践,政府对经济采取有限干预、相机调控的做法,激发了市场自身活力,促进经济实现无通胀、稳定和可持续增长。

---

① 不考虑经济周期引起的赤字。
② 中国驻德国经济商务参赞处。
③ 刘兴华.德国财政政策与货币政策的走向及其协调[J].德国研究,2009年第4期。

3.5 国际经验的启示

通过回顾美国、日本、德国财政政策与货币政策及其协调配合的历程，可以看出，两大政策关系密切、作用重大，各国不断完善运用财政与货币政策，维护经济基本稳定、防止经济大起大落，共同促进结构调整、促进经济持续优质增长，发挥国债功能助力两大政策目标实现。

3.5.1 两大政策共同维护经济基本稳定

首先，两大政策履行好各自基本职能。财政政策首先要保障好民生、提高公共服务水平，发挥经济稳定器作用。主要包括在医疗、教育、社保、失业救济、基础设施等公共服务方面加大财政投入；通过对地方财政的转移支付促进提高公共服务水平。货币政策要始终坚持稳定物价、稳定通货膨胀预期及金融体系。例如，德国财政与货币政策共同以维护物价稳定为优先目标，遵守欧元区经济政策纪律，为经济提供稳定的发展环境。美国二十世纪五六十年代，在马丁担任美联储主席之后，将稳定物价作为首要责任，公众对物价稳定一直保持较好、较稳定的预期。但随形势发展，逐步以失业率为货币政策主要目标。因此货币政策频繁扩张、紧缩、再扩张、再紧缩，甚至失去了货币政策最应具有的可信度。到了沃尔克、格林斯潘时期，为恢复货币政策可信度，不得不花了长时间、下了大力气，把物价稳定、稳定通胀预期再次当作货币政策主要目标。[①] 后来伯南克、耶伦时期又逐步量化了通货膨胀目标。

其次，根据形势变化通过不同松紧搭配，统筹需求管理和供给管理，

---

① 资产价格大幅波动成为金融危机的导火索。

兼顾长短期目标，维护经济基本稳定。例如，美国以自由竞争为主导，政府对经济的干预侧重于危机时短期救助偏向需求管理；根据形势也运用供给管理。在维护稳定的过程中，弥补经济短板，提高国民福利，实现国家利益。例如，美国在促进经济复苏的过程中，财政政策通过增加支出推进基础设施建设；增加转移支付加大医疗、教育、社保、失业救济等公共服务支出；减轻相关主体税负，激发市场活力，维护经济稳定。同时维护物价稳定、金融稳定和美元的国际地位。日本以政府主导型为特点，兼顾长短期目标，统筹供给与需求管理，促进产业发展，提高国民福祉。德国以市场社会主义模式为特点，在政府"有限干预——全面干预——有限干预"的过程中，注重发挥市场自身力量作用，必要时两大政策共同维护经济基本稳定。

3.5.2　两大政策配合促进经济结构调整

两大政策统筹兼顾总量与结构、稳定与增长的关系，在稳定经济总量的过程中注意调整结构，在优化结构中促进总量增长，有利于培育经济增长动力，促进经济持续优质增长。财政政策通过对必要的、战略性的产业支持，为未来经济增长发挥重要引领作用。货币政策在稳定物价的基础上，遵循市场规则，配置金融信贷资源，提供良好的货币金融环境及稳定的预期。两大政策配合引导促进实体经济发展，为实体经济提供良好的政策环境，培育、促进经济增长动力的形成和发展，并注重实体经济与金融经济的平衡发展。例如，美国财政政策通过减税促进企业投资、个人消费和加大出口，货币政策通过提供宽松的环境和稳定的预期，两大政策共同救助金融机构、稳定房市、助推制造业复兴、布局新能源发展战略、支持实体经济和经济新增长点，救助了危机并促进了经济复苏，既维护短期总量基本稳定、又调整结构培育长期增长动能。又如，日本十分注重实体经济发展，注重财政与货币政策与产业发展规划相适应。

3.5.3 充分利用国债功能助力两大政策实现各自目标

国债是实现财政政策目标的重要工具,由于国债信用等级高、品种丰富、市场较为完善,央行也可利用国债实现货币政策的调控目标。例如,1951年美国财政部与美联储签订协议后,货币政策获得了充分的独立性,但在实践中,由于国债的特殊优势,美联储又确实成为政府债券的重要持有者,成为政府发债融资的一个重要伙伴,使国债成为财政与货币政策协调配合的重要枢纽,并同时助力两大政策实现各自目标。

3.5.3.1 利用国债调整基础货币供应量

例如,美国在救助墨西哥的过程中,先以美元换取墨西哥的比索,再用比索投资以比索计价的相关证券;同时,美联储卖掉其持有的等值政府债券,对冲因与墨西哥互换货币而引起本国基础货币的变化,使本国基础货币不变。美联储利用政府债券的调整,既实现了与他国的货币互换、对他国的救助,又保持了本国基础货币和货币政策的稳定,还帮助本国投资者挽回一些对墨西哥投资的损失。2008~2010年,美联储经常运用持有的联邦政府债券进行相关对冲操作。联储紧急贷款救助大型金融机构的同时会增加金融机构在美联储的准备金,联储卖出国债会减少金融机构在联储的准备金。这种对冲操作既促进了美联储对金融机构的顺利救助,又利用国债维系了基础货币的稳定。另外央行持有国债,只是借助国债调节基础货币,不影响央行稳定通货膨胀、物价稳定的首要目标。日本财长曾声明,央行持有国债的核心目的不是为了帮助政府融资。

3.5.3.2 利用国债调节长短期利率

国债品种丰富,包括短期国库券和各期限的长期国债;国债收益率具有重要的市场定价基准参考作用。央行持有不同期限的国债,可同时影响短期利率和长期利率。通过发挥国债收益率的定价基准参考作用，还可影响其他资产价格。例如，美国"卖短买长""扭曲操作"都是通过买卖不同期限的国债影响和调节长短期利率水平，并促进其他资产价格和债券市场恢复。

3.5.3.3 利用政府债券利率管理通胀预期

美联储曾把政府债券利率作为管理通胀预期的重要指标，使债券利率成为货币政策新的中介目标，特别是利用长期政府债券利率趋势管理和影响公众对未来通货膨胀的预期。沃尔克、格林斯潘时期，密切关注债券市场，把降低长期债券利率当作一个重要目标，注重引导通胀预期来把握货币的"名义锚"。1997年，美国财政部首次发行了通货膨胀保值债券（Treasury Inflation Protected Securities，TIPS），将国债与通货膨胀（CPI）挂钩，使之成为可规避通胀风险的一个国债品种。这种政府债券因其考虑了通胀因素，不仅成为美联储管理通胀预期的重要工具和公开市场操作的重要债券品种，又保障了投资者权益，扩大和拓宽了政府融资渠道。

3.5.3.4 利用国债信用等级促进金融机构向全球融资

在金融危机中，美联储创新了短期证券借贷工具（Term Securities Lending Facility，TSLF），利用美国国债的信用等级，以央行持有的国债换金融机构的其他债券，促进金融机构利用换来的国债到全球范围内融资。例如，美联储将2 000亿美元国债借给商业银行和政府债券一级经销商，并以联邦政府机构债、3A级房贷支持证券为抵押，使机构可以以国债为担保，向全球金融市场进行融资。

3.5.3.5 央行持有和利用国债助力实现两大政策目标

央行利用国债实现其货币政策目标的同时，确实成为各国政府发债融资的一个重要伙伴，在实践中促进了利用国债实现财政政策目标作用的发挥。发达国家央行持有大量本国国债，也极大促进了本国国债及本币国际化的进程。

　　总体来看，我国应充分借鉴美、日等国经验，两大政策共同维护经济基本稳定、调整结构促进增长、充分发挥国债功能提高政策配合效率。维护经济基本稳定要根据形势变化，妥善搭配两大政策松紧类型，统筹需求管理和供给管理，兼顾长短期目标。调整结构促进增长要两大政策协调配合共同服务和支持实体经济发展。充分发挥国债功能要使国债成为两大政策协调配合的枢纽，提高两大政策配合效率，推进中央银行通过买卖国债调节基础货币供应量，为防范化解金融风险、利用国债调节长短期利率、推进人民币国债国际化和人民币国际化奠定重要基础。

| 第 4 章 |

我国宏观调控中财政货币政策协调配合的历史沿革

第 4 章 我国宏观调控中财政货币政策协调配合的历史沿革

本章阐述我国财政政策与货币政策协调配合历史，主要考虑以下因素：一是从新中国成立至今，经济体制大致可分三个阶段，计划经济时期（1949～1978 年）、有计划的商品经济时期（1979～1992 年）、社会主义市场经济时期（1993 年至今）。二是宏观调控概念最早于 1984 年巴山轮会议提出，1988 年首次正式写入党的十三届三中全会报告。三是按照中国人民银行正式被赋予履行中央银行职能的历程——1948 年中国人民银行成立[①]、1978 年曾在"文化大革命"中被并入财政部的中国人民银行重新独立、1983 年被国务院批准专门行使中央银行职能、1993 年开始比较彻底地履行央行职责、1995 年出台《中华人民共和国中国人民银行法》明确其行使中央银行的职能及地位。因此，本章简要介绍社会主义市场经济体制之前的财政与货币政策；重点介绍建立社会主义市场经济体制后宏观调控中的两大政策协调配合历程。两大政策及其协调配合在不同时期特点不同（见表 4-1）：

表 4-1　　　　　　新中国各阶段财政与货币政策类型

时间		财政政策	货币政策	背景
计划经济时期 1949～1978 年	1949～1978 年	财政信贷综合平衡		促进社会再生产顺利进行
有计划的 商品经济 1979～1992 年	1979～1983 年	宽松	宽松	固定资产投资过快、物资缺口大、农产品价格上涨快、货币收入增长快、财政赤字
	1984～1986 年	紧缩	紧缩	经济过热、物价上涨过快
	1987～1992 年	紧缩	紧缩	价格和工资改革闯关、治理整顿、硬着陆
社会主义 市场经济 1993 年至今	1993～1995 年 1995～1997 年	宽松 适度从紧	宽松 适度从紧	1992～1993 年投资、消费双膨胀 1995～1997 年实现经济软着陆
	1998～2004 年	积极	稳健	亚洲金融危机，买方市场
	2005～2008 年	稳健	稳健	经济局部过热，消费需求相对不足
	2008～2011 年	积极	适度宽松	全球金融危机，保增长、扩内需、调结构
	2011 年至今	积极	稳健	后危机时代，稳中求进

资料来源：根据陈共著《财政学》（2013）、陈佳贵总编《中国金融改革开放 30 年研究》（2008）整理。

[①] 当时既行使中央银行职能又办理商业银行业务。

1949~1978年为"计划经济时期",致力于财政信贷综合平衡。在此时期,国民经济讲究"综合平衡",财政与货币政策在此框架下致力于实现"财政信贷综合平衡",促进社会再生产顺利进行。财政是资金配置的主渠道,整体格局是"大财政、小银行"。

1978~1992年为"有计划的商品经济时期",属"大银行、小财政"格局。该时期是改革开放从计划经济向市场经济转变的过渡时期,市场机制逐步发挥基础性作用,宏观管理逐步向宏观调节、宏观调控转型,调控方式逐步从直接调控转向间接调控。这一时期,财政实行分级包干制,中央财政收入占GDP比重、财政收入占GDP比重双双下滑,1981年恢复国库券发行,1983年、1984年实行两次利改税;1985年在全国范围内实行拨改贷,银行作用日益增强;基本属于"大银行、小财政"格局。

1992年后我国进入"社会主义市场经济体制时期"。市场机制作用不断增强,宏观调控以财政和货币政策为两大主要政策工具,努力通过间接调控方式进行调控。这一时期可分为五个阶段。

4.1　从双松到双紧的财政与货币政策协调配合(1993~1997年)

1992年小平同志南方谈话后,经济体制改革取得重大突破和进展,国民经济迅猛增长。面对经济体制改革浪潮,这一阶段经历两个阶段:1993~1994年双宽松的财政政策和货币政策,经济迅猛增长;1995~1997年双适度从紧的财政政策与货币政策,实现经济软着陆。

我国经济迅猛增长(见图4-1、表4-2),GDP增速一举突破2位数增长,从1990年3.8%、1991年9.2%,飞跃至1992年的14.2%、1993年的13.5%、1994年的12.6%。一方面,各地投资热,房地产、开发区投资建设热情高，导致1993年固定资产投资比上年增长超过60%；另一方面，这一期间国际收支年均顺差达451.2亿美元，外汇占款成为基础货币投放的主渠道。外汇储备从1991年217.12亿元、1992年的194.43亿元，快速增长到1993年的2 377.38亿元，是上年的12.2倍；1994年外汇储备为4 298.08亿元，是上年的1.8倍。

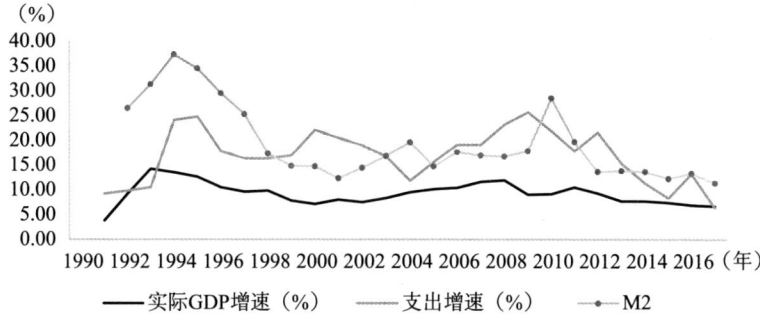

图4-1 实际GDP、财政支出、M2增速对比

资料来源：根据国家统计局、财政部、万德数据库相关数据整理。

表4-2　GDP、财政收支、赤字、M2一览（1990～2017年）

年份	GDP（亿元）	GDP增速（%）	财政收入（亿元）	收入增速（%）	财政支出（亿元）	支出增速（%）	财政赤字（亿元）	赤字/GDP（%）	M2（亿元）	M2增速（%）
1990	18 774.3	3.8	2 937.1	10.2	3 083.6	9.2	150.4	0.80	15 293.4	—
1991	21 895.5	9.2	3 149.5	7.2	3 386.6	9.8	211.1	0.96	19 349.9	26.5
1992	27 068.3	14.2	3 483.4	10.6	3 742.2	10.5	237.5	0.88	25 402.2	31.3
1993	35 524.3	13.5	4 349.0	24.8	4 642.3	24.1	205.0	0.58	34 879.8	37.3
1994	48 459.6	12.6	5 218.1	20.0	5 792.6	24.8	638.0	1.32	46 923.5	34.5
1995	61 129.8	10.5	6 242.2	19.6	6 823.7	17.8	621.4	1.02	60 750.5	29.5
1996	71 572.3	9.6	7 408.0	18.7	7 937.6	16.3	547.8	0.77	76 094.9	25.3
1997	79 429.5	9.8	8 651.1	16.8	9 233.6	16.3	555.1	0.70	90 995.3	17.3
1998	84 883.7	7.8	9 876.0	14.2	10 798.2	16.9	918.0	1.08	104 498.5	14.8
1999	90 187.7	7.1	11 444.1	15.9	13 187.7	22.1	1 759.0	1.95	119 897.9	14.7

续表

年份	GDP（亿元）	GDP增速（%）	财政收入（亿元）	收入增速（%）	财政支出（亿元）	支出增速（%）	财政赤字（亿元）	赤字/GDP（%）	M2（亿元）	M2增速（%）
2000	99 776.3	8.0	13 395.2	17.0	15 886.5	20.5	2 491.3	2.50	134 610.3	12.3
2001	110 270.4	7.5	16 386.0	22.3	18 902.6	19.0	2 473.0	2.24	158 301.9	14.4
2002	121 002.0	8.3	18 903.6	15.4	22 053.2	16.7	3 098.0	2.56	185 007.0	16.8
2003	136 564.6	9.5	21 715.3	14.9	24 650.0	11.8	3 198.0	2.34	221 222.8	19.6
2004	160 714.4	10.1	26 396.5	21.6	28 486.9	15.6	2 090.4	1.30	254 107.0	14.7
2005	185 895.8	10.4	31 649.3	19.9	33 930.3	19.1	2 280.9	1.23	298 755.7	17.6
2006	217 656.6	11.6	38 760.2	22.5	40 422.7	19.1	2 162.5	0.99	345 577.9	16.9
2007	268 019.4	11.9	51 321.8	32.4	49 781.4	23.2	0.0	0.00	403 442.2	16.7
2008	316 751.7	9.0	61 330.4	19.5	62 592.7	25.7	354.3	0.11	475 166.6	17.8
2009	345 629.2	9.1	68 518.3	11.7	76 299.9	21.9	9 500.0	2.75	610 224.5	28.5
2010	408 903.0	10.5	83 101.5	21.3	89 874.2	17.8	10 000.0	2.45	725 851.8	19.7
2011	484 123.5	9.3	103 874.4	25.0	109 247.8	21.6	8 500.0	1.76	851 590.9	13.6
2012	534 123.0	7.7	117 253.5	12.9	125 953.0	15.3	8 000.0	1.50	974 148.8	13.8
2013	588 018.8	7.7	129 209.6	10.2	140 212.1	11.3	12 000.0	2.04	1 106 525.0	13.6
2014	635 910.2	7.4	140 370.0	8.6	151 785.6	8.3	13 500.0	2.12	1 228 375.0	12.2
2015	676 707.8	6.9	152 217.0	8.4	175 768.0	13.2	16 200.0	2.39	1 392 300.0	13.3
2016	744 127.0	6.7	159 552.0	4.5	187 841.0	6.4	21 800.0	2.93	1 550 100.0	11.3
2017	827 122.0	6.9	172 592.0	8.2	203 085.0	8.1	23 800.0	3.00	1 676 800.0	8.2

资料来源：根据国家统计局、财政部、万德数据库相关数据整理。

4.1.1 从双松转向双紧的财政政策和货币政策

面对国内投资高涨和外汇大量流入的局面，信贷投放、外汇占款快速增长，货币供应量增幅迅猛，通货膨胀压力巨大。M2 从 1991 年 19 349.9 亿元、增幅 26.5% 的水平，连续 3 年超过 30% 增长，1992 年 M2 为 25 402.2 亿元，增速 31.3%；1993 年为 34 879.8 亿元，增速 37.3%；1994 年 M2 为 46 923.5 亿元，增速为 34.5%。物价全面上涨，通胀压力空前；商品零售价格 1993 年、1994 年分别同比上涨 13.2%、21.7%；通货膨胀率 1993 年、1994 年分别为 14.7%、24.1%。财政收入呈现明显的顺周期特点，随着 GDP 的快速增长，财政收入经历了更快的增长，1992~1994 年 GDP 增速分别为 14.2%、13.5%、12.6%，财政收入增速分别为 10.6%、24.8%、20.0%；财政支出增速分别为 10.5%、24.1%、24.8%。

面对经济过热和通货膨胀压力，宏观经济政策从宽松转向适度从紧。财政政策和货币政策适时调整，从双宽松转向双适度从紧，以经济软着陆、治理通胀为目标，对局部过热的泡沫经济进行控制。

财政政策通过控制财政支出、赤字和税收改革体现了从宽松向适度从紧的变化，主要表现在：一是控制财政支出增长速度。1995 年财政支出为 6 823.72 亿元，增速从上年的 24.8% 下降到 17.8%；1996 年、1997 年财政支出分别为 7 937.55 亿元、9 233.56 亿元，增速均降至 16.3%。二是控制财政赤字。1995 年财政赤字 581.52 亿元，比上年增长 1.22%，增加 7 亿元；1996 年、1997 年财政赤字分别为 529.56 亿元、582.42 亿元，增速分别为 -8.94%、9.98%。三是进行税制改革，清理相关税收优惠政策，规范地方的减免税权限。

货币政策通过控制基础货币投放、上调利率、控制信贷规模，降低固定资产投资、抑制通货膨胀和平衡国际收支。一是降低 M2 增速。1995 年、1996 年增速分别降到 29.5%、25.3%，1997 年降至 17.3%。货币供应量增速经历了从升到降的过程，体现了应对经济形势变化的策略。二是上调利率。以人民币一年期定期存款利率为例，1993 年 5 月、7 月分别上调利率从当时 7.56% 上调到 9.18%、10.98%，成为 20 世纪 90 年代后至今我国存款利率水平最高的时期（见图 4-2、表 4-3）。贷款利率从 1993 年 5 月到 1995 年 7 月上调了 4 次。如 1~3 年贷款利率从当时的 9%，分别上调到 1993 年 5 月的 10.8%、7 月的 12.24%、1995 年 1 月的 12.96%、1995 年 7 月的 13.5%。

表4-3 存贷款利率变动（1991~1997年） （单位:%）

时间	6个月~1年贷款利率	1~3年贷款利率	1年定期存款利率
1991-04-21	8.64	9.00	7.56
1993-05-15	9.36	10.80	9.18
1993-07-11	10.98	12.24	10.98
1995-01-01	10.98	12.96	10.98
1995-07-01	12.06	13.50	10.98
1996-05-01	10.98	13.14	9.18
1996-08-23	10.08	10.98	7.47
1997-10-23	8.64	9.36	5.67

资料来源：万德数据库。

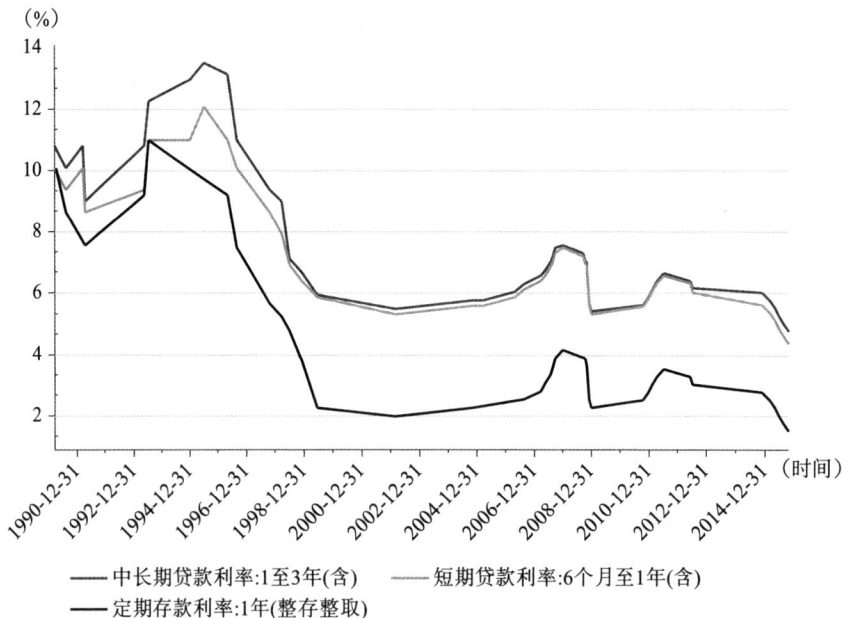

图4-2 存贷款利率变动

资料来源：万德数据库。

4.1.2 两大政策共同抑制固定资产投资过热

为控制固定资产投资规模和速度，在分税制改革背景下，税种类型明显反映了当时调控固定资产投资的目的，增值税选择了生产型增值税而不是消费型增值税，不允许抵扣购置固定资产的进项税金。① 同时，降低财政支出增速，控制财政赤字增速，减少政府投资。

央行在降低广义货币供应量 M2 增速、上调利率的同时，加强整顿金融秩序，采取严格的指令性计划控制金融机构对固定资产投资的贷款规模，清理压缩基本建设项目。

4.1.3 央行试行以国债为公开市场操作对象

1994 年为减轻央行为财政融资增发货币的压力，财政部不再直接向银行贷款、透支，财政赤字通过发行债券融资。1996 年开始试运行以国债为公开市场操作的交易对象，为通过利用国债调节货币供应量、加强财政与货币政策协调配合开辟了新途径。

此外，通过财政与金融体制改革，推动两大政策的贯彻落实及协调配合。1993 年 12 月 15 日，国务院发布《关于实行分税制财政管理体制的决定》和《关于金融体制改革的决定》，对财政与金融体制同时开启重大改革。财政体制方面，1993 年开始实施分税制改革，建立转移支付制度，为提高"两个比重"、提高国家宏观调控的能力奠定了基础。1994 年《预算法》严禁地方政府举借债务。金融体制方面，实现了从单一商业银行体制转向"中央银行——商业银行"体制。1993 年中国人民银行实现向中央银行转变职能的重大飞跃，明确了其在宏观调控中的地

---

① 贾学颖. 税收制度：宏观调控"排头兵"[N]. 中国财经报，2008 年 6 月 30 日.

位,获得了通过公开市场业务、调控准备金等工具执行货币政策的权利;1995 年通过《中国人民银行法》,明确货币政策目标是"价格稳定的基础上促进经济增长"。把价格稳定作为首要目标,从法律上避免其为实现经济增长而不顾通货膨胀压力发行过多的货币。货币政策的目标变量从 1993 年、1994 年关注 M0,逐步转变为 1996 年后的 M2,开始通过再贷款、再贴现和公开市场操作等手段控制基础货币。[①] 财政和金融体制与制度改革促进了宏观调控的转型升级和有力执行,以市场手段进行间接调控成为宏观调控的主要方式。

经过几年调整,经济实现了"软着陆",通胀治理效果明显。经济增长率稳步下降至 10% 左右,1995~1997 年分别降至 10.5%、9.6%、9.8%。固定资产投资增速大幅下降(见表 4-4),从 1993 年时的最高峰 27.79%,逐步下降至 1994~1997 年的 18.09%、10.93%、10.35%、7.03%。居民消费价格指数(CPI)经历了 20 世纪 90 年代至今最大的波动,从 1994 年的最高峰 24.1% 下降到 1996 年 8.3%(见图 4-3)。

表 4-4　　　　　　固定资产投资增速变动(1991~1997 年)

时间	全社会固定资产投资实际同比增长(%)
1991	13.11
1992	25.26
1993	27.79
1994	18.09
1995	10.93
1996	10.35
1997	7.03

资料来源:万德数据库。

---

① 许亦平,张鹏,林桂军.1979—2009:三十年中国货币政策回顾与展望 [J].甘肃社会科学,2011 年第 2 期。

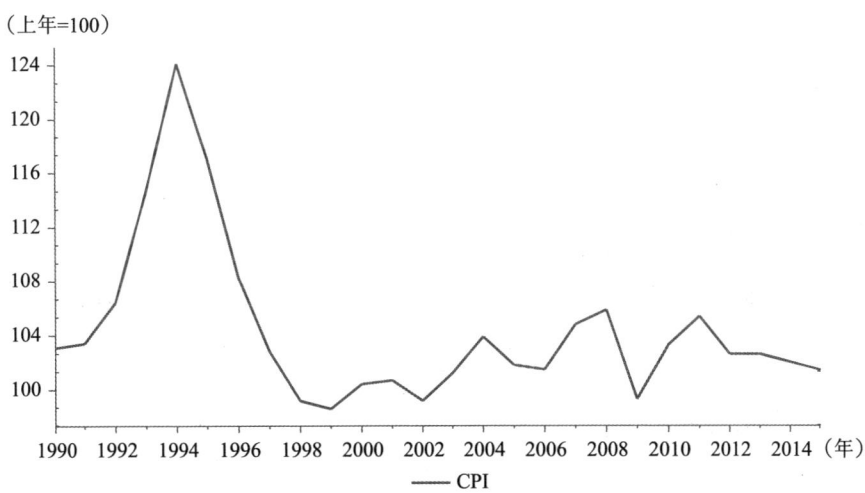

图 4-3 居民消费价格指数（CPI）变动

资料来源：万德数据库。

4.2 积极的财政政策与稳健的货币政策协调配合（1998~2004年）

经济刚实现软着陆后，亚洲金融危机突然爆发，经济遭遇改革开放后首次外部寒流。1998年实际GDP为7.8%、1999年为7.1%，跌破8%（见图4-4）。对外贸易严重受挫，进出口总额1998年出现零增长（见表4-5）。国内消费与投资动力不足。居民消费价格指数在1998~2000年呈现20世纪90年代以来最低谷，以1989年为基数100，1998年、1999年分别为99.2和98.6（见前图4-3）。社会上大量商品降价处理，出现生产过剩①，尤其是低水平、低技术产品生产过剩，市场供求关系由卖方市场转为买方市场。国有企业出现大量下岗职工，城镇登记失业率为3.1%。产

---

① 王静、石家麟、赵立．项怀诚这十年[J]．人物，2004年第6期。

业结构、城乡二元结构、东西部区域结构等问题逐步突显。此外，1998 年还发生百年不遇的洪灾。

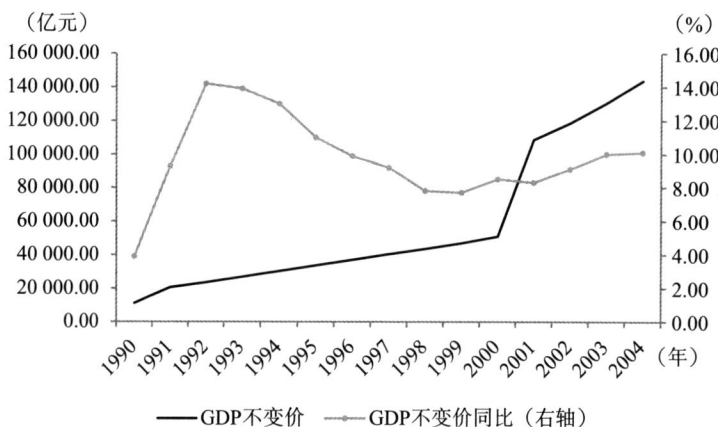

图 4－4　我国 GDP 增长情况（1991～2004 年）

资料来源：中国统计年鉴。

表 4－5　　　　　　　进出口情况（1990～2018 年）

时间	出口金额（亿美元）	出口增速（%）	进口金额（亿美元）	进口增速（%）	进出口贸易总额（亿美元）	进出口贸易总额增速（%）
1990	620.90	—	533.50	—	1 154.40	—
1991	719.10	15.82	637.90	19.57	1 357.00	17.55
1992	849.40	18.12	805.90	26.34	1 655.30	21.98
1993	917.40	8.01	1 039.60	29.00	1 957.00	18.23
1994	1 210.10	31.91	1 156.10	11.21	2 366.20	20.91
1995	1 487.80	22.95	1 320.80	14.25	2 808.60	18.70
1996	1 510.50	1.53	1 388.30	5.11	2 898.80	3.21
1997	1 827.90	21.01	1 423.70	2.55	3 251.60	12.17
1998	1 837.10	0.50	1 402.40	−1.50	3 239.50	−0.37
1999	1 949.30	6.11	1 657.00	18.15	3 606.30	11.32
2000	2 492.00	27.84	2 250.90	35.80	4 742.90	31.52
2001	2 661.00	6.78	2 435.50	8.20	5 096.50	7.46

续表

时间	出口金额（亿美元）	出口增速（%）	进口金额（亿美元）	进口增速（%）	进出口贸易总额（亿美元）	进出口贸易总额增速（%）
2002	3 256.00	22.36	2 951.70	21.19	6 207.70	21.80
2003	4 382.28	34.59	4 127.60	39.84	8 509.88	37.09
2004	5 933.30	35.39	5 612.30	35.97	11 545.60	35.67
2005	7 619.50	28.42	6 599.50	17.59	14 219.00	23.16
2006	9 689.80	27.17	7 914.60	19.93	17 604.40	23.81
2007	12 204.60	25.95	9 561.16	20.80	21 765.76	23.64
2008	14 306.90	17.23	11 325.67	18.45	25 632.57	17.77
2009	12 016.10	-16.01	10 059.23	-11.18	22 075.33	-13.88
2010	15 777.54	31.30	13 962.44	38.80	29 739.98	34.72
2011	18 983.81	20.32	17 434.84	24.87	36 418.65	22.46
2012	20 487.14	7.92	18 184.05	4.30	38 671.19	6.19
2013	22 090.04	7.82	19 499.89	7.24	41 589.93	7.55
2014	23 422.93	6.03	19 592.35	0.47	43 015.27	3.43
2015	22 734.68	-2.94	16 795.64	-14.27	39 530.33	-8.10
2016	20 976.31	-7.73	15 879.26	-5.46	36 855.57	-6.77
2017	22 633.71	7.90	18 437.93	16.11	41 071.64	11.44
2018	24 874.00	9.90	21 356.40	15.83	46 230.40	12.56

资料来源：万德数据库。

4.2.1　积极的财政政策和稳健的货币政策

面对国内外经济压力，1998年明确提出经济增长要保8%的目标。宏观调控采取积极的财政政策和稳健的货币政策相配合，主要从需求侧促进投资、消费和出口，重点以加强基础设施建设提高国内需求，此外还推进国有企业改革建立现代企业制度，促进高新技术产业发展和企业技术改造等。

4.2.1.1 积极的财政政策

（1）增发国债，用于基础设施投资和西部大开发。1998年[①]增发1 000亿元国债，主要用于基础设施建设。考虑到地方政府无权举债、不能有赤字的制度限制，后来将其中的500亿元转借地方政府使用，以缓解地方资金压力，加大公共投资力度。1999年增发600亿元国债。2000年又决定增发1 000亿元长期建设国债用于西部大开发和未完工项目建设。1998～2004年国家财政债务大幅增长（见图4-5）。

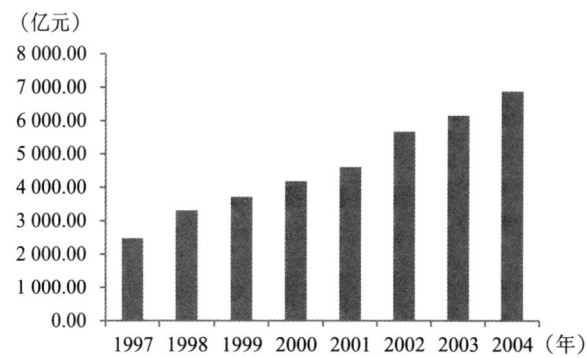

图4-5　1997～2004年国家财政债务发行情况（含外债）

资料来源：中国财政年鉴。

（2）调整财政支出，促进投资和消费。加大铁路、公路、农田水利、市政和环保等基础投资；增加国有企业下岗职工基本生活费保障，支持国有企业改革；推进企业职工基本养老金制度改革，推进社保体系建设；增加抢险救灾支出；增加科教投入；调整收入分配政策。

（3）税收方面，提高部分商品出口退税率促进出口；降低关税税率促进进口；调减和停征固定资产投资方向调节税；清理乱收费。

---

① 经全国人大常委会第四次会议审议通过。

4.2.1.2 稳健的货币政策

广义货币供应量 M2，以年均增速 15.4% 的水平，从 1998 年的 104 498.5亿元，增长到 2004 年的 254 107 亿元，增长了 1.43 倍。利率纳入中间目标调控范畴①，逐步推进利率市场化改革。为应对危机，人民币存贷款基准利率仅 1998 年一年即下调了 3 次（见图 4 - 6、表 4 - 6），1 年期存款利率从 1997 年的 5.67% 下调至 5.22%、4.77%、3.78%；1999 年之后放缓保持在平均为 2.16% 的水平上，体现货币政策稳健。贷款利率的浮动幅度不断扩大，如商业银行贷款利率从 1998 年的浮动 20% 扩大到 2002 年的 50%。法定准备金率从 1998 年的 13% 下调到 1999 年的 6%。

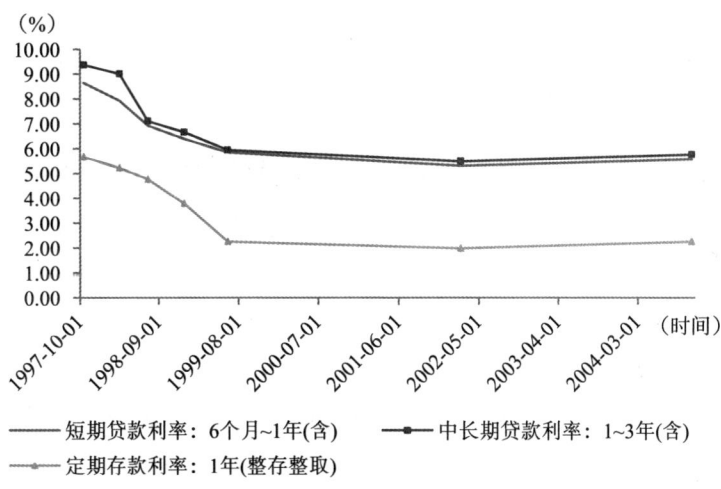

图 4 - 6　存贷款利率变动（1998～2004 年）

资料来源：万德数据库。

此外为应对危机，这一期间取消了贷款规模限额的控制，不过银行贷款并未因此大幅增加，各银行反而更多考虑市场状况、经营状况而更加谨慎。

---

① 吴超林. 1984 年以来中国宏观调控中的货币政策演变 [J]. 当代中国史研究，2004 年第 3 期。

表 4-6　　　　　存贷款利率变动（1998~2004 年）　　　　　（单位:%）

时间	短期贷款利率: 6 个月~1 年（含）	中长期贷款利率: 1~3 年（含）	定期存款利率: 1 年（整存整取）
1997-10-23	8.64	9.36	5.67
1998-03-25	7.92	9.00	5.22
1998-07-01	6.93	7.11	4.77
1998-12-07	6.39	6.66	3.78
1999-06-10	5.85	5.94	2.25
2002-02-21	5.31	5.49	1.98
2004-10-29	5.58	5.76	2.25

资料来源：万德数据库。

4.2.2　共同支持基础设施建设维护经济总体稳定

国债与银行贷款 1∶1 配套共同支持基础设施投资。1998 年财政部增发 1 000 亿元国债的同时，银行体系增加 1 000 亿元配套贷款，共 2 000 亿元用于基础设施专项建设。1999 年增发 600 亿元国债，银行贷款配套 600 亿元，共计 1 200 亿元。这种通过发行国债[①]、配套银行贷款加强政府投融资的做法，对应对亚洲金融危机、弥补经济短板、提高基础设施建设水平、促进经济增长起了重要作用。

据国家统计局数据，1998~2000 年国债对经济增长的贡献率分别为 1.5%、2%、1.7%。国债和金融体系对政府投融资的配套支持，促使基础设施建设发展空前，仅 1998~2000 年用于基础设施建设的资金高达 15 100 亿元，基建项目 6 000 多个，国债安排建设完工项目 152 个，其中，建成

---

① 含转借地方政府国债。

高速公路 1.02 万公里,其他公路 16.38 万公里①;城市基础设施、农村电网改造、粮食储备库等制约中国发展的一系列瓶颈得到有效缓解。

1998 年时任财政部副部长楼继伟②曾表示,当年向商业银行增发的 1 000 亿元国债不会导致货币超发,不会引发通货膨胀。因为:一是当时居民储蓄增长较快③,物价总水平较低,商业银行存贷差较大。二是当时外汇占款新增较少,货币回笼比上年同比增加,中央银行基础货币供应总体偏少,未达到国民经济计划之规模。三是向商业银行发行还有利于提高商业银行经营业绩,提高应对和化解金融风险的能力,而且国债成本总体较低。

4.2.3 利用特别国债注资国有商业银行应对亚洲金融危机

财政部发行特别国债注资四大国有商业银行,央行降准释放资金,共同应对亚洲金融危机。1998 年,第八届全国人大常委会审议批准财政部向四家国有商业银行发行 2 700 亿元特别国债,用于补充其资本充足率。这是为防范亚洲金融危机和满足巴塞尔协议要求而采取的特别措施。具体配合方式是:中国人民银行在发行特别国债之前先降低商业银行法定准备金率,释放超过 2 400 亿元储备资金④,为实现特别国债注资国有商业银行铺平道路。财政部发行特别国债 2 700 亿元⑤,并用此资金向四大银行注资,以提高其抵御金融危机冲击的能力,共同防范和降低银行业发生系统性风险的可能性。

---

① 根据王丙乾著《中国财政 60 年回顾与思考》相关内容整理。
② 在回答记者提问时表示。
③ 当年 7 月底即比年初增长 8.8%。
④ 再加上各家银行在央行的超额储备,足够 2 700 亿元,中国人民银行要求四大国有商业银行在央行开设的专门账户上把 2 700 亿元预留好。王大用. 2700 亿元特别国债究竟要解决什么问题?[J]. 国际经济评论,1998 年第 6 期。
⑤ 由四大银行认购。

4.2.4 国债期限结构受限,央票成为公开市场业务主力

曾于 1996 年开始,以国债为公开市场操作交易对象的试点工作于 1997 年一度暂停,于 1998 年 5 月 26 日恢复成为货币政策进行日常操作的工具。① 财政部从 1999 年开始进入银行间市场、以市场化方式发行国债。1999 年公开市场业务交易额突破 1 万亿元,达到 12 245 亿元,当年净投放基础货币 1 920 亿元。2000 年交易额为 9 762 亿元,根据市场状况净回笼 822 亿元基础货币(见图 4-7)。但受国债规模与结构等因素影响,公开市场操作缺乏可交易的债券品种和规模。2001 年底、2002 年底,央行持有的政府债券分别为 2 821.33 亿元、2 863.79 亿元;另外,随着国际收支形势的变化,我国国际收支顺差增速较快,外汇储备大幅增加,人民币汇率升值预期压力增大。为维护人民币稳定,对冲外汇占款,调整吸收过多的流动性,央票开始登上历史舞台(见表 4-7、图 4-8)。央行从 2002 年开始发行央票,当年余额为 1 487.50 亿元;2003 年发行央票 7 226.8 亿元、年底余额为 3 031.55 亿元,增长了 1.04 倍。2003~2006 年央票余额年均增长 124%。2006 年底达 29 740.58 亿元,接近 3 万亿元。央票(发行债券)在央行资产负债表中总负债的比例于 2005 年约为 20%,一跃成为央行公开市场操作中最大主角;国债(对政府债权)在央行资产负债表中总资产的比例仅为 2.7%。发行央票在当时对冲外汇占款、回笼基础货币发挥了积极作用,但成本较高、不具可持续性,也带来一些滞涨等负面隐患(曾秋根,2005)。

此次调控是我国应对亚洲金融危机、面对内外需不足、出口乏力、总体呈通缩之势时,采取的宏观调控政策措施。1998 年后实施的积极财政政

---

① 吴超林.1984 年以来中国宏观调控中的货币政策演变 [J]. 当代中国史研究, 2004 年第 3 期。

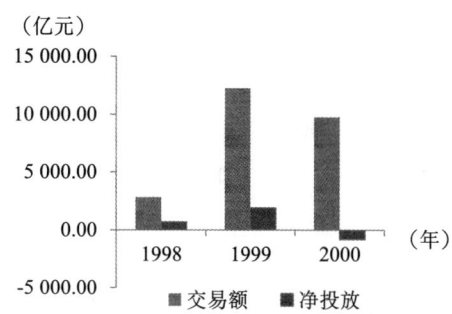

图 4-7　公开市场业务交易与净投放情况（1998~2000 年）

资料来源：万德数据库。

表 4-7　央行发行债券（央票）及其占总负债的比例（2002~2006 年）

时间	发行债券 （余额，亿元）	增速 （%）	总负债（亿元）	发行债券/ 总负债（%）
2001.12	0	—	42 540.64	—
2002.12	1 487.50	—	51 107.58	2.91
2003.12	3 031.55	1.04	62 004.06	4.89
2004.12	11 079.01	2.65	78 655.33	14.09
2005.12	20 296.00	0.83	103 676.01	19.58
2006.12	29 740.58	0.47	128 574.69	23.13

资料来源：中国人民银行。

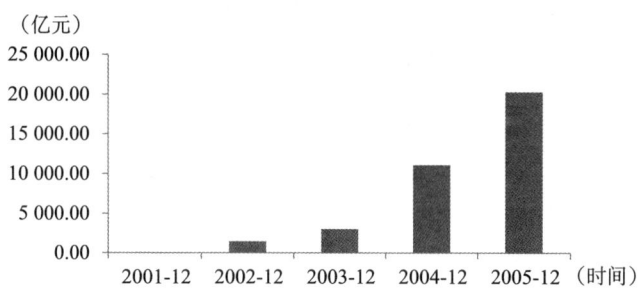

图 4-8　央票发行余额（2002~2005 年）

资料来源：中国人民银行。

策和稳健货币政策为抵御应对亚洲金融危机、弥补过去基础设施建设的发展瓶颈、促进经济结构调整发挥了重要作用。此外运用特别国债为商业银行注资，成为应对金融危机中财政与货币政策协调配合的成功案例。经过几年的努力，GDP 增速于 1998～2001 年总体保持在 7%～8%；2002 年突破 8% 之后，于 2004 年 GDP 重上两位数增长（见图 4-9 右轴）。GDP 规模从 1998 年的 84 883.7 亿元，增长到 2004 年的 160 714.4 亿元，增长了 1.89 倍，居民消费价格总体稳定。

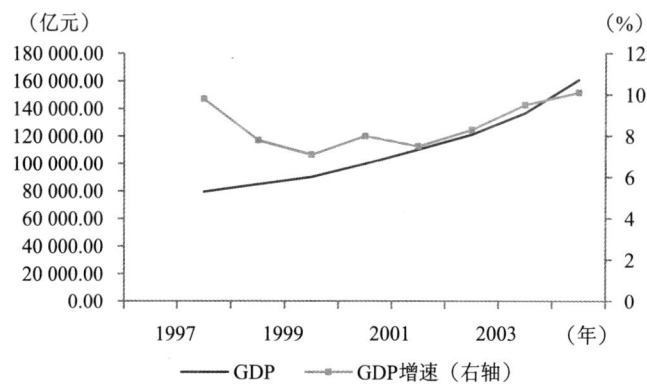

图 4-9　GDP 增长情况（1998～2004 年）

资料来源：中国统计年鉴。

4.3　双稳健的财政与货币政策协调配合（2005～2008 年）

经过前期政策调控，我国逐步摆脱亚洲金融危机的影响，再加上中国"入世"后工业化、城镇化、市场化、全球化进程等因素，经济再次步入快速上升通道，2005 年 GDP 保持两位数增长达 10.4%，宏观经济形势发生重大变化。部分行业和地区投资开始增长过快、煤电油运局部紧张，国际收支经常项目和资本项目双顺差，外汇储备增长迅猛，通货膨胀压力抬头；需求总量总体较旺，但投资相对过旺、消费相对不足，经济结构有待调整，对宏观调控提出了新要求。2004 年底中央经济工作会议决定，2005

年宏观调控开始实行稳健的财政政策和稳健的货币政策。

4.3.1 双稳健的财政政策和货币政策

4.3.1.1 稳健的财政政策

稳健的财政政策服务宏观调控大局,既要控制投资膨胀又要引导扩大消费,既要主动降温过热领域又要扶持相对薄弱领域,既要防通胀又要防通缩。表现为:一是控制赤字,适当减少中央财政赤字、减少长期建设国债发行数量。2005 年、2006 年中央财政赤字分别为 2 280.99 亿元、1 662.53 亿元、分别比上年增长 9.12%、降低 27.11%;2007 年实现财政盈余 1 540.43 亿元,赤字增速为 -192.66%。中央财政赤字占 GDP 比重大幅下降(见表 4 -8)。长期建设国债 2005 年比 2004 年减少 300 亿元。二是调整结构,取消农业税、改革出口退税制度、试点增值税 8 大行业转型、改革资源税等税制;提高公共服务水平、做好收入分配工作。三是推进改革,推进财政体制和制度改革,试图通过制度创新转变依靠政府投资拉动经济增长的方式,促进国有企业建立现代企业制度,为市场创造良好政策环境。四是增收节支,在总体不增税负的背景下,加强征管、应征尽征;同时控制支出规模,逐步建立完善财政资金绩效评价制度,提高资金使用效率。

表 4 -8   财政收支赤字情况 (2005~2008 年)

年份	GDP (亿元)	GDP 增速 (%)	财政 收入 (亿元)	财政 支出 (亿元)	收入 增速 (%)	支出 增速 (%)	财政 赤字 (亿元)	赤字/ GDP (%)
2005	185 895.8	10.40	31 649.3	33 930.3	19.9	19.1	2 280.9	1.23
2006	217 656.6	11.60	38 760.2	40 422.7	22.5	19.1	2 162.5	0.99
2007	268 019.4	11.90	51 321.8	49 781.4	32.4	23.2	0.00	0.00
2008	316 751.7	9.00	61 330.4	62 592.7	19.5	25.7	354.3	0.11

资料来源:根据国家统计局、财政部数据整理。

4.3.1.2 稳健的货币政策

货币政策坚持稳健的主旋律,保持松紧适度,既防止物价上涨,又灵活应对各种经济情况。一是稳妥把握货币供应量、适当调整利率和存款准备金率(见表4-9、图4-10)。2005~2008年,M2供应量增速平均保持在17.25%。2005~2006年只调整了1次存款利率、2次贷款利率、3次法定存款准备金率。2007年开始,根据情况变化调整了6次利率、10次法定准备金率,实行了稳中适度从紧的货币政策,防止经济大幅波动,保持物价稳定。二是推动利率市场化、人民币汇率形成机制改革。三是推进金融体制机制改革,提高货币政策传导效率。推动国有银行股份制改革,建立和完善现代企业制度,鼓励发展多层次资本市场,促进多元化投融资。

表4-9　　　　　存贷款利率变动(2005~2008年9月)　　　　　(单位:%)

时间	短期贷款利率: 6个月~1年(含)	中长期贷款利率: 1~3年(含)	定期存款利率: 1年(整存整取)
2004-10-29	5.58	5.76	2.25
2005-03-17	5.58	5.76	2.25
2006-04-28	5.85	6.03	2.25
2006-08-19	6.12	6.30	2.52
2007-03-18	6.39	6.57	2.79
2007-05-19	6.57	6.75	3.06
2007-07-21	6.84	7.02	3.33
2007-08-22	7.02	7.20	3.60
2007-09-15	7.29	7.47	3.87
2007-12-21	7.47	7.56	4.14
2008-09-16	7.20	7.29	4.14

资料来源:万德数据库。

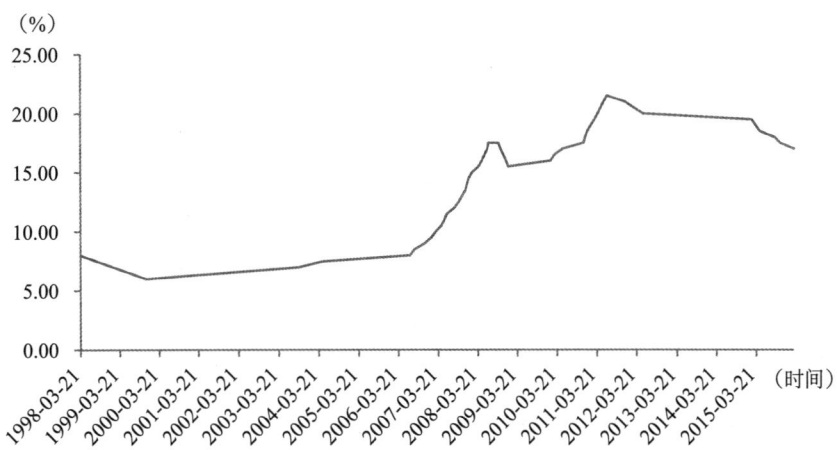

图 4-10　大型存款类金融机构人民币存款准备金率变动

资料来源：万德数据库。

4.3.2　两大政策引导经济结构调整

财政政策通过调整支出结构和国债资金投向引导经济结构调整。按照有保有压、区别对待的原则，适当减少建设投资，增加"三农"、社会保障、教育、卫生、廉租房等基本公共服务和社会事业发展支出。

货币政策在注重总量调控的基础上，进一步完善间接调控，加强与改进窗口指导，引导信贷结构调整，按照区别对待、有保有压的方针，引导金融机构向国家鼓励的领域和产业提供贷款。

4.3.3　财政部发行特别国债购买外汇储备进行投资

2004~2007 年中国经济保持良好发展局面，GDP 平均增速 11%，但通胀压力逐步加强，外汇储备增长迅速，外汇占款增多引发基础货币被动发行增长过快。央行外汇资产 2003 年底为 29 841.8 亿元，占总资产的 48%；2007 年底外汇资产为 115 168.7 亿元，占总资产的 68%，比 2003 年底增加了 3.86 倍。在此背景下，2007 年，第十届全国人大常委会审议通过了《国务院关于提请审议财政部发行特别国债购买外汇及调整 2007 年末国债余额限额的议案》，批准财政部发行 15 500 亿元的特别国债，用于购买约 2 000 亿美元外汇，作为中国投资有限责任公司①的资本金。这一举措，再次成为财政与货币政策协调配合的典范。在当时国际收支经常项目和资本项目双顺差背景下，利用特别国债缓解了流动性偏多的压力，降低了外汇储备规模，丰富了利用外汇储备进行投资的新战略，减轻了通货膨胀压力，搭建了特别国债、外汇储备之间的新纽带，为利用外汇进行主权财富投资、促进对外投资建立了里程碑。

表 4-10　　　　　　　　货币当局外汇资产情况

时　间	外　汇（亿元）	占总资产（%）	外汇增速（%）
2001.12	18 850.19	44	—
2002.12	22 107.39	43	17.28
2003.12	29 841.80	48	34.99
2004.12	45 939.99	58	53.95
2005.12	62 139.96	60	35.26
2006.12	84 360.80	66	35.76
2007.12	115 168.70	68	36.52
2008.12	149 624.30	72	29.92

资料来源：根据货币当局历年资产负债表整理。

总体来看这一阶段，GDP 保持较好增长水平，财政与货币政策双双稳健，利用时机有序推动各项改革，引导结构优化，并灵活应对形势变化。财政收入明显好转，2007 年当年无赤字实现财政盈余，是 20 世纪 90 年代以来迄今为止②唯一的一年。货币政策稳健灵活，面对外汇占款不断增多带来基础货币增长过快的局面，财政与货币政策创新运用特别国债这一工具妥善应对，意义深远，作用巨大。

---

① 简称"中投"。
② 2019 年。

4.4　积极财政政策与适度宽松货币政策协调配合（2008～2011年）

正当国内经济又趋高涨、宏观政策准备转紧之际，次贷危机从美国率先发生并迅速蔓延成国际金融危机，外部因素给宏观经济带来重大冲击，宏观调控面临重大挑战。我国实际 GDP 增速从 2007 年的 11.9% 下降到 2008 年的 9%，从持续几年的两位数增长降至 1 位数增长。居民消费价格指数从 2008 年的 105.9，下降到 2009 年的 99.3（见前图 4－3），通缩迹象出现，经济快速下滑风险加大。进出口受危机影响最大。进出口增速（见图 4－11）从 2007 年的 24% 下降到 2008 年的 18%、2009 年的 -14%，出现负增长，是 20 世纪 90 年代以来进出口形势最严峻的一年。与进出口贸易密切相关的纺织等加工贸易型企业遭受重创。钢铁、房地产等多个行业形势严峻。中国制造业采购经理人指数（PMI）从 2008 年 4 月的 59.2 跌至当年 11 月的 38.8，跌幅空前（见图 4－12）。

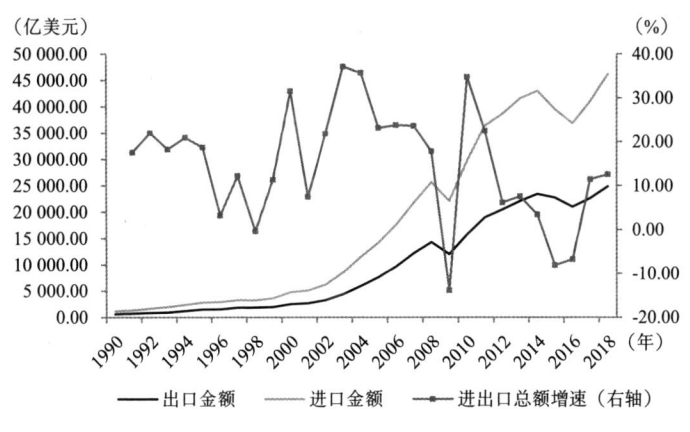

图 4－11　进出口情况（1990～2015 年）

资料来源：万德数据库。

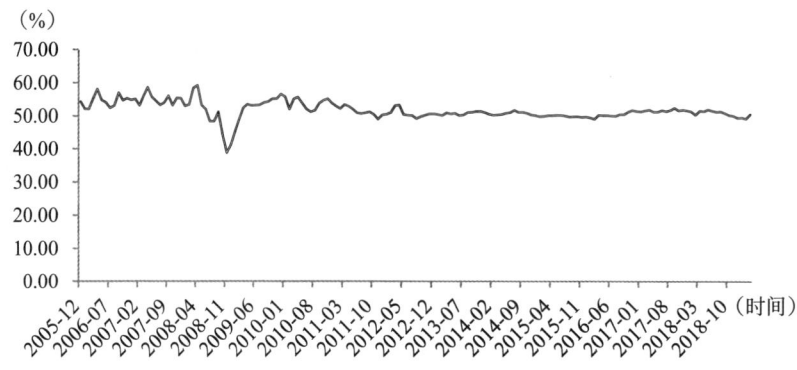

图 4-12　中国制造业采购经理人指数（PMI）

资料来源：万德数据库。

为应对国际金融危机带来的冲击，缓解经济下滑，重振市场信心，推动经济复苏，2008 年 11 月，我国开始实施积极的财政政策和适度宽松的货币政策。宏观调控要点是"保增长"——以"扩内需"弥补外需不足，并在应对危机中注重"调结构""转方式""促民生"，主要包括 4 万亿元投资、提高城乡居民收入扩大消费等措施。

4.4.1　积极的财政政策和适度宽松的货币政策

积极的财政政策大幅加大赤字与债务。经济形势的恶化直接影响了财政收入，2008 年收入增速从上年的 32.4% 下降到 19.5%，下降幅度高达 12.9 个百分点，成为 20 世纪 90 年代以来收入下降幅度最大的一年。为应对危机，加大财政支出逆周期调整力度，积极的财政政策明显加大财政赤字与债务规模（见图 4-13）。2008 年财政赤字 1 262.31 亿元[①]，占当年 GDP 的 0.3%；中央财政债务余额为 53 271.54 亿元，占当年 GDP 的 17%。2009 年财政赤字为 7 781.63 亿元，是 2008 年赤字规模的 5.16 倍，占当年 GDP 的 2.25%；中央财政债务余额为 60 237.68 亿元，突破了 6 万

---

①　2007 年财政盈余 1 540.43 亿元。

亿元，占当年 GDP 的 17.7%。

在许多国家采用极度宽松的货币政策背景下，我国根据国情把货币政策从稳健调整为适度宽松（见表 4-11、图 4-14、图 4-15）。货币供应量大幅增长。M0、M1、M2 在 2000~2007 年年均增速分别为 10.74%、16.03%、16.13%，2008 年增速分别为 12.7%、9.1%、17.8%，2009 年增速更是分别达到 11.8%、33.2%、28.5% 的高位。M1、M2 增幅是 21 世纪以来最大的一次，体现了货币政策比往年的宽松力度。广义货币供应量 M2 在 2008 年为 475 166.6 亿元，是当年 GDP 的 1.50 倍；2009 年达 610 224.5 亿元，是当年 GDP 的 1.77 倍。

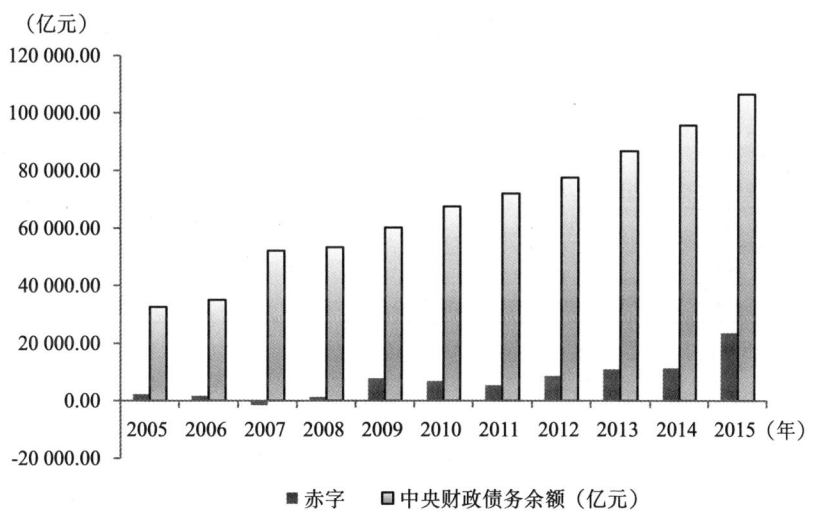

图 4-13　中央财政赤字与债务余额（2005~2015 年）

资料来源：根据财政部数据整理。

表 4-11　货币供应量 M0、M1、M2 年度变化（2000~2017 年）

年份	GDP（亿元）	GDP增速（%）	M2供应量（亿元）	M1供应量（亿元）	M0供应量（亿元）	M2同比增速（%）	M1同比增速（%）	M0同比增速（%）	M2/GDP（%）
2000	99 776.30	8.00	134 610.30	53 147.20	14 652.70	12.30	16.00	8.90	134.90
2001	110 270.40	7.50	158 301.90	59 871.60	15 688.80	14.40	12.70	7.10	143.60

续表

年份	GDP（亿元）	GDP增速（%）	M2供应量（亿元）	M1供应量（亿元）	M0供应量（亿元）	M2同比增速（%）	M1同比增速（%）	M0同比增速（%）	M2/GDP（%）
2002	121 002.00	8.30	185 007.00	70 881.80	17 278.00	16.80	16.80	10.10	152.90
2003	136 564.60	9.50	221 222.80	84 118.60	19 745.90	19.60	18.70	14.30	162.00
2004	160 714.40	10.10	254 107.00	95 969.70	21 468.30	14.70	13.60	8.70	158.10
2005	185 895.80	10.40	298 755.70	107 278.80	24 031.70	17.60	11.80	11.90	160.70
2006	217 656.60	11.60	345 577.90	126 028.10	27 072.60	16.90	17.50	12.70	158.80
2007	268 019.40	11.90	403 442.20	152 560.10	30 375.20	16.70	21.10	12.20	150.50
2008	316 751.70	9.00	475 166.60	166 217.10	34 219.00	17.80	9.10	12.70	150.00
2009	345 629.20	9.10	610 224.50	221 445.80	38 247.00	28.50	33.20	11.80	176.60
2010	408 903.00	10.45	725 851.80	266 621.50	44 628.20	19.70	21.20	16.70	177.50
2011	484 123.50	9.30	851 590.90	289 847.70	50 748.50	13.60	7.90	13.80	175.90
2012	534 123.00	7.65	974 148.80	308 664.20	54 659.80	13.80	6.50	7.70	182.40
2013	588 018.80	7.67	1 106 525.00	337 291.10	58 574.40	13.60	9.30	7.20	188.20
2014	635 910.20	7.40	1 228 375.00	348 056.40	60 259.50	12.20	3.20	2.90	193.20
2015	676 707.80	6.90	1 392 300.00	401 000.00	63 000.00	13.30	15.20	4.90	205.70
2016	744 127.00	6.70	1 550 066.70	486 557.20	68 303.90	11.30	21.30	8.40	208.30
2017	827 122.00	6.90	1 690 235.30	543 790.20	79 645.00	9.00	11.80	16.60	204.40

注：M0、M1、M2 数据分别为各年度末数据。

资料来源：根据国家统计局、中国人民银行、万德数据整理。

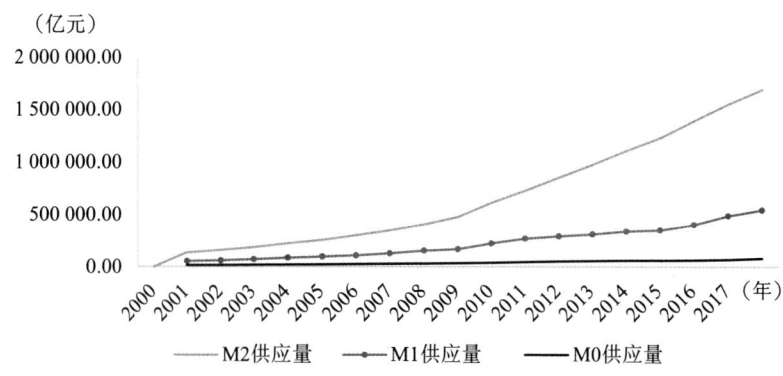

图 4-14　M0、M1、M2 变化（2000~2017 年）

资料来源：根据国家统计局、中国人民银行、万德数据整理。

第 4 章 我国宏观调控中财政货币政策协调配合的历史沿革 | 175

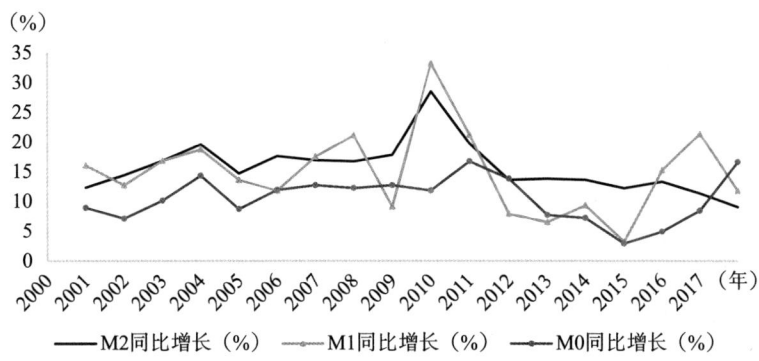

图 4-15 M0、M1、M2 增长率变化（2000~2017 年）

资料来源：根据国家统计局、中国人民银行、万德数据整理。

多次下调利率。2008 年 9 月至 12 月底 5 次下调存贷款基准利率（见表 4-12、图 4-16），下调密度空前。

表 4-12　　　　　　　　存贷款利率变动　　　　　　　（单位:%）

时　间	中长期贷款利率：1~3 年	定期存款利率：1 年
2007-09-15	7.47	3.87
2007 12 21	7.56	4.14
2008-09-16	7.29	4.14
2008-10-09	7.02	3.87
2008-10-30	6.75	3.60
2008-11-27	5.67	2.52
2008-12-23	5.40	2.25
2010-10-20	5.60	2.50

资料来源：万德数据库。

取消对商业银行信贷规模的限制。2008 年社会融资规模 6.9 万亿元，比上年增长 17%；2009 年社会融资规模 13.9 万亿元，比上年增长 99%，增幅是 21 世纪以来迄今为止最大的一年。

2008 年暂停发行 3 年期央票，提高应对短期流动性的灵活性，全年累

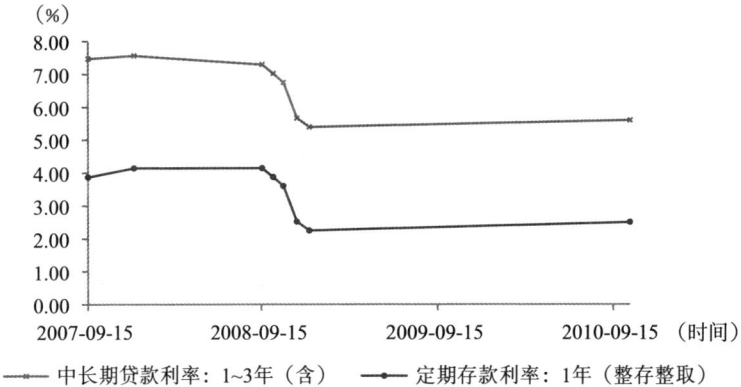

图 4-16 存贷款利率变动（2007 年 9 月 ~ 2010 年 9 月）

资料来源：万德数据库。

计发行央票 4.3 万亿元，年末余额 4.65 亿元①；2009 年央行发行央票 4 万亿元，开展正回购操作 4.2 万亿元，恢复 1 年期央票发行②，加强银行体系流动性管理的灵活性和针对性。

积极开展双边本币互换、促进人民币国际化。例如，2009 年与韩国、马来西亚、白俄罗斯、中国香港等 6 个国家和地区签署了 6 500 亿元人民币双边本币互换协议；2009 年 4 月在上海、广州、深圳、珠海、东莞开展跨境贸易人民币结算业务试点等，对促进人民币国际化具有重要意义。

4.4.2　共同支持 4 万亿元投资应对经济下滑

外部形势带来较大冲击后，财政与货币政策反应迅速，政策取向从双稳健转向积极的财政政策与适度宽松的货币政策，服务宏观调控的战略布局。中央与地方政府财政、银行与企业共同在 2 年内实施 4 万亿元投资计划，出资构成见表 4-13。主要加大投资保障性住房、农村基础设施、重

---

① 《2008 年中国人民银行年报》。
② 《2009 年中国人民银行年报》。

大基础设施①、汶川地震灾后重建、生态环境和节能减排、自主创新和结构调整、医疗卫生文化教育等七大领域,应对经济下滑。

表 4-13　　4 万亿元投资计划资金构成（2008 年第 4 季度~2010 年底）

出资主体	总金额（亿元）	占比（%）	平均每年（亿元）
中央政府	11 800	30	5 900
地方政府	8 300	21	4 150
银行贷款	14 100	35	7 050
企业自筹	5 800	15	2 900
合计	40 000	100	20 000

资料来源：根据财政部相关数据整理。

4.4.3　共同支持结构调整促进出口、投资和消费

财政政策通过优化支出,扩大内需、改善公共服务、促进结构调整。通过提高低收入人群收入、家电下乡补助等措施,促进扩大消费、扩大内需；以结构性减税为主旋律推进税收改革,全面推进增值税从生产型转向消费型,减轻企业与居民税负约 5 000 亿元；通过加大社会保障、教育、医疗等投入提高公共服务水平；加大服务业、企业技术改造、先进装备制造业等支出,促进产业发展、结构调整和转型升级。另外,调整税收政策促进出口、投资和消费。提高部分产品的出口退税率,促进出口。如 2008 年 11 月 1 日起对 3 486 种商品提高出口退税率,调整力度空前。2008 年统一内外资企业所得税,税率从 33% 降至 25%；降低个人所得税负,起征点从 1 600 元提至 2 000 元,促进企业投资和居民消费。

央行在有保有控的原则下,引导金融机构做好对中央投资项目的配套信贷工作,优化信贷投放结构,例如,2009 年底小企业贷款同比增长 41.4%。同时,区别对待下调大型、中小型存款类金融机构法定存款准备金率。大型存款类金融机构法定准备金率从 2008 年最高点 6 月 25 日时的 17.5%,下调 3 次降至 15.5%；中小型存款类金融机构法定准备金率从 2008 年最高点 6 月

---

① 铁路公路机场等。

25日时的17.5%，下调4次降至13.5%（见图4-17、4-18）。

财政政策与货币政策都对"三农"、中小企业、节能减排、灾后重建等薄弱环节给予有力支持；对需要淘汰的落后产能与高耗能、高污染等行业给予限制。

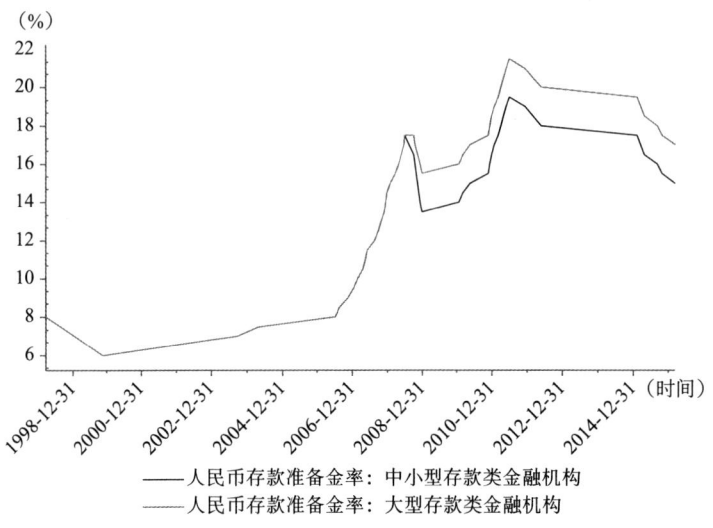

图4-17 法定存款准备金率变化（1998~2014年）

资料来源：万德数据库。

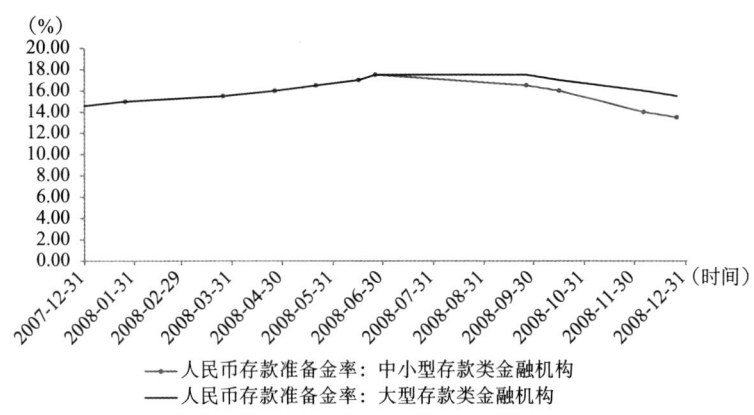

图4-18 法定存款准备金率变动（2007~2008年）

资料来源：万德数据库。

4.4.4 中央国库现金管理商业银行定期存款业务逐步增加

从 2006 年开始对 200 亿元中央国库现金进行 3 个月商业银行定期存款业务，到 2007 年开展 300 亿元 6 个月中央国库现金管理商业银行定期存款业务，2008 年后中央国库现金管理业务有了较大发展。2008 年开展了 5 次共计 1 700 亿元中央国库现金管理商业银行定期存款业务，年末余额 800 亿元；2009 年开展了 11 期共计 3 100 亿元该业务，年末余额 1 200 亿元。中央国库现金管理商业银行定期存款业务规模不断扩大，成为财政与货币政策协调配合的又一体现。

此外，共同加强国际协调。2008 年 11 月 G20 峰会在美国召开，成为 20 国共同合作应对危机、加强国际宏观经济政策协调的重要里程碑。

总体来看，2008~2011 年，我国采用积极的财政政策与适度宽松的货币政策，为应对国际金融危机、促进国内经济平稳增长及世界经济复苏发挥了重要作用。实际 GDP 在 2008 年、2009 年分别为 9%、9.1%；2010 年重回两位数增长，增速 10.45%，总值 408 903 亿元，突破 40 万亿元大关；2011 年增长 9.3%，达到 484 123.5 亿元。财政收入 2010 年增速高达 21.3%，达 83 101.51 亿元，突破 8 万亿元大关；2011 年增速 25%，达 109 247.8 亿元，突破 10 万亿元大关。2009 年 M2 增长 28.5%。社会融资规模明显扩大，2008 年达 69 802 亿元，增长 17%；2009 年 139 104 亿元，增幅 99%。全国保障性住房建设取得重大进展，2008~2010 年分别开工 1 170 万套、400 万套、590 万套，到 2010 年底，累计解决了 2 200 万户中低收入家底的住房困难问题。高铁建设取得重大成效，2010 年底高铁运营里程达 8 358 人/公里，居世界第一。汶川灾区重建、节能减排、生态建设、农村基础设施建设等也取得重大进展。实践证明，财政与货币政策在宏观调控中的作用显著，力量强大。不过在政策传导中，地方政府债务快速增长，信贷规模增长过快，为经济运行增添了新的隐患。

4.5　积极的财政政策与稳健的货币政策协调配合（2011年至今）

自 2008 年底推出积极的财政政策与适度宽松的货币政策后，我国经济在全球范围内率先复苏反弹，2010 年实际 GDP 增速 10.45% 重回两位数增长，总计 408 903 亿元；居民消费价格指数是上年的 103.3%，通胀压力又有抬头之势。财政收入当年实现 83 101.5 亿元，增速达 21.3%；广义货币供应量 M2 为 725 852 亿元，增速为 19.7%。为积极稳妥处理好经济平稳较快发展、经济结构调整和通胀预期管理的关系，2010 年底中央经济工作会议决定，2011 年起开始实行积极的财政政策和稳健的货币政策。2014 年经济进入新常态。2015 年开启供给侧结构性改革，以去产能、去库存、去杠杆、降成本、补短板为重点，意在调整经济结构，优化要素资源配置，助力经济转型升级，实现经济动能转换，促进有效供给与有效需求相匹配，支持实体经济发展，提高经济增长质量和效率，服务经济长期平稳增长。这一阶段以党的十八大（2012 年）、十八届三中全会（2013 年）、四中全会（2014 年）、五中全会（2015 年）、党的十九大的胜利召开（2017 年）为引领，开启了宏观调控的新目标、新理念、新方式和新时代。

4.5.1　积极的财政政策与稳健的货币政策

4.5.1.1　积极的财政政策

近年来，积极的财政政策服务于宏观调控大局，在经济进入新常态的背景下，收入受经济下行和结构性主动减税等影响下滑较明显；支出压力较大，支出结构不断优化，既对基层财力和公共服务给予保障、又大力支持结构性改革，还不断创新财政支出方式，积极发挥财政资金引导作用，提高财政资金使用效率；赤字阶段性提高，但依然在可控范围内。此外，不断深化财税体制改革、完善财政制度、提高财政管理水平，通过强化自身改革，努力践行积极的财政政策。

（1）通过有增有减的结构性减税，支持结构调整，促进企业转型与投资，提高居民消费能力，促进对外贸易。如实施增值税转型、营改增从试点到全面展开，增值税税率由四档减至17%、11%和6%三档，将农产品等增值税税率从13%降至11%；对企业所得税扩大企业研发扣除范围、鼓励科技创新和战略性新兴产业发展、对高能耗高污染的煤炭等产品实行资源税从价计征改革、取消相关行政性收费，对小微企业与居民减轻税费负担、降低个人所得税负、调整相关产品进出口关税等。受经济下行及结构性减税因素等影响，财政收入增速放缓，2011~2016年增速从25%降至4.5%（见表4-14）。①

（2）在支出方面，以惠民生、调结构、补短板、增动力、防风险为主（见表4-15）。2011年以后，在惠民生方面，教育支出排名全国一般公共预算支出之首，占全国一般公共预算支出的15%以上；社会保障和就业支出基本占全国一般公共预算支出的10%~11%；城乡社区支出增速明显②，2012~2015年年均增速为20.25%；国防支出、公共安全支出一般占各年度支出的5%~6%。以2015年为例，教育、科技、文化、社保、医疗、住房等公共服务类支出占比为41%；国防、公共安全占比为10%；交通运输支出占比为7%；节能环保支出占比为3%。可见惠民生等公共服务支出占比最大。此外实行区别对待原则，促进结构调整。

（3）财政赤字稳步提高，仍在可控范围内。2011~2017年，根据形势变化，财政赤字先降后升，分别为8 500亿元、8 000亿元、12 000亿元、13 500亿元、16 200亿元、21 800亿元、23 800亿元；中央财政赤字占

---

① 2012~2015年财政收入增速分别为12.9%、10.2%、8.6%、8.4%。
② 2012~2015年支出增速分别为19%、23%、16%、23%。

表 4-14　　　　　　GDP 与财政收支（2010~2017 年）

年份	GDP（万元）	GDP增速（%）	财政收入（万元）	收入增速（%）	财政支出（万元）	支出增速（%）	赤字（万元）	赤字/GDP（%）
2010	408 903	10.45	83 101	21.30	89 874	17.80	10 000	2.45
2011	484 123	9.30	103 874	25.00	109 247	21.60	8 500	1.76
2012	534 123	7.65	117 253	12.90	125 953	15.30	8 000	1.50
2013	588 018	7.67	129 209	10.20	140 212	11.30	12 000	2.04
2014	635 910	7.40	140 370	8.60	151 785	8.30	13 500	2.12
2015	676 707	6.90	152 217	8.40	175 878	15.90	16 200	2.39
2016	744 127	6.70	159 552	4.50	187 841	6.40	21 800	2.93
2017	827 122	6.90	172 592	8.20	203 085	8.10	23 800	3.00

资料来源：根据财政部历年数据整理。赤字为各年财政收入与支出进行调入调出后实际收支的差额。

GDP 的比重从 1.76% 上升到 3%。① 赤字变化反映了新常态下收支压力加大的背景下财政政策依然加大力度，服务宏观调控大局支持供给侧结构性改革；同时兼顾财政的可持续性，确保不发生财政债务风险。中央财政赤字规模和债务风险总体可控。中央政府债务余额占 GDP 比重 2011 年为 14.88%、2016 年为 16.13%、2017 年为 17.01%。

（4）财税体制改革不断深化，财政制度不断完善，财政管理不断提高。2016 年国务院出台了《关于推进中央与地方财政事权和支出责任划分改革的指导意见》，为进一步深化体制改革，理顺中央与地方财政关系，提出了战略指导。新《预算法》于 2015 年开始执行。预算管理不断加强，一般公共预算范围逐步扩大。财政支出方式不断创新，旨在发挥财政资金引导作用，提高资金使用效率，从过去先补助先投入的方式，探索实行"后补助""奖补资金"等方式。例如，对中央财政科技重大专项实行"后补助"机制，支持和鼓励科技创新和成果转化。此外，不断盘活财政资金存量，推进税制改革，强化监督检查，进一步提高财政管理水平。

---

① 2011~2017 年中央财政赤字占 GDP 比重分别为 1.76%、1.5%、2.04%、2.12%、2.39%、2.93%、3%。

表 4-15　全国一般公共预算支出预决算表（2011～2015 年）

时间 项目	2011年 金额(亿元)	2011年 占比(%)	2012年 金额(亿元)	2012年 增速(%)	2012年 占比(%)	2013年 金额(亿元)	2013年 增速(%)	2013年 占比(%)	2014年 金额(亿元)	2014年 增速(%)	2014年 占比(%)	2015年 金额(亿元)	2015年 增速(%)	2015年 占比(%)
一、一般公共服务支出	10 987.78	10.06	12 700.46	15.59	10.08	13 755.13	8.30	9.81	13 267.50	-3.55	8.74	13 547.79	2.11	7.70
二、外交支出	309.58	0.28	333.83	7.83	0.27	355.76	6.57	0.25	361.54	1.62	0.24	480.32	32.85	0.27
三、国防支出	6 027.91	5.52	6 691.92	11.02	5.31	7 410.62	10.74	5.29	8 289.54	11.86	5.46	9 087.84	9.63	5.17
四、公共安全支出	6 304.27	5.77	7 111.60	12.81	5.55	7 786.78	9.49	5.55	8 357.23	7.33	5.51	9 379.96	12.24	5.33
五、教育支出	16 497.33	15.10	21 242.10	28.76	16.87	22 001.76	3.58	15.69	23 041.71	4.73	15.18	26 271.88	14.02	14.94
六、科学技术支出	3 828.02	3.50	4 452.63	16.32	3.54	5 084.30	14.19	3.63	5 314.45	4.53	3.50	5 862.57	10.31	3.33
七、文化体育与传媒支出	1 893.36	1.73	2 268.35	19.81	1.80	2 544.39	12.17	1.81	2 691.48	5.78	1.77	3 076.64	14.31	1.75
八、社会保障和就业支出	11 109.40	10.17	12 585.52	13.29	9.99	14 490.54	15.14	10.33	15 968.85	10.20	10.52	19 018.69	19.10	10.81
九、医疗卫生与计划生育	6 429.51	5.89	7 245.11	12.69	5.75	8 279.90	14.28	5.91	10 176.81	22.91	6.70	11 953.18	17.46	6.80
十、节能环保支出	2 640.98	2.42	2 963.46	12.21	2.35	3 435.15	15.92	2.45	3 815.64	11.08	2.51	4 802.89	25.87	2.73
十一、城乡社区支出	7 620.55	6.98	9 079.12	19.14	7.21	11 165.57	22.98	7.96	12 959.49	16.07	8.54	15 886.36	22.58	9.03
十二、农林水支出	9 937.55	9.10	11 973.88	20.49	9.51	13 349.55	11.49	9.52	14 173.83	6.17	9.34	17 380.49	22.62	9.88
十三、交通运输支出	7 497.80	6.86	8 196.16	9.31	6.51	9 348.82	14.06	6.67	10 400.42	11.25	6.85	12 356.27	18.81	7.03
十四、资源勘探信息等	4 011.38	3.67	4 407.68	9.88	3.50	4 899.06	11.15	3.49	4 997.04	2.00	3.29	6 005.88	20.19	3.41
十五、商业服务业等支出	1 421.72	1.30	1 371.80	-3.51	1.09	1 362.06	-0.71	0.97	1 343.98	-1.33	0.89	1 747.31	30.01	0.99
十六、金融支出	649.28	0.59	459.28	-29.26	0.36	377.29	-17.85	0.27	502.24	33.12	0.33	959.68	91.08	0.55
十八、援助其他地区支出	—	0.00	126.56		0.10	158.54	25.27	0.11	216.50	36.56	0.14	261.41	20.74	0.15
十九、国土海洋气象等	1 521.35	1.39	1 665.67	9.49	1.32	1 906.12	14.44	1.36	2 083.03	9.28	1.37	2 114.70	1.52	1.20
二十、住房保障支出	3 820.69	3.50	4 479.62	17.25	3.56	4 480.55	0.02	3.20	5 043.72	12.57	3.32	5 797.02	14.94	3.30
二一、粮油物资储备支出	1 269.57	1.16	1 376.29	8.41	1.09	1 649.42	19.85	1.18	1 939.33	17.58	1.28	2 613.09	34.74	1.49
廿一、其他支出	2 911.20	2.66	2 482.38	-14.73	1.97	3 271.79	31.80	2.33	3 254.53	-0.53	2.14	3 670.55	12.78	2.09
廿二、债务付息支出	2 384.08	2.18	2 635.74	10.56	2.09	3 056.21	15.95	2.18	3 586.70	17.36	2.36	3 603.25	0.46	2.05
廿三、地震灾后恢复重建	174.45	0.16	103.81	-40.49	0.08	42.79	-58.78	0.03	—	—	—	—	—	—
全国一般公共预算支出	109 247.76	100	125 700.46	15.29	100	140 212.10	11.32	100	151 785.56	8.25	100	175 877.80	15.87	100

资料来源：根据财政部数据整理。

4.5.1.2 稳健的货币政策

稳健的货币政策统筹把握稳增长、控通胀、调结构、惠民生、促改革、防风险，提高宏观调控的针对性、灵活性、有效性，在把握 M0、M1、M2 回归稳健的同时，通过创新和优化组合货币政策工具，综合运用存款准备金率、公开市场业务、SLF、MLF 等货币政策工具调整货币供应量，合理调节流动性，运用利率引导信贷和社会融资规模，推进金融改革，为促进经济总量稳步发展、经济结构优化营造货币金融环境。

（1）严格控制 M0、M1、M2 增速（图 4-19）。货币政策从适度宽松转向稳健，M0、M1、M2 增速分别从 2010 年的 16.7%、21.2%、19.7%，降至 2014 年的 2.9%、3.2%、12.2%。① 货币供应量增速降至新低水平。2015 年后有所回升，分别为 4.9%、15.2%、13.3%。2017 年平均增速为 7.01%、15.5%、9.32%。不过虽然近年来尤其是 2012 年召开党的十八大以后，货币供应量增速得到有效控制，但 M2 占 GDP 的比重从 2011 年的 1.76∶1 上升到 2015 年的 2.06 倍、2017 年的 2.03 倍，在全球排名第一。在新常态、新发展理念和货币政策调控转型背景下，"2018 年政府工作报告淡化了 M2 数量增长目标"。②

（2）灵活调整利率、准备金率，进一步完善利率调控机制。中国人民银行根据经济形势变化，灵活调整存贷款基准利率，推动利率市场化改革，探索建立利率走廊，推动完善银行间市场基准利率体系，进一步完善利率调控机制，推动货币政策调控框架转型。2010 年、2011 年上调 4 次基准利率，2012 年下调 8 次基准利率。推动并基本完成利率市场化改革。③

---

① M0、M1、M2 增速 2011 年分别为 13.8%、7.9%、13.6%；2012 年分别为 7.7%、6.5%、13.8%；2013 年分别为 7.2%、9.3%、13.6%。

② 徐忠. 新时代背景下现代金融体系与国家治理体系现代化 [N]. 财新网，2018 年 8 月 9 日.

③ 2012 年首次允许上浮存款利率，2013 年基本取消管制贷款利率，2015 年放开存款利率浮动限制。

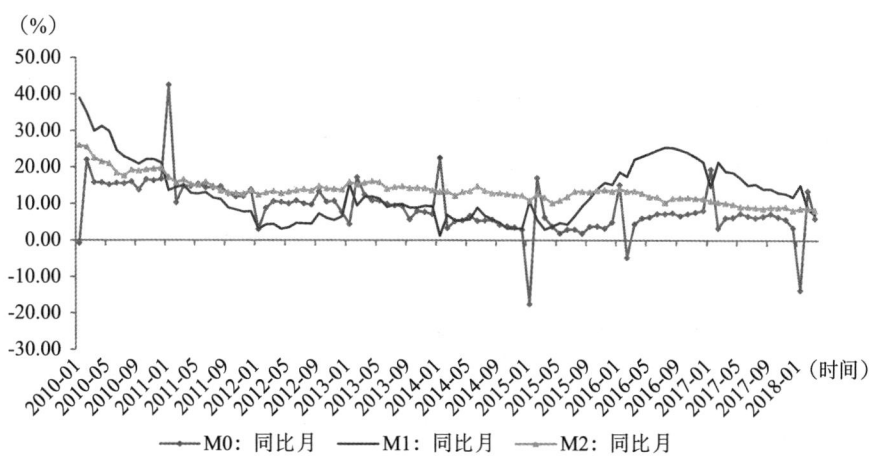

图 4-19　M0、M1、M2 增速变化

资料来源：万德数据库。

探索构建利率走廊，以常备借贷便利（SLF）利率为利率走廊上限，以超额存款准备金的利率为下限①；推动完善银行间市场基准利率体系，不断培育金融市场基准利率。2016 年央行首次明确"银银间回购利率（DR）"的重要性，2017 年推出"银行间回购定盘利率（FDR）"和以"7 天银行间回购定盘利率（FDR007）"为参考利率的利率互换产品②；2017 年把 Shibor 发布时间从上午 9:30 调整为上午 11:30，提高其反映市场利率变化的基准性。不过，存贷款基准利率仍作为过渡性措施进行公布，事实上我国相当于实行"利率双轨制"（易纲，2018），因为我国银行长期依赖存贷款基准利率作为存贷款定价和利率管理的基准。通过灵活适度调整利率，既维护货币市场利率相对稳定，又保持利率在一定区间内具有弹性，稳定和引导各界预期，发挥利率价格调节作用，引导信贷融资规模、降低融资成本。同时，适时调整区别存款准备金率（见表 4-16），促使银行体系长

---

①　牛慕鸿，张黎娜，张翔，宋雪涛，马骏. 利率走廊、利率稳定性和调控成本[W]. 中国人民银行工作论文，2015 年 12 期。

②　徐忠. 经济高质量发展阶段的中国货币调控方式转型[N]. 21 世纪经济报道，2018 年 6 月 20 日。

期流动性保持合理充裕并支持结构调整。

表 4-16　　　　　　人民币存款准备金率变动情况　　　　（单位:%）

变动日期	中小型存款类金融机构	大型存款类金融机构
2008-12-25	13.50	15.50
2010-01-18	14.00	16.00
2010-02-25	14.50	16.50
2010-05-10	15.00	17.00
2010-11-16	15.50	17.50
2010-11-29	16.00	18.00
2010-12-20	16.50	18.50
2011-01-20	17.00	19.00
2011-02-24	17.50	19.50
2011-03-25	18.00	20.00
2011-04-21	18.50	20.50
2011-05-18	19.00	21.00
2011-06-20	19.50	21.50
2011-12-05	19.00	21.00
2012-02-24	18.50	20.50
2012-05-18	18.00	20.00
2015-02-05	17.50	19.50
2015-04-20	16.50	18.50
2015-09-06	16.00	18.00
2015-10-24	15.50	17.50
2016-03-01	15.00	17.00

资料来源：万德数据库。

（3）创新运用货币政策工具，统筹保障流动性合理适度。2013年在公开市场业务创新短期流动性调节工具（SLO）。2014年创新中期借贷便利

(MLF)、抵押补充贷款工具（PSL），2015年常备借贷便利（SLF）全面推广①，增加向银行体系提供流动性的渠道（见图4-20）。2017年启用2个月期逆回购操作，建立临时准备金动用安排（CRA）；在关键时点提前布局，灵活运用多种工具，熨平现金投放与回笼、税期、政府债发行、跨季跨年等因素对流动性的扰动②，满足流动性合理需求，同时在去杠杆、严监管的背景下，有效遏制资金在金融体系空转和"脱实向虚"势头。

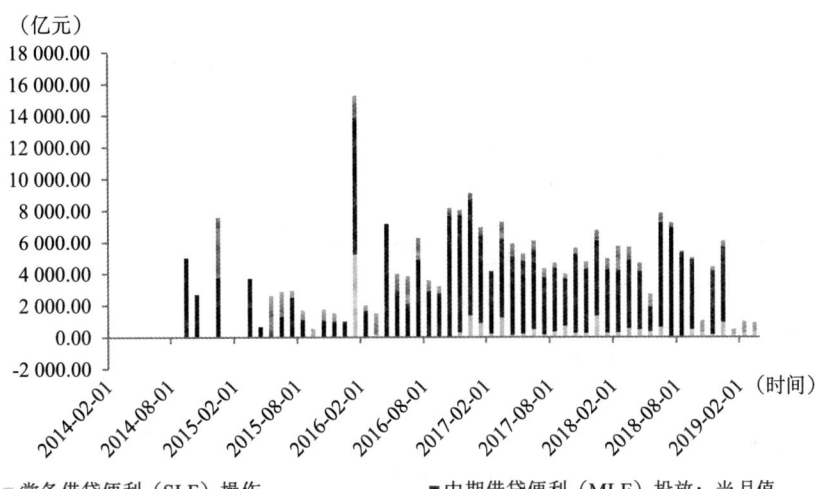

图4-20　SLF、MLF、PSL操作一览

资料来源：万德数据库。

（4）引导信贷和融资回归稳健增长。2009年、2010年社会融资规模存量同比增速分别为34.86%、26.98%。随形势变化，自2011年货币政策转向稳健以来，社会融资规模存量同比增速逐步回归稳健，速度下降到20%以内（见表4-17）。2011～2013年社会融资规模存量同比增速平均为18.25%，2014年增速为1.33%，2015～2017年社会融资规模存量同比

---

① 2013年创立。
② 易纲. 货币政策回顾与展望 [J]. 中国金融, 2018年第3期。

增速平均为12.43%。总体反映了货币政策回归稳健中性、推动供给侧结构性改革及严监管等思路的变化。

表4-17　　　　　社会融资规模存量及增速统计

年度	社会融资规模存量（万亿元）	社会融资规模存量同比增速（%）
2008	37.95	18.11
2009	51.18	34.86
2010	64.99	26.98
2011	76.75	18.10
2012	91.42	19.11
2013	107.46	17.55
2014	122.86	14.33
2015	138.14	12.44
2016	155.99	12.92
2017	174.64	11.96

资料来源：中国人民银行。

（5）兼顾国内和国际其他金融改革。第一，探索建立货币政策与宏观审慎政策双支柱调控框架，防范系统性风险。2011年引入差别准备金动态调整机制，2016年将该机制"升级"为宏观审慎评估体系（MPA），对金融机构进行多维度引导、逆周期调节[①]；2017年将表外理财纳入MPA广义信贷指标范围，敦促金融机构加强风险管理；2018年将规模以上银行1年以内同业存单纳入MPA同业负债占比指标进行考核。[②] 第二，推进金融机构改革，建立现代金融企业制度；创新金融产品和服务方式，提升金融业服务水平，推进农村金融产品和服务方式创新，着力提升"三农"金融服务；优化中小企业金融生态环境，2014年批准建立5家民营银行，2016年又批复3家民营银行进行筹建。第三，推进人民币汇率形成机制改革、

[①] 张晓慧. 货币政策回顾与展望 [J]. 中国金融，2017年第3期。
[②] 将资产规模5 000亿元以上的银行发行的1年以内同业存单纳入MPA同业负债占比指标进行考核。

推进资本项目可兑换进程。第四,稳步扩大金融业对外开放,与相关国家开展双边本币互换,推动国际金融机构改革等。

4.5.2 两大政策定向扶持相关领域推动供给侧结构性改革

这一阶段带有明显的"三期叠加"① 特征,两大政策协调配合重点逐步从促进投资需求转向推动结构调整和风险防范,利用经济回暖的有利时机推动改革。宏观调控创新了"区间调控""定向调控"等新方式,两大政策都坚持"区别对待"原则,共同定向扶持相关领域。主要包括:一是对民生、就业、稳定、实现小康社会具有重要意义的"三农"、小微、扶贫、生态等发展较薄弱的领域定向扶持;二是对具战略发展意义、属重点建设支持的领域,如战略性新兴产业、生态环保、国家重点建设项目、科技创新等领域定向扶持。此外对高能耗、高污染、过剩产能等行业共同采取相关措施给予限制。2015 年后,在维护经济稳定增长的基础上,两大政策积极推进"三去、一降、一补"供给侧结构性改革。

4.5.2.1 补短板

财政政策方面首先是加大资金支持力度。近几年农林水支出占全国一般公共预算支出的比重一般为 9% ~10%,在给予农业一定资金扶持的基础上,深化农业供给侧结构性改革,加强农田水利基础设施建设,改革农业补贴,促进建立现代农业、促进农业转型升级。加强精准扶贫脱贫投入,2016 年中央财政专项扶贫资金增幅为 43.4%,1 240 万农村贫困人口脱贫,棚户区改造开工 606 万套,棚改货币化安置比例达 48.5%。此外,支持小微企业创业创新基地城市示范项目建设;支持集成电路、新材料、新能源等制造业重点领域,促进科技成果转化,积极发挥财政资金引导作

---

① 三期叠加:增长速度换档期,结构调整阵痛期,前期刺激政策消化期。

用，激发社会主体活力。其次，利用有增有减的结构性减税降费政策，培育经济动能。通过减税，支持小微企业发展、鼓励科技创新和相关产业行业发展。不断出台企业所得税优惠政策，扩大小微企业享受所得税优惠范围，提高企业研发费用在所得税前加计扣除比例，出台股权激励和技术入股递延纳税政策，开展创业投资和天使投资有关税收政策试点，完善科技企业孵化器税收政策等。

货币政策利用差别准备金、定向降准、定向降息、PSL、MLF 等货币政策工具，盘活存量、优化增量，加强信贷政策指导，促进信贷结构优化支持经济转型升级，鼓励金融机构向实体经济尤其是国家鼓励扶持的重点领域和薄弱环节等方面倾斜。一是推动普惠金融领域定向降准，引导金融机构投向宏观调控重点扶持的相关领域。例如，2014 年 2 次实行定向降准，通过建立正向激励机制，鼓励和引导金融机构加大对"三农"和小微企业的贷款比例。2015 年五次定向降准，对"三农"、小微企业贷款占比达到一定标准的金融机构①降低准备金。二是利用中央银行再贷款、再贴现工具，支持优化经济结构。例如，通过加大支农再贷款、设立扶贫再贷款②、加大再贴现力度，引导金融机构加大对"三农"、扶贫、棚户区改造、小微企业、战略性新兴产业等领域的金融服务力度。截至 2017 年末全国支农再贷款余额为 2 564 亿元，支小再贷款余额为 929 亿元，扶贫再贷款余额为 1 616 亿元，再贴现余额为 1 829 亿元。③ 三是创新中期借贷便利（MLF）、抵押补充贷款（PSL）等工具促进结构调整。利用 MLF 引导符合审慎管理的商业银行和政策性银行向"三农"和小微企业等增加金融支持；利用 PSL 鼓励政策性银行进行棚户区改造、开展水利等设施建设和走出去。四是引导信贷政策方向促进结构调整。鼓励对重点领域和发展较为

---

① 如农信社、村镇银行等农村金融机构、农村合作银行、非县域农村商业银行、中国农业发展银行、城市商业银行及其他开展此类业务符合贷款标准的银行。
② 2016 年。
③ 中国人民银行货币政策分析小组．中国货币政策执行报告二○一七年第四季度［W］．2018 年 2 月 14 日。

薄弱的环节加大信贷支持。①

4.5.2.2 去产能

财政政策方面，配合资源税从价计征改革、调整相关产品进出口关税，安排奖补资金支持化解过剩产能和安置相关人员。2016年中央财政设立工业企业结构调整专项奖补资金，支持化解钢铁、煤炭行业过剩产能过程中职工分流安置工作，全年退出钢铁和煤炭产能分别超过6 500万吨、2.9亿吨，妥善安置分流职工72.6万人；2017年222亿元中央财政专项奖补资金，超额完成钢铁、煤炭去产能年度目标任务，淘汰停建缓建煤电产能6 500万千瓦，妥善安置37.7万分流职工。

货币政策在化解过剩产能中，推动完善绿色信贷机制。督促金融机构妥善处置钢铁、煤炭、煤电等行业企业的债务和银行不良资产问题，引导信贷资金投向生态保护、清洁能源、循环经济等领域。2017年产能过剩行业中长期贷款余额同比下降1.7%。

4.5.2.3 降成本

通过减税、清理规范政府性基金和行政事业性收费降低企业和个人成本负担。营改增自2012年启动，至2015年共减税6 000亿元以上。2016年全年减税5 736亿元，其中，建筑、房地产、金融和生活服务四大行业减税1 747亿元，研发和技术服务、信息技术服务、交通运输业、邮政业、电信业等部分现代服务业减税1 486亿元。2017年全年新增减税超过3 800亿元。2016年扩大了18项行政事业性收费免征范围，推动地方清理规范涉企行政事业性收费90项、降低收费标准82项，减轻企业和个人负担460多亿元；2017年全国减费1 900多亿元，公开中央和地方政府定价收费目录清单，防止乱收费。此外，降低社会保险费率、住房公积金缴存比

---

① 如对国家重点建设项目、战略性新兴产业、生态环保、科技创新等重点领域和"三农"、小微、精准扶贫等较为薄弱的环节和助学、医疗、养老、保障性住房等民生领域加大信贷力度。

例，清理规范企业保证金、经营服务性收费，推进网络提速降费、降低企业用能和物流成本等措施，降低企业经营成本，2017年减轻社会负担超过4 400亿元。

央行多次降息降准、加大再贷款规模，引导企业贷款利率和债券发行利率下降。2012年末至2016年末，非金融企业及其他部门贷款加权平均利率分别为6.78%、7.2%、6.77%、5.27%和5.27%，企业融资成本从最高峰2012年第一季度的7.97%下降了2个多百分点。公司债券月均发行利率从2012年最高点7.37%下降至2016年第三季度不足4%。不过受中介环节多、严监管、去产能、去杠杆、出现公司债券违约事件等政策因素影响，2017年后非金融企业融资成本又有所上升。

4.5.2.4　去杠杆

财政政策方面，在进一步完善企业兼并重组和债权转让核销等财税政策助力企业去杠杆、保持中央财政赤字较低的同时，着力规范管理地方政府债务，控制政府杠杆。在清理规范地方政府融资平台、推动融资平台公司市场化转型、妥善解决平台公司在建项目后续融资的基础上，2014年《预算法》和43号文出台，逐步构建地方政府债务管理体系，规范地方政府举债融资机制。赋予地方政府依法适度举债融资权限，限额管理地方政府债务规模，甄别地方政府存量债务，2015～2018年分年度通过发行地方政府债券进行置换，新增债务通过发行一般债券和专项债券进行筹集，分类纳入预算管理。逐步丰富地方政府债券发行种类，规范发行程序。此外，整顿政府投资基金、规范PPP和政府购买服务，坚决制止、严肃问责地方政府违法违规担保和变相举债。这些举措使地方政府融资平台为政府举借债务的行为受到严格限制，地方政府短期偿债压力得到有效缓解，地方政府债务增速和规模得到明显管控。

货币政策方面，在去产能、降成本、严监管的背景下，通过信贷政策、债转股等方式降低实体企业和地方政府融资平台公司杠杆；通过多方努力抑制金融体系内部杠杆。主要包括：控制 M2 增速①，公开市场操作净回笼资金，调整市场利率，提高中期借贷便利（MLF）等利率水平，将表外理财纳入宏观审慎评估 MPA 广义信贷指标范围。同时，相关部门出台资管新规②，打破理财产品刚性兑付，提高流动性监管标准等。这些措施有效缩减了银行同业存单和同业理财规模，缩短了资金链条，减少了多层嵌套，控制了影子银行资产增速③，促进资金服务实体经济。

4.5.2.5 去库存

财政政策方面，通过调整房地产交易环节契税、营业税等政策，促进商品房去库存。2015 年 3 月 31 日起，调整个人住房转让免征营业税期限，从购房超过 5 年下调为 2 年。2016 年 2 月下调房地产交易契税。④ 此外，加大棚户区改造、提高货币化安置比例、对公共租赁住房免征城镇土地使用税和契税等政策措施，对去库存产生较明显效果。

货币政策方面，在调整利率和准备金率、运用 PSL 等政策工具的背景下，实行差别化住房信贷政策。央行调整确认首套房贷的认定标准⑤，降低首付比例、首套住房公积金首付比率、二套房最低首付比例⑥，支持商

---

① 2017 年 M2 同比增长 8.1%。
② 《关于规范金融机构资产管理业务的指导意见》。
③ 2016 年影子银行资产占 GDP 的比例最高峰为 2016 年的 86.7%，2017 年该比例降至 79.3%。
④ 北京、上海、广州、深圳除外。
⑤ 2014 年 9 月，央行改变首套房贷的认定标准，对已拥有一套住房并已结清住房抵押贷款的，再次购房申请贷款的按照首套住房标准，适用 30% 的首付比率。
⑥ 2015 年 3 月 30 日，对已拥有一套住房且尚未结清房贷、为改善居住条件而再次申请商贷的首付比率降至 40%，首套住房公积金首付比率则降为 20%；已结清购房套而再次购买的首付比率为 30%。

业银行通过多种方式①筹措信贷资金，引导商业银行结合地区属性②降低个人住房贷款加权利率，加大对农民工等中低收入群体的住房金融服务。商业银行个人住房贷款加权利率从 2014 年的 6.96% 下降至 2016 年的 4.52% 低位。居民住房贷款按揭余额在 2014~2017 年分别达到 10 万亿元、14 万亿元、19 万亿元、22 万亿元的规模。

在多方政策的调控下，去库存成效显著。据国家统计局数据，2015 年末我国商品房待售面积 7.2 亿平方米，2017 年 12 月末全国商品房待售面积 5.9 亿平方米。不过，在去库存的过程中，房价频频上涨③，2016 年底中央明确了"房住不炒"的定位，2017 年多地重启限购、限贷政策，房贷利率重新上调，严格限制信贷流向投机性购房。与此同时，开启房地产税立法筹备工作。以"租售并举""租售同权"为理念建立房地产平稳健康发展的长效机制尚在探索中。

4.5.2.6　其他结构调整——投资结构、区域结构等

财政政策方面，近年交通运输支出占全国一般公共预算支出的比重基本保持在 7% 左右，该政策既加强了必要的基础设施建设弥补了不足，又防止盲目铺摊子、上项目；既不断优化投资结构，又在必要时起到稳增长的作用。同时，支持地下综合管廊和海绵城市建设。另外，对区域结构优化给予大力支持，如对三大区域战略、四大区域板块、革命老区和民族地区等给予支持。

货币金融方面，推动区域协调发展，加大京津冀、一带一路、长江经济带、西部大开发等国家战略的金融服务工作。

---

① 通过 MBS、发行专项债券为住房抵押贷款筹资。

② 限购与非限购城市、一二三四线城市。2016 年 2 月 2 日，央行和原银监会联手发布《关于调整个人住房贷款政策有关问题的通知》，非限购城市中将首贷首付比例调至最低二成，二套房贷首付比例降至最低三成。

③ 截至 2017 年年末，南京、杭州、成都、武汉等二线城市房价涨幅均在 50% 以上。

4.5.2.7 方式创新

利用政府和社会资本合作（PPP）模式、建立相关基金和提供担保等方式促进两大政策定向调控意图的结合，提高资金使用效率。

近年来 PPP 模式得到大力推广运用。通过特许经营、投资补助、运营补贴等方式，广泛吸引社会资本与政府开展基础设施等公共服务项目的投资运营管理合作。截至 2017 年 12 月底，据全国政府和社会资本合作（PPP）综合信息平台项目库数据，全国 PPP 入库项目共 14 424 个，累计投资金额约 18.2 万亿元，其中纳入管理库的项目 7 137 个，投资额为 10.8 万亿元。

同时，共同支持设立相关基金，吸引更多社会主体利用市场机制促进各项事业建设与发展。例如，支持设立中小企业发展基金、农业产业发展基金、新兴产业创投基金、先进制造产业投资基金、专项建设基金、国家文化发展基金、铁路发展基金等各项基金。2015 年财政部出台《政府投资基金暂行管理办法》（财预〔2015〕210 号），规范政府投资基金的设立、运作、风险控制和预算管理；2016 年财政部出台《关于财政资金注资政府投资基金支持产业发展的指导意见》，规范管理政府注资类各项基金，促进其发挥更大效益。

此外，建立和完善担保政策体系，支持相关行业和大众创业、万众创新。例如，建立全国农业信贷担保体系，2017 年累计为 4.9 万多个项目担保贷款总额超过 400 亿元。

4.5.3 两大政策防范系统性金融风险

财政政策方面，建立县级基本财力保障机制，不断加强地方政府性债务管理。2012 年为确保基层能"保工资、保运转、保民生"，逐步加大一般性转移支付力度，建立县级基本财力保障机制。新预算法执行后，国务院专门出台《加强地方政府性债务管理办法》，规范地方政府举债融资方式，搭建了借、用、还相统一的地方政府性债务管理框架。2016 年出台《地方政府性债务风险应急处置预案》，为守住不发生区域性、系统性金融风险建立健全应急机制。

货币政策方面，密切监测财金形势，逐步建立健全系统性金融风险防范预警体系和应急处置机制。一是普遍关注，重点监测。普遍关注经济形势和货币金融形势，重点对地方政府性债务、过剩产能行业、影子银行、跨境资本、房地产等领域进行风险监测。二是建立相关制度和机制，如建立和实施（2015）存款保险制度，保护存款人利益和维护金融体系稳定；完善差别准备金动态调整机制并升级为宏观审慎评估（MPA）框架，加大逆周期调节力度和防范金融风险。

4.5.4　两大政策加大国债、国库现金工具协调配合力度

4.5.4.1　丰富国债品种，共同促进人民币加入 SDR

在央行积极推进人民币国际化的同时，财政部为推进人民币加入国际货币基金组织（IMF）的特别提款权（SDR）货币篮子、为计算 SDR 篮子利率提供人民币代表性利率、满足 IMF 相关要求，丰富了短期国债期限结构及发行工作。如 2015 年第 4 季度起实行每周滚动发行 3 个月期限的短期国债。此前 2014 年财政部共发行短期国债 8 期，总计 1 200 亿元，其中，3 个月期限国债 450 亿元、6 个月期限国债 450 亿元，9 个月期限国债 300 亿元；2015 年共发行短期国债 24 期，总计 2 851.4 亿元，其中，3 个月期国债共 1 200 亿元、6 个月期国债 1 250 亿元、9 个月期国债 401 亿元。2016 年继续按周发行 3 个月短期国债。这些做法为完善国债管理、促进金融市场发展、加强财政与货币政策配合、推进人民币国际化，奠定了重要基础。

4.5.4.2 推动完善收益率曲线

2014年11月2日财政部首次发布中国1年、3年、5年、7年、10年关键期限国债收益率曲线；2015年11月27日首次发布3个月、6个月短期国债收益率。2017年，中国人民银行配合财政部开展首次国债做市支持操作，正式启动国债做市支持机制，推动完善收益率曲线。

4.5.4.3 扩大中央国库现金管理商业银行定期存款业务，提高资金使用效率

2011~2015年，共开展了55次中央国库现金管理商业银行定期存款业务，年均开展11次此项业务，总金额为27 000亿元，其中3个月的规模总计12 100亿元，6个月的12 300亿元，9个月的规模总计2 600亿元。不仅提高了财政资金的使用效率，也提高了央行货币供应量的管控效率。

总体来看，2011年以来我国GDP总体保持中高速，2012~2017年实际GDP增速保持在7.7%~6.7%，物价水平基本稳定，经济结构不断调整优化，供给侧结构性改革取得阶段性成果，宏观调控成效显著。

第 5 章

两大政策与经济增长关系的实证分析与原因探析

财政政策、货币政策与经济增长之间关系密切,两大政策对维护经济总量基本稳定意义重大。VAR 模型既是研究货币政策的常用工具,也非常适合分析货币政策变化时的财政传导过程,并能对宏观政策效应进行验证,检验政策当局对商业周期的影响作用。因此本章拟采用 VAR 计量方法,对我国财政政策、货币政策与经济增长之间的关系进行实证分析检验,并探析相关原因。

5.1 实际 GDP 增速、赤字率及货币供给 M2 增速关系的实证研究

5.1.1 样本数据及计量方法

VAR 模型可由下式表示:

$$X_t = c + \sum_{j=1}^{p} A_i X_{t-j} + \varepsilon_t \qquad (式 5-1)$$

其中,X_t 为时间序列构成的向量;p 为自回归滞后阶数;ε_t 为白噪声序列向量,满足 $E(\varepsilon)=0$,VAR 方法可以一种简单有力的方法描述内生变量间的动态作用。本章利用真实 GDP 增长率、中央财政赤字占 GDP 比重、货币供给 M2 增长率、居民消费者价格指数四变量构成向量自回归模型(VAR)研究财政、货币政策与经济增长之间的关系和影响。样本取自 1990~2017 年期间年度数据;被解释变量为国内生产总值增长率,解释变量为衡量货币供给的 M2 增速与衡量赤字水平的中央财政赤字占 GDP 比重,同时考虑物价水平变化,将居民消费者价格指数纳入研究范围。

国内生产总值增长率(gdpg)表示实际 GDP 年度增长率,数据源于国家统计局网站。中央财政赤字占 GDP 比重(defg)衡量财政赤字水平,

中央财政赤字指全国一般公共预算支出总量减去全国一般公共预算收入总量的差,其中支出总量为全国一般公共预算支出加上补充中央预算稳定调节基金;收入总量为全国一般公共预算收入加上调入资金及使用结转结余(包括中央和地方财政从预算稳定调节基金、政府性基金预算、国有资本经营预算调入资金,以及地方财政使用结转结余资金)。一般情况下,赤字率越高代表财政政策越宽松,数据源于国家统计局网站及《财政统计年鉴》。货币供给 M2 的增长率（m2g）衡量货币供给水平,一般情况下,M2 增长率越高代表货币政策越宽松,数据源于国家统计局及《中国金融统计年鉴》。居民消费者价格指数（cpi）衡量物价水平的变化,数据源于国家统计局及万德数据库,各指标详情见表 5-1。

表 5-1　　　　　　　　　统计数据说明

序号	变量名	符号	单位
1	实际 GDP 增长率	gdpg	%
2	财政赤字占 GDP 比重	defg	%
3	货币供给 M2 增长率	m2g	%
4	居民消费者价格指数	cpi	%

首先分析各变量时间序列图（如图 5-1）,各变量均表现出三个阶段性趋势:第一阶段为 1992~1998 年,实际 GDP 增长率下降,同时伴随财政赤字占 GDP 比重上升、货币供给 M2 增长率下降、居民消费者价格指数处下降趋势。第二阶段为 1998~2007 年,实际 GDP 增长率上升,同时伴随财政赤字占 GDP 比重下降、货币供给 M2 增长率上升、居民消费者价格指数处上升趋势。第三阶段为 2007 年至今,实际 GDP 增长率下降,同时伴随财政赤字占 GDP 比重上升、货币供给 M2 增长率下降、居民消费者价格指数处下降趋势。

具体变量趋势如图 5-1、表 5-2 所示,可定性看到,货币供给变化情况通常与 GDP 增长率变化情况正相关,但财政赤字率变化情况通常与 GDP 增长率变化情况负相关。也就是说,当经济下行时,通常伴随宽松的财政政策及紧缩的货币政策;当经济上行时,通常伴随紧缩的财政政策及宽松的货币政策。这与现实基本一致。

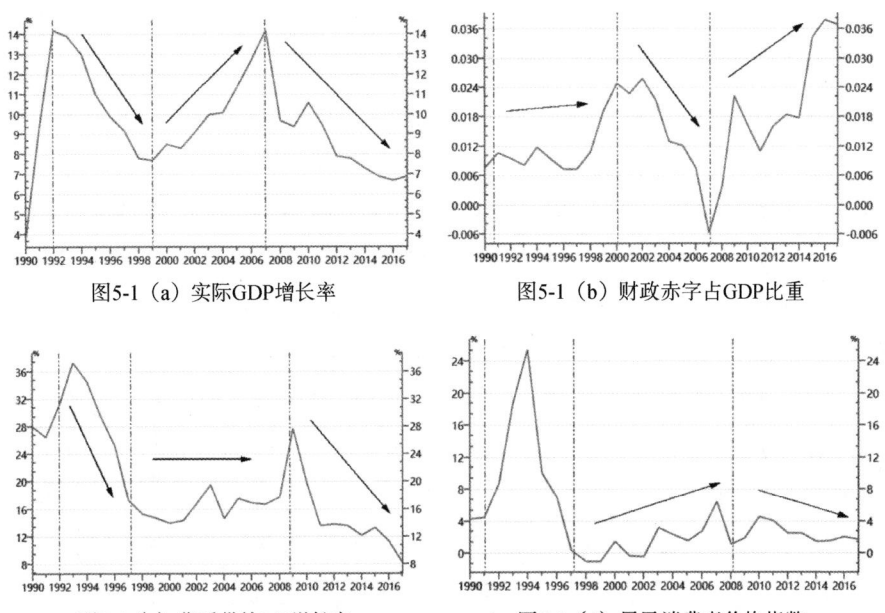

图5-1（a）实际GDP增长率　　图5-1（b）财政赤字占GDP比重

图5-1（c）货币供给M2增长率　　图5-1（d）居民消费者价格指数

图 5-1　选取各变量时间序列

表 5-2　三阶段各变量变化趋势

阶段	实际 GDP 增长率	财政赤字占 GDP 比重	货币供给 M2 增长率	居民消费者价格指数
第一阶段	↘	↗	↘	↘
第二阶段	↗	↘	↗	↗
第三阶段	↘	↗	↘	↘

5.1.2　基本检验

5.1.2.1　单位根检验

对时间序列数据而言，如果各时间变量为平稳的时间序列，则可直接构建 VAR 模型。若各时间序列变量不平稳，则需检验所涉及的各时间序列变量之间是否存在协整关系；若存在协整关系，则需使用向量误差修正模型（VECM）；若既非平稳也不存在长期协整关系，则需对各时间序列变量做差分处理，将其变为平稳的时间序列变量。所以，先对实际 GDP 增长率（gdpg）、财政赤字占 GDP 比重（defg）、货币供给 M2 增长率（m2g）、居民消费者价格指数（cpi）进行单位根检验，检查其平稳性。

表 5-3 给出实际 GDP 增长率（gdpg）、财政赤字占 GDP 比重（defg）、货币供给 M2 增长率（m2g）、居民消费者价格指数（cpi）（以下简称四变量）及其取一阶差分后的 ADF 单位根检验值。根据表 5-3 的结果，四变量的 ADF 单位根检验值分别为 -2.826、-2.053、-1.138、-1.907，均大于在 95% 置信水平下的临界值 -2.994，因此不能拒绝原假设，即四变量原序列的 ADF 单位根检验结果是非平稳的。而四变量一阶差分序列的 ADF 单位根检验值分别为 -4.317、-4.383、-4.481、-3.669，均比 95% 置信水平的临界值 -2.997 小，都拒绝了原假设，说明四变量一阶差分序列的 ADF 单位根检验结果是平稳的，是一阶单整序列，即 I（1），可建立 VAR 模型进行分析。

表 5-3　　　　　　　　ADF 单位根检验结果

变量名	检测值	5% 零界值	通过否
实际 GDP 增长率	-2.826	-2.994	未通过
财政赤字占 GDP 比重	-2.053	-2.994	未通过
货币供给 M2 增长率	-1.138	-2.994	未通过
居民消费者价格指数	-1.907	-2.994	未通过
实际 GDP 增长率的一阶差分	-4.317	-2.997	通过
财政赤字占 GDP 比重的一阶差分	-4.383	-2.997	通过
货币供给 M2 增长率的一阶差分	-4.481	-2.997	通过
居民消费者价格指数的一阶差分	-3.669	-2.997	通过

5.1.2.2　滞后阶数选择

在单位根检验基础上，以实际 GDP 增长率（gdpg）、财政赤字占 GDP 比重（defg）、货币供给 M2 增长率（m2g）、居民消费者价格指数（cpi）

为变量建立一个 VAR 模型分析财政政策、货币政策与经济增长的关系。在得到 VAR 模型方程前，需确定 VAR 的滞后阶数。对于滞后阶数的选取，目前使用从一般到特殊的办法，从较大的滞后阶开始，通过 t 值检验调整滞后阶数；或通过 AIC 信息准则（Akaike）和 SB 信息准则（Schwartz – Bayesian）确定，选择的阶数应使 AIC 和 SB 值越小越好。

采用 Johansen 极大似然值方法检验各时间序列变量之间是否存在长期稳定的协整关系。① 首先必须确定 VAR 模型的最优滞后阶数。选取变量实际 GDP 增长率（gdpg）、财政赤字占 GDP 比重（defg）、货币供给 M2 增长率（m2g）、居民消费者价格指数（cpi）构建含有四个变量的 VAR 模型，在各变量均为一阶单整的基础上，判断估计模型的最优滞后阶数，结果如表 5 – 4 所示，根据 LR、FPE、AIC、HQIC 的结果显示，选择滞后阶数为 2 阶。

表 5 – 4　　　　　　　　滞后阶数选择的结果

lag	LL	LR	FPE	AIC	HQIC	SBIC
0	−200.3		290.0	17.02	17.07	17.22
1	154.5	91.47	24.95	14.54	14.80	15.5252*
2	−130.7	47.59*	14.83*	13.89*	14.36	15.66
3	−109.8	41.95	14.11	13.48	14.16	16.03
4	−78.61	62.298	9.6757	12.2171	13.1027*	15.56

5.1.2.3　协整检验结果

根据单位根检验的结果，选取的实际 GDP 增长率（gdpg）、财政赤字占 GDP 比重（defg）、货币供给 M2 增长率（m2g）、居民消费者价格指数（cpi）均为一阶单整，可进行协整检验，检验结果如表 5 – 5 所示：原假设为各变量之间无协整关系的统计量为 77.8115，大于 5% 临界值 47.21，因

---

① Johansen 极大似然值方法的原理是通过建立 VAR 模型进行多个时间序列变量之间的协整关系检验。

此能拒绝原假设；原假设为各变量之间至多一个协整关系的统计量为 33.0352，大于 5% 临界值 29.68，因此能拒绝原假设；原假设为各变量之间至多两个协整关系的统计量为 6.5182，小于 5% 临界值 15.41，不能拒绝原假设；所以选取的变量中共有两个协整关系。

表 5-5　　　　　　　　　协整检验结果

原假设	特征根	统计量	5% 临界值
无	0.80955	77.8115	47.21
至多一个	0.62548	33.0352	29.68
至多两个	0.21448	6.5182*	15.41
至多三个	0.00001	0.0002	3.76

5.1.3　VAR 模型建立及检验

5.1.3.1　模型建立

在选择滞后阶数及进行协整检验的基础上，建立实际 GDP 增长率（gdpg）、财政赤字占 GDP 比重（defg）、货币供给 M2 增长率（m2g）、居民消费者价格指数（cpi）四变量滞后 2 阶的 VAR 模型，模型结果如表 5-6。

四个方程的可决系数 R^2 分别为 0.8361、0.9142、0.8381、0.8817，拟合程度较高。从第一个方程看，所有 defg 变量的系数和为 -0.535，且滞后一期与滞后二期的系数分别为 0.17、-0.705，说明赤字财政政策在短期内可刺激经济增长，但长期会导致挤出效应反而有害于经济增长；所有 m2g 变量的系数和为 0.517，且滞后一期与滞后二期的系数分别为 0.389、0.128，可见扩张的货币政策有助于促进经济增长；所有 cpi 变量的系数和为 0.006，且滞后一期与滞后二期的系数分别为 0.053、-0.047，这说明价格水平的上涨短期内伴随着经济增长，长期内影响作用较小。

表 5-6 VAR 模型结果

变量	实际 GDP 增长率	货币供给 M2 增长率	财政赤字占 GDP 比重	居民消费者价格指数
L. gdpg	1.172***	-0.0388	-0.349***	1.971***
	-0.182	-0.174	-0.069	-0.332
L2. gdpg	-0.520***	-0.00597	0.0834*	-0.645**
	-0.155	-0.147	-0.0584	-0.281
L. defg	0.17**	-0.893**	0.489***	2.523***
	-0.477	-0.454	-0.18	-0.868
L2. defg	-0.705*	1.380***	-0.247	-1.386*
	-0.426	-0.406	-0.161	-0.775
L. m2g	0.389**	-0.610***	0.00332	0.028
	-0.118	-0.112	-0.0445	-0.214
L2. m2g	0.128	-0.253**	-0.0109	-0.0615
	-0.104	-0.0994	-0.0395	-0.19
L. cpi	0.053*	-0.247***	0.0736**	0.759***
	-0.0863	-0.0821	-0.0326	-0.157
L2. cpi	-0.047*	0.636***	-0.0819***	-0.236
	-0.0829	-0.0789	-0.0313	-0.151
常数项	3.785	-0.15	3.867***	-13.54***
	-2.424	-2.307	-0.916	-4.407
可决系数	0.8361	0.9142	0.8381	0.8817

注：L. gdpg、L2. gdpg 分别表示实际 GDP 增长率的滞后一阶与滞后二阶，L. defg、L2. defg 分别表示财政赤字占 GDP 比重的滞后一阶与滞后二阶，L. m2g、L2. m2g 分别表示货币供给 M2 增长率的滞后一阶与滞后二阶，L. cpi、L2. cpi 分别表示居民消费者价格指数的滞后一阶与滞后二阶。

从第二个方程看，gdpg 的系数和为负，低的经济增长速度将导致货币供给增长，这是因为货币政策通过增加货币供给刺激经济增长的反应；defg 的系数和为正，其滞后一期、二期的系数分别为 -0.893、1.380，可见在短期内，赤字率与货币供给增速呈负向变化，但长期内，赤字的增长将带来货币供给的增长，这是中国赤字货币化的体现；cpi 对 m2g 的影响很小。

从第三个方程看，gdpg 的系数和为 -0.2656，其滞后一期、二期的系数分别为 -0.349、0.0834，说明高经济增长有利于削减财政赤字，而增长水平降低将导致扩张财政赤字；m2g 的系数和为 -0.00758，其滞后一期、二期的系数分别为 0.00332、-0.0109，说明货币供给对财政赤字整体呈负向影响，但是货币供给对赤字的影响较小；物价水平的影响为负且作用较小。

总体来说，一是财政政策短期内可刺激经济增长，但长期会导致挤出效应有害经济增长；扩张的货币政策有助于促进经济增长，货币政策对经济的刺激作用大于财政政策，物价水平的上涨短期内伴随经济增长，长期作用较小。二是低的经济增长速度将导致货币供给增长；短期内赤字率与货币供给增速呈负向变化，但长期内赤字增长将带来货币供给的增长；cpi 对 m2g 的影响很小。三是高增长有利于削减财政赤字，低增长会引发扩张财政赤字；货币供给对财政赤字整体呈负向影响，但影响较小；物价水平的影响为负且作用较小。

5.1.3.2　模型稳定性检验

对以上建立的 VAR 模型进行稳定性检验，如果 VAR 模型的多项式特征根均在单位圆内，则认为所建的 VAR 模型稳定性较好；否则认为所建的 VAR 模型不稳定。模型稳定性检验结果如图 5-2 所示：所有特征根均在单位圆内，说明所建 VAR 模型稳定。

5.1.3.3　滞后阶数显著性检验

对所建立的模型进行滞后阶数显著性检验，检验结果如表 5-7 所示，虽然单一方程的某些阶数不显著，但作为所有方程的整体，各阶系数的显著性较好。因此，选取滞后二阶较合理。

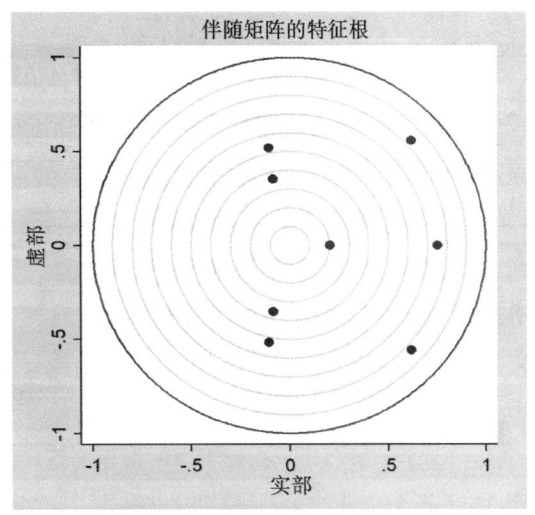

图 5-2 模型稳定性检验结果

表 5-7　　　　　　　　滞后阶数显著性检验结果

	实际 GDP 增长率		货币供给 M2 增长率		财政赤字占 GDP 比重		居民消费者价格指数	
	chi2	P > chi2	chi2	P > chi2	chi2	P > chi2	chi2	P > chi2
1	48.7841	0.000	32.096	0.000	40.8160	0.000	144.5578	0.000
2	8.0489	0.011	9.4403	0.014	7.0589	0.078	32.7314	0.012

5.1.3.4　格兰杰因果检验

对被解释变量与解释变量之间的格兰杰因果关系进行检验，检验结果如表 5-8 所示。结果显示，以实际 GDP 增长率（gdpg）为被解释变量，检验变量货币供给 M2 增长率（m2g）是否是引起被解释变量的原因，检验结果统计量为 4.4631，相应的 p 值为 0.0277，可认为货币供给 M2 增长率（m2g）是实际 GDP 增长率（gdpg）的格兰杰原因；如果对财政赤字占 GDP 比重（defg）进行检验，检验结果统计量为 2.5512，相应的 p 值为 0.0701，在 1% 的置信水平下，可认为财政赤字占 GDP 比重（defg）是实际 GDP 增长率（gdpg）的格兰杰原因。

表 5-8　　　　　　　　　格兰杰因果检验结果

被解释变量	解释变量	F 统计值	Prob > F
实际 GDP 增长率	货币供给 M2 增长率	4.4631	0.0277
实际 GDP 增长率	财政赤字占 GDP 比重	2.5512	0.0701
实际 GDP 增长率	居民消费者价格指数	2.3066	0.1299

5.1.4　脉冲响应函数及方差分解

5.1.4.1　脉冲响应函数分析

脉冲响应函数描述一个内生变量对误差的反应，即在扰动项上加一个标准差大小的新息（innovation）冲击对内生变量当前值和未来值的影响。图 5-3 是对 VAR 模型的脉冲响应函数，横轴表示滞后阶数，纵轴表示内生变量对冲击的响应程度。

图 5-3（a）表示度量货币供给 m2g 一个单位的正向标准差冲击对度量经济增长 gdpg 的影响，结果显示，gdpg 在滞后 1 期快速反应，在滞后 2 期到达高峰，随后反应下降至 0 附近，并在此较窄区间内震荡。

图 5-3（b）表示度量财政赤字 defg 一个单位的正向标准差冲击对度量经济增长 gdpg 的影响，结果显示，gdpg 在滞后 1 期有较小幅度的正向反应，随后作用结果持续减缩。

图 5-3（c）表示度量货币供给 m2g 一个单位的正向标准差冲击对度量财政赤字 defg 的影响，结果显示，在滞后 1 期，defg 有小幅正向反应，随后反应转负并持续扩大，在第 3 期达到峰值，随后呈持续下降趋势。

图 5-3（d）表示度量财政赤字 defg 一个单位的正向标准差冲击对度量货币供给 m2g 的影响，结果显示，m2g 在滞后 2 期内，负向作用持续扩大，然后负向作用减小，最终结果与图 5-3（c）结果相似。

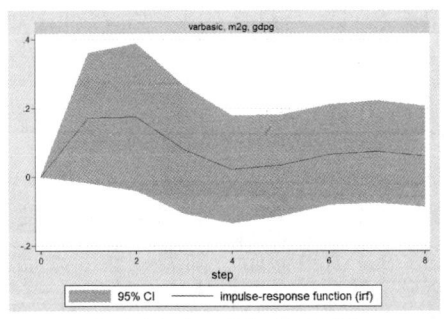
图5-3（a）货币供给对经济增长

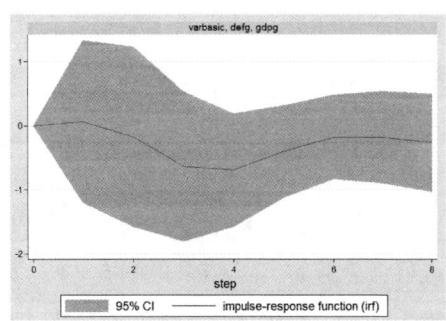
图5-3（b）财政赤字对经济增长

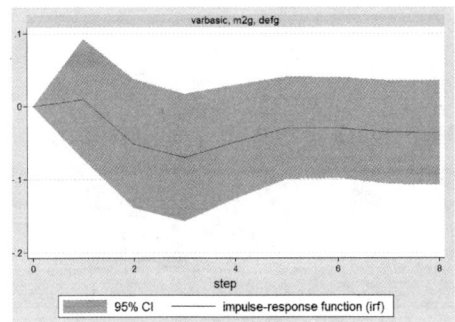
图5-3（c）货币供给对财政赤字

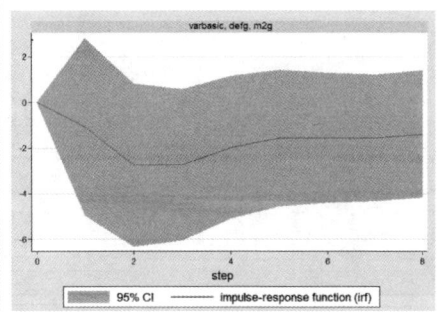
图5-3（d）财政赤字对货币供给

图 5 – 3　脉冲响应函数结果

综上可以看出：（1）扩张的货币政策伴随稳健或紧缩的财政政策，而不是货币政策和财政政策的双扩张，扩张性货币政策带来 GDP 增长，财政收入增加和支出减少，可有效降低赤字水平。从中国的财政货币政策实践看，这种关系较符合实际。（2）扩张的财政政策可在短期刺激经济增长，从长期看会因挤出效应对经济增长有害，因此不宜长期实行扩张性财政政策。（3）赤字财政政策短期内将诱导货币供给增加，但长期有损于经济增长；而经济增长下降要求货币供给下降，即一个扩张的财政政策与一个稳健的货币政策相伴，这也符合中国国情。

通过以上分析可见，我国的财政政策与货币政策并不存在简单的替代或互补关系。一个扩张的赤字财政政策短期内总伴随一个扩张的货币供给；而一个扩张的货币政策总伴随一个赤字收缩的财政政策，这是政策类型搭配的结果。具体的搭配形式和作用关系可能与具体的宏观经济冲击形势、政策目标的综合权衡有关。

5.1.4.2　方差分解结果分析

为进一步分析财政政策、货币政策、物价水平对 GDP 增长的贡献度，进行方差分解，其结果见图 5-4、表 5-9。结果显示，随着期数的增加，货币供给、物价水平及 GDP 本身对 GDP 波动的解释度逐渐稳定，赤字水平对 GDP 的解释度仍具缓慢上升趋势。

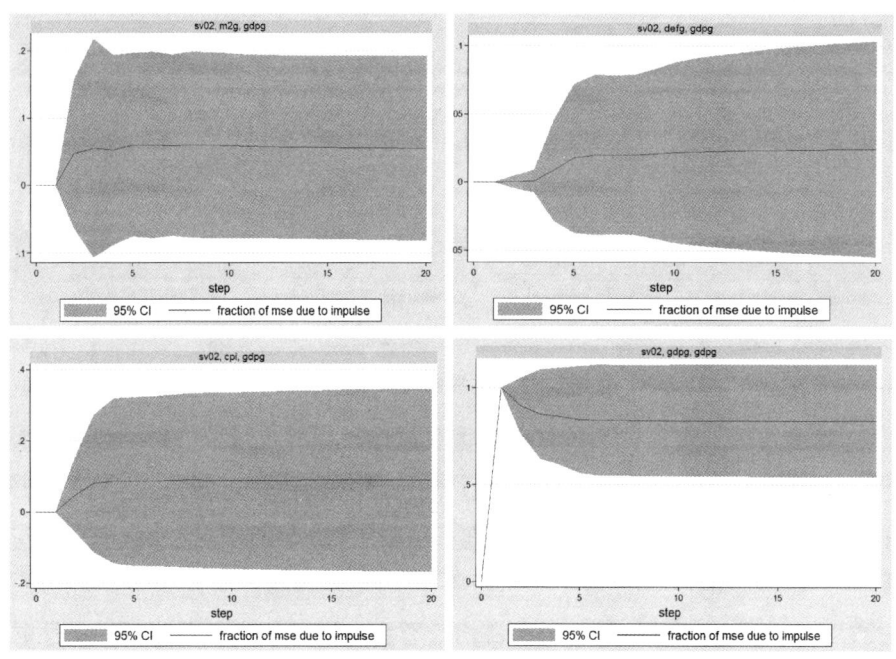

图 5-4　方差分解结果

在第 20 期末时，GDP 对自身波动的解释度为 83.09%，货币供给对 GDP 的解释度为 5.58%，赤字水平对 GDP 的解释度为 2.43%，物价水平对 GDP 的解释度为 8.89%。可见，在 20 期末，货币供给的方差解释度大于赤字水平的解释度，说明货币政策对 GDP 增速波动的贡献度大于财政政策。

表 5-9　　方差分解结果

滞后期	货币供给 M2 增长率	财政赤字占 GDP 比重	居民消费者价格指数	实际 GDP 增长率
0	0	0	0	0
1	0	0	0	1
2	0.047423	0.000109	0.045512	0.906956
3	0.055677	0.000721	0.079984	0.863617
4	0.052901	0.008721	0.086529	0.851849
5	0.060531	0.017554	0.085846	0.836070
6	0.060376	0.020030	0.086676	0.832918
7	0.059676	0.019969	0.088262	0.832092
8	0.060610	0.019961	0.088734	0.830695
9	0.060139	0.020745	0.088488	0.830629
10	0.059229	0.021789	0.088220	0.830762
11	0.058428	0.022451	0.088244	0.830877
12	0.057839	0.022791	0.088461	0.830909
13	0.057427	0.023056	0.088635	0.830882
14	0.057065	0.023343	0.088709	0.830883
15	0.056736	0.023616	0.088743	0.830906
16	0.056457	0.023831	0.088782	0.830931
17	0.056232	0.023993	0.088828	0.830948
18	0.056048	0.024126	0.088868	0.830957
19	0.055892	0.024244	0.088897	0.830966
20	0.055758	0.024347	0.088919	0.830975

从变化趋势看，货币政策反应较迅速，在第二期就达到较高点，而财政政策变化幅度较货币政策更平缓，货币政策在第四期后维持稳定，而财

政政策呈现持续上升的趋势。

总体而言，在 gdpg 的波动中，有 0~6% 的波动可由货币供给解释，有 0~2.5% 的波动可由财政赤字水平解释，比较而言，货币政策对经济的影响较财政政策更强。

5.1.5 实证分析结论

第一，两大政策与经济增长关系密切，货币供给变化情况通常与 GDP 增长率变化情况正相关；财政赤字率变化情况通常与 GDP 增长率变化情况负相关。经济增长降低会导致增加财政赤字，经济增长较高有利于削减财政赤字；经济增长下降会要求降低货币供给，经济增长较高要求增加货币供给。也就是说，当经济下行时，通常伴随着宽松的财政政策及紧缩的货币政策；当经济上行时，通常伴随着紧缩的财政政策及宽松的货币政策。

第二，扩张性财政政策在短期可刺激经济增长，但长期会因挤出效应、赤字过多有损经济增长。扩张的货币政策有助于促进经济增长，物价水平的上涨短期伴随经济增长，长期影响较小。在 gdpg 的波动中，有 0~6% 的波动可由货币供给解释，有 0~2.5% 的波动可由财政赤字解释，比较而言，货币政策对经济的刺激作用比财政政策更强些。

第三，赤字财政政策短期内诱导货币供给增加，即带来货币供给扩张；但货币供给对赤字影响较小；物价水平的影响为负且作用较小。

第四，我国的财政政策与货币政策并不存在简单的替代或互补关系。一个扩张的赤字财政政策短期内总伴随一个扩张的货币供给；而一个扩张的货币政策总有一个赤字收缩的财政政策，这是政策类型搭配的结果。具体的组合方式和作用关系可能依赖于具体的宏观经济冲击形势和政策目标的综合权衡。

5.2 原因探析

5.2.1 财政政策、货币政策与经济增长相互影响

（1）财政政策、货币政策与经济增长相互作用、相互影响。一方面，短期内宽松的货币政策能促进经济增长，紧缩的货币政策会制约经济增长；经济增长快对货币需求增加，经济增长慢对货币需求下降。另一方面，财政收入与经济增长呈顺周期特点，财政收入增速与经济增速同向变化；在我国经济形势较好时，财政收入增速往往会大于GDP增速和财政支出的增速，会降低财政赤字；经济形势下行时，财政收入下降的速度也大于GDP增速。但财政支出与经济增长呈逆周期变化，体现宏观调控逆向调节的作用，越是经济形势较差的时候，越需要更多的财政支出促进GDP增长；而且经济下行时，财政支出的速度可能会大于财政收入的速度，并且需要赤字刺激经济。例如（见图5-5），2005~2007年GDP增速上行，每年GDP增速分别为10.4%、11.6%、11.9%，财政收入以更快的速度上行，财政收入增速分别为19.9%、22.5%、32.4%。财政收入增速大于GDP增速和财政支出增速，财政支出增速分别为19.1%、19.1%、23.2%。2008年、2009年GDP增速下行分别为9%、9.1%，财政收入下降的速度更大，从2007年的32.4%分别下降到2008年的19.5%和2009年的11.7%，并且财政支出的速度明显超过财政收入增速，从2007年的23.2%先上升到2008年的25.7%再降到2009年的21.9%。2010年在前期政策刺激后，经济有所回暖，财政收入增速为21.3%再度明显大于当年10.45%的GDP增速和当年17.8%的财政支出增速。2012年经济逐步进入新常态，经济增速相对缓中有降时，财政收入增速下降明

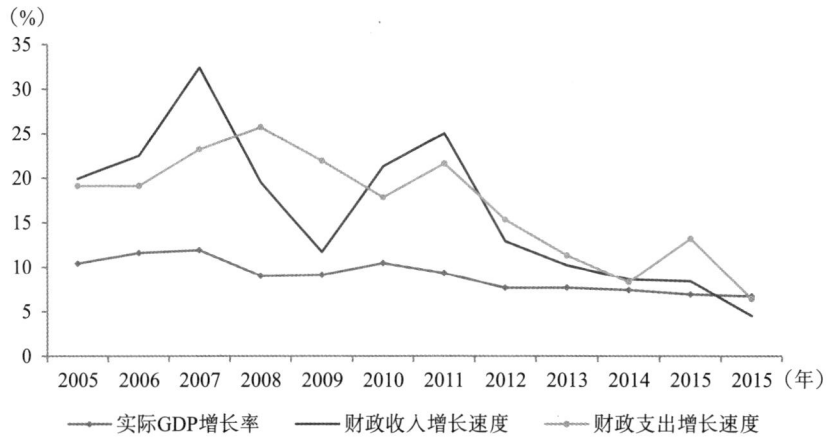

图 5-5 GDP 增速与财政收支增速对比

资料来源：根据国家统计局、财政部网站数据整理。

显，尤其是 2014 年、2015 年，财政收入增速分别为 8.6%、8.4%，已降到接近 GDP 的速度 7.4%、6.9%。2016 年财政收入增速 4.5% 甚至跌破 GDP 增速 6.7%。财政支出增速在经济下行时却较高，如 2008~2009 年、2012~2015 年增速基本都大于财政收入和 GDP 增速。经济下行时，财政赤字明显增加。如 2007 年我国财政无赤字，2008 年国际金融危机后，2009 年财政赤字占 GDP 的比重立即提高到 2.75%。

（2）两大政策效力都有限约束。短期内两大政策宽松效果明显；但长期内扩张性财政政策会导致挤出效应，宽松的货币政策会导致通货膨胀，从而不利于经济持续增长。

（3）两大政策之间相互影响。例如，财政资金有限需要货币金融政策支持共同加大政府投资等，如果规模过大可能会出现财政赤字货币化情形。

因此，应根据形势妥善运用和合理搭配两大政策，注重政策的时效性，在关键时期维护经济总体稳定的同时，还应推动和鼓励各项体制机制改革激发市场主体活力，发挥市场的决定性作用。

5.2.2 政府投资波动对经济增长影响较大

为维护经济总量基本稳定，财政政策和货币政策协调配合的重要抓手是政府投资，表现为财政出资、货币金融配合，共同拉动经济增长。为维护经济稳定，财政政策经常利用赤字来扩大政府投资规模。政府投资对全社会固定资产投资带动效果较大，其波动对 GDP 影响也较大。

2008 年金融危机之后，受国际经济形势、产业分工转移等因素影响，曾对 GDP 发挥重要拉动作用的出口导向型经济在 2008～2009 年出现断崖式下降（见图 5-6），政府主导的投资拉动再次成为稳定经济增长的重要力量（见图 5-7）。2008 年、2009 年我国固定资产投资分别比上年增长 26.47%、31%，当年资本形成总额对 GDP 的贡献率分别是 53.2%、86.5%（见图 5-8），分别拉动 GDP 5.1%、8.1%。尽管有人提出，过多的政府投资对经济产生了挤出效应、造成了产能过剩，但依然不能否认，政府投资在稳增长、扩内需方面发挥着重要作用。尤其是在经济下行压力较大时，两大政策通过支持政府投资，共同维护了经济总量的基本稳定。

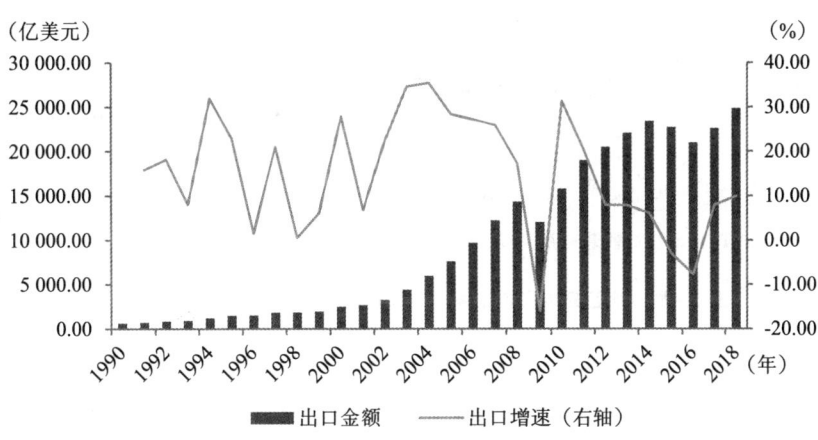

图 5-6　我国出口贸易变动

资料来源：万德数据库。

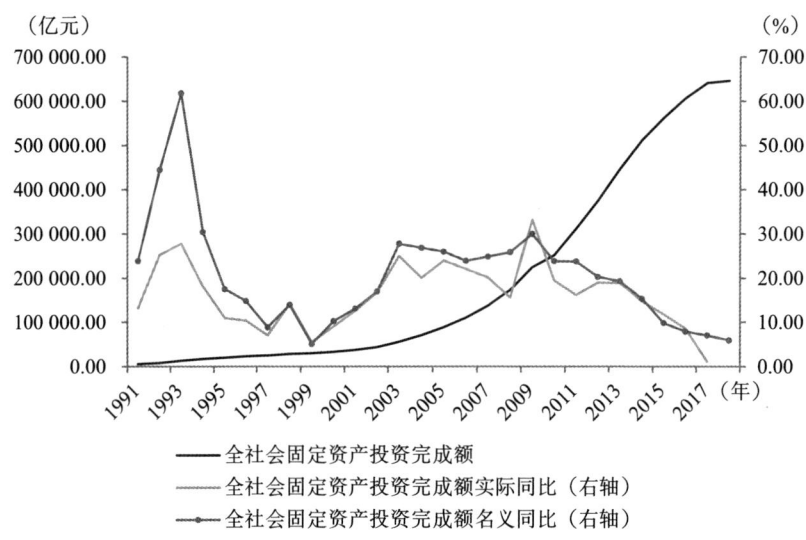

图 5-7　全社会固定资产投资完成示意

资料来源：万德数据库。

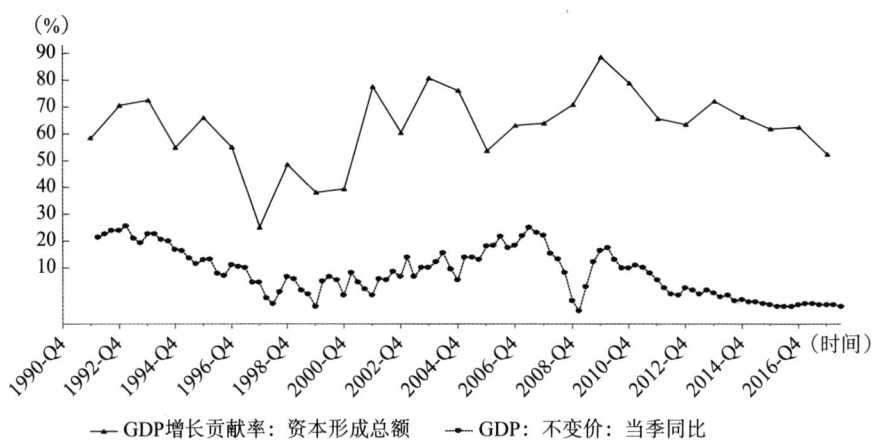

图 5-8　固定资本形成总额对 GPP 的贡献率与 GDP 增速对比

资料来源：万德数据库。

再如，2010 年之后，受地方政府债务逐步被严格管控、PPP 不断被清理规范等因素影响，固定资产投资增速大幅下降、波动较大，对 GDP 的影响较为明显。2015 年、2016 年固定资产投资分别比上年增长 11.4%、

9.01%，年度资本形成总额对 GDP 的贡献率分别是 42.6%、42.2%，分别拉动 GDP 2.9 个、2.8 个百分点（图 5-9）。尽管减少政府投资是为了让市场在资源配置中发挥决定性作用，是宏观调控主动调整的结果，但在市场其他主体尚未能完全接好接力棒的时候，民间投资或消费、出口等对经济的贡献不足以替代政府投资的贡献时，猛然过度减少政府投资不利于稳定经济增长。

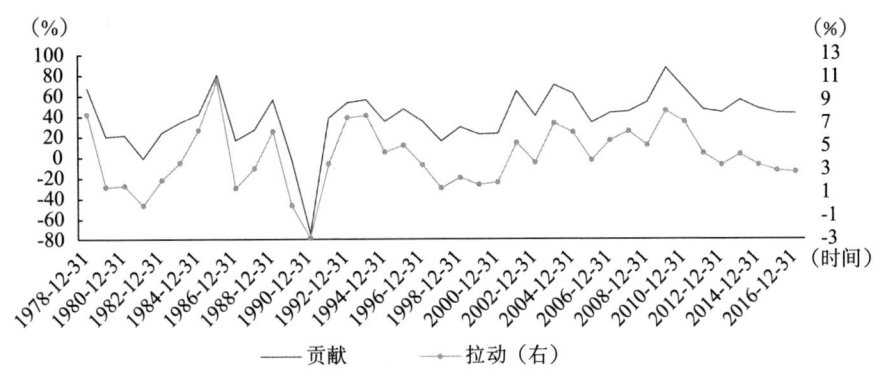

图 5-9 资本形成总额对 GDP 的贡献和拉动

资料来源：万德数据库。

因此政府投资既不能过快过多，又不能过少，应根据经济形势和市场表现，合理把握政府投资规模、速度和期限，使之为维护经济基本稳定保驾护航。

5.2.3 货币政策目标与执行传导力度需合理把握

（1）应把握好货币政策的目标顺序。货币政策目标较多，维护物价稳定虽已被法律明确为首要目标，但促进经济增长经常容易成为调整货币政策的首要考虑因素。如果货币政策长期过多关注促进经济增长，会引发通货膨胀影响首要目标实现，不利于经济长期平稳增长。

（2）货币政策在执行传导中须把握好力度。例如，吴晓灵曾指出，2009 年初国务院确立了 M2 预期增长 17%、信贷规模预期增长 5 万亿元的目标；但仅从 2009 年上半年执行情况来看，M2 即增长了 28.5%、信贷增长 7.37 万亿元。① 半年的执行结果即高于全年的货币政策预期目标。

因此，要始终牢记货币政策的首要目标，充分考虑地方政府和金融机构在传导货币政策中发挥的巨大作用，把握好货币政策的传导及执行力度。

---

① 吴晓灵. 要正确理解适度宽松的货币政策 [N]. 中国新闻网，2009 年 8 月 20 日.

第 6 章

两大政策促进结构调整的实证分析与原因解析

经多年快速发展，我国 GDP 总量在全球排名第二，制造业规模居世界第一。但总量快速增长并不能掩盖结构存在的矛盾，优化经济结构才是实现高质量发展、化解新时代社会基本矛盾的根本路径。经济结构中，实体经济是经济根基，产业结构需转型升级；区域结构、城乡结构需进一步缩小差距实现平衡发展；实体经济与虚拟经济应保持战略平衡，防止发生系统性金融风险；此外还需进一步优化收入分配结构，妥善解决扶贫、托底问题，维护社会稳定。财政政策和货币政策对促进结构调整具有重要作用。受篇幅限制，本章重点分析两大政策在促进各地区产业结构调整中存在的问题与原因。

6.1　样本数据及计量方法

6.1.1　样本数据选取及说明

本章研究财政政策及货币政策对各地区产业结构的影响。主要选取"三次产业增加值"作为"被解释变量"，选取"银行信贷"及"财政支出"为"核心解释变量"，选取"劳动力人数"及"固定资产投资完成额"为"控制变量"（见表 6-1）。

表 6-1　两大政策促进各地区产业结构调整实证分析数据指标说明

变量	影响因素	变量名称	缩写	单位
被解释变量		三次产业增加值	gdp	元
		第一产业增加值	gdp1	元
		第二产业增加值	gdp2	元
		第三产业增加值	gdp3	元

续表

变量	影响因素	变量名称	缩写	单位
核心解释变量	财政因素	财政支出	fisc	元
	货币因素	银行信贷	bank	元
控制变量	要素投入	劳动力人数	l	人
		固定资产投资完成额	k	元

其中,"被解释变量"包括"三次产业增加值"(缩写为 gdp)和"第一产业、第二产业、第三产业增加值"(分别缩写为 gdp1、gdp2、gdp3),表示一个年度比上一年度产业的增加值。数据源于国家统计局。

"核心解释变量"为"财政支出"与"银行信贷"。用"财政支出(fisc)"作为一个解释变量反映财政政策对产业结构调整的影响状况,数值取自中国经济网数据库"地方财政决算支出"指标。用"银行信贷(bank)"作为另一解释变量反映货币政策对产业结构调整的影响状况,因为在以间接融资为主和银行主导型的金融体系中,货币政策对产业结构的调整主要源自信贷传导渠道,数值取自《中国统计年鉴》的"金融机构贷款余额"指标。此外,为剔除物价变动对经济造成的影响,模型中所有变量都以当地居民消费价格定基指数(1978 年 =100)折算成真实值。

"控制变量"为"劳动力人数""固定资产投资完成额",数据源于万德数据库。

本章分析运用的样本包括 2006~2017 年东部地区 11 个省(市)、中部地区 8 个省(区)和西部地区 12 个省(市、区)[1] 的面板数据。数据源于《中国统计年鉴》、国家统计局网站(http://www.stats.gov.cn/)及万德数据库。使用 stata14 软件进行实证操作。

---

[1] 在东、中、西部区域的划分上,按照目前多数文献的分类标准。东部地区包括 11 个省(市):北京、天津、河北、山东、江苏、上海、浙江、福建、广东、辽宁、海南;中部地区包括 8 个省:山西、吉林、黑龙江、安徽、江西、河南、湖北、湖南;西部地区包括 12 个省(市、区):陕西、甘肃、青海、宁夏、新疆、四川、重庆、广西、内蒙古、云南、贵州、西藏。

6.1.2　计量方法

面板数据与传统的横截面数据、时间序列数据分析方法相比，具有多种优势：一是明显扩大样本量，有效减少解释变量出现多重共线性的可能；二是对固定效应模型能得到参数的一致性估计量甚至有效估计量；三是能控制个体的异质性。因此利用面板数据模型，可构造和检验比横截面或时间序列数据模型更真实的行为方程，对经济行为进行更有效的分析。基于实际经济分析的需要，依据前文的理论分析和变量设置，设立如下基本面板数据模型：

$$y_{it} = \alpha_0 + \beta_1 bank_{it-1} + \beta_2 fisc_{it-1} + \beta_4 k_{it} + \beta_5 l_{it} + \mu_{it} \quad (式6-1)$$

其中，下标 i 表示各省市自治区，t 表示年份；y 为被解释变量，指包含三次产业真实增加值的向量：gdp1 表示第一产业增加值，gdp2 表示第二产业增加值，gdp3 表示第三产业增加值；$bank_{it-1}$ 和 $fisc_{it-1}$ 是选取的解释变量，$bank_{it-1}$ 表示银行信贷的滞后一期，$fisc_{it-1}$ 表示财政支出的滞后一期；k_{it} 表示单位 i 在 t 期的固定资产投资完成额，l_{it} 表示单位 i 在 t 期的劳动力投入；α_0 表示截距项，β 分别表示各个解释变量的系数矩阵，μ 为复合误差项。

在上述基本计量模型基础上，再从以下三方面对其进行优化与修正：一是为通过平滑数据减轻异方差所带来的影响和便于反映变量之间的弹性关系，所有变量均取自然对数值。二是因货币政策与财政政策的作用机制均存在时滞，为防止出现基本计量模型的设定偏误，在基本计量模型中解释变量均使用滞后一期项。三是货币政策和财政政策对各产业的效应会相互影响，故在基本计量模型中加入"财政政策及货币政策影响结构调整的交叉项"研究两大政策对结构调整的综合影响。综上，修正后的计量模型如下：

$$\ln gdp_{it} = \alpha_0 + \beta_1 \ln bank_{it-1} + \beta_2 \ln fisc_{it-1} + \beta_3 \ln bank_{it-1} \times \ln fisc_{it-1} + \beta_4 \ln k_{it} + \beta_5 \ln l_{it} + \mu_{it} \quad (式6-2)$$

其中，$\ln \text{bank}_{it-1}$ 和 $\ln \text{fisc}_{it-1}$ 分别表示两个主要解释变量（银行贷款和财政支出）对数的一阶滞后项；$\ln \text{bank}_{it-1} \times \ln \text{fisc}_{it-1}$ 表示两个解释变量的交叉项，反映货币政策和财政政策相互协调配合的作用和效果。$\ln k_{it}$ 表示单位 i 在 t 期的固定资产投资完成额的对数，$\ln l_{it}$ 表示单位 i 在 t 期的劳动力投入的对数。

6.2 两大政策促进我国各地区产业结构调整的实证分析

本小节利用静态面板的实证方法，在控制要素投入的基础上，探究财政政策、货币政策分别及共同对促进各地区产业结构调整的影响。根据 6.1.2，选取的解释变量为当期固定资产投资完成额与劳动力人数的对数，滞后一期银行信贷、财政支出的对数及衡量财政政策和货币政策协调的交叉项，因财政政策与货币政策对经济影响一般具有时滞，采用滞后一期更符合经济事实，同时还能部分解决内生性问题[1]，选取三次产业增加值的对数为被解释变量，实证分析如下。

6.2.1 两大政策促进我国产业结构调整的实证分析

6.2.1.1 两大政策促进我国产业结构调整的描述性分析

两大政策促进我国产业结构调整的描述性统计结果如表 6-2 所示：2005~2017 年，各地区 GDP 都处于持续增长态势，lngdp 的最大值为 29.72，最小值为 24.09，标准差为 1.065；lngdp 标准差小于第一、二、三

---

[1] 严成樑，徐翔. 生产性财政支出与结构转型 [J]. 金融研究，2016 年第 9 期。

产业的标准差，说明 GDP 在各地区间的波动小于第一、二、三产业增加值的波幅。从第一、二、三产业增加值的角度看，第一产业增幅最小，如上海、北京等地增幅非常小；第三产业增幅高于第二产业，如北京、上海、天津、湖北、贵州等地第三产业增速较快。总体与实际情况相符。

表 6-2　　两大政策促进我国产业结构调整描述性分析

变量名	组别	平均值	标准差	最小值	最大值	变量名	平均值	标准差	最小值	最大值	样本量
lngdp	整体	27.68	1.065	24.09	29.72	lnl2	15.30	1.147	11.87	17.06	N=341
	组间		0.995	24.81	29.23			1.156	12.35	16.98	n=31
	组内		0.416	26.78	28.44			0.136	14.82	15.89	T=11
lngdp1	整体	25.25	1.145	22.35	26.93	lnl3	15.68	0.862	13.05	16.98	N=341
	组间		1.114	22.73	26.63			0.862	13.49	16.85	n=31
	组内		0.328	24.47	26.09			0.151	15.25	16.16	T=11
lngdp2	整体	26.90	1.137	22.80	28.89	lnl	16.70	0.909	14.21	18.02	N=341
	组间		1.079	23.70	28.50			0.919	14.45	17.97	n=31
	组内		0.403	25.94	27.68			0.0880	16.42	17.00	T=11
lngdp3	整体	26.81	1.081	23.49	29.07	lnk1	23.70	1.233	19.79	26.14	N=341
	组间		0.990	24.19	28.47			1.012	20.75	25.07	n=31
	组内		0.465	25.86	27.64			0.725	21.81	25.50	T=11
lnfisc	整体	27.78	1.119	23.74	30.04	lnk2	26.29	1.200	21.70	28.64	N=341
	组间		0.982	24.78	29.35			1.070	23.30	27.89	n=31
	组内		0.563	26.69	29.44			0.572	24.69	27.26	T=11
lnbank	整体	26.14	0.811	23.58	27.93	lnk3	26.69	1.043	23.59	28.53	N=341
	组间		0.590	24.80	27.14			0.836	24.43	27.81	n=31
	组内		0.565	24.86	27.02			0.640	25.25	28.00	T=11
lnl1	整体	15.65	1.139	12.82	17.23	lnk	27.27	1.052	23.86	29.30	N=341
	组间		1.154	13.04	17.12			0.870	24.78	28.57	n=31
	组内		0.0711	15.43	15.89			0.610	26.00	28.44	T=11

注：lngdp、lngdp1、lngdp2、lngdp3 分别代表三次产业、第一产业、第二产业、第三产业增加值的对数，lnfisc、lnbank 分别代表财政支出、银行信贷的对数，lnl1、lnl2、lnl3、lnl 分别代表第一产业、第二产业、第三产业及三次产业劳动力人数的对数，lnk1、lnk2、lnk3、lnk 分别代表第一产业、第二产业、第三产业及三次产业固定资产投资完成额的对数。

衡量地方财政支出的 lnfisc 最大值为 30.04，最小值为 23.74，平均值为 27.78；衡量地方银行信贷的 lnbank 最大值为 27.93，最小值为 23.58，平均值为 26.14。相比而言，地方银行信贷与地方财政支出处于同一数量级，地方银行信贷规模小于地方财政支出规模。总体而言，数据稳定性较好，可进行面板数据分析。

6.2.1.2 两大政策促进我国产业结构调整的模型检验结果

根据静态面板回归方法，先进行混合回归模型、固定效应模型及混合效应模型分析，然后通过两两比较检验，得到最优模型。其中，利用 Wald 检验判断混合效应模型及固定效应模型的优劣性、利用 B-P 检验判断混合效应模型及随机效应模型的优劣性、利用 Hausman 检验判断固定效应模型及随机效应模型的优劣性[1]，检验结果如表 6-3 所示。

结果显示，被解释变量为 lngdp 时，$F(30, 306)$ 统计量为 128.03，大于 F 统计量的概率为 0，强烈拒绝原假设，说明固定效应模型优于混合效应模型；B-P 检验统计量为 720.14，大于统计量的概率为 0，强烈拒绝原假设，说明随机效应模型优于混合效应模型；Hausman 检验统计量为 116.15，大于统计量的概率为 0，强烈拒绝原假设，说明固定效应模型优于随机效应模型。

表 6-3　两大政策促进我国产业结构调整的模型优劣性检验结果

被解释变量	Wald 检验	B-P 检验	Hausman 检验	模型选择
lngdp	$F(30, 306) = 128.03$	chibar2 = 720.14	chi2 = 116.15	固定效应模型
	$P > F = 0.0000$	$P > \text{chibar2} = 0.0000$	$P > \text{chi2} = 0.0000$	
lngdp1	$F(30, 306) = 144.21$	chibar2 = 1 363.67	chi2 = 12.49	固定效应模型
	$P > F = 0.0000$	$P > \text{chibar2} = 0.0000$	$P > \text{chi2} = 0.0014$	

---

[1] Wald 检验统计量的伴随概率小于 1% 时拒绝原假设，固定效应模型优于混合效应模型。B-P 检验验统计量的伴随概率小于 1% 时拒绝原假设，随机效应模型优于混合效应模型。Hausman 检验统计量的伴随概率小于 1% 时拒绝原假设，固定效应模型优于随机效应模型。

续表

被解释变量	Wald 检验	B-P 检验	Hausman 检验	模型选择
lngdp2	F (30, 306) =6.96	chibar2=205.07	chi2=67.43	固定效应模型
	P>F = 0.0000	P>chibar2 = 0.0000	P>chi2 = 0.000	
lngdp3	F (30, 306) =58.16	chibar2=815.49	chi2=592.04	固定效应模型
	P>F = 0.0000	P>chibar2 = 0.0000	P>chi2 = 0.000	

注：lngdp、lngdp1、lngdp2、lngdp3 分别代表三次产业、第一产业、第二产业、第三产业增加值的对数。

被解释变量为 lngdp1 时，F (30, 306) 统计量为 144.21，大于 F 统计量的概率为 0，强烈拒绝原假设，说明固定效应模型优于混合效应模型；B-P 检验统计量为 1 363.67，大于统计量的概率为 0，强烈拒绝原假设，说明随机效应模型优于混合效应模型；Hausman 检验统计量为 12.49，大于统计量的概率为 0.0014，在 1% 的置信水平下拒绝原假设，说明固定效应模型优于随机效应模型。

被解释变量为 lngdp2 时，F (30, 306) 统计量为 6.96，大于 F 统计量的概率为 0，强烈拒绝原假设，说明固定效应模型优于混合效应模型；B-P 检验统计量为 205.07，大于统计量的概率为 0，强烈拒绝原假设，说明随机效应模型优于混合效应模型；Hausman 检验统计量为 67.43，大于统计量的概率为 0，强烈拒绝原假设，说明固定效应模型优于随机效应模型。

被解释变量为 lngdp3 时，F (30, 306) 统计量为 58.16，大于 F 统计量的概率为 0，强烈拒绝原假设，说明固定效应模型优于混合效应模型；B-P 检验统计量为 815.49，大于统计量的概率为 0，强烈拒绝原假设，说明随机效应模型优于混合效应模型；Hausman 检验统计量为 592.04，大于统计量的概率为 0，强烈拒绝原假设，说明固定效应模型优于随机效应模型。

综上，被解释变量为 lngdp、lngdp1、lngdp2、lngdp3 时均选择固定效应模型分析财政和货币政策对三次产业结构的影响。

6.2.1.3　两大政策促进我国产业结构调整的实证检验结果

实证检验的结果如表 6-4 所示。结果显示，地方财政支出及地方银行信贷对三次产业均有正向作用，衡量地方财政支出水平的 $lnfisc_{t-1}$ 对 lngdp、lngdp1、lngdp2、lngdp3 的系数分别为 0.236、0.141、0.171、0.908；衡量地方银行信贷水平的 $lnbank_{t-1}$ 对 lngdp、lngdp1、lngdp2、lngdp3 的系数分别为 0.142、0.169、0.748、0.827；衡量财政政策及货币政策共同作用的交叉项对 lngdp、lngdp1、lngdp2、lngdp3 的系数分别为 0.0138、0.00824、-0.00839、0.0448；被解释变量为 lngdp、lngdp1、lngdp2、lngdp3 的模型回归结果的可决系数 R^2 分别为 0.986、0.933、0.945、0.983，模型整体拟合程度较好。结果说明，货币政策对第二产业的影响力远远大于财政政

表6-4　　两大政策促进我国产业结构调整的实证检验结果

被解释变量	lngdp	lngdp1	lngdp2	lngdp3
模型类型	固定效应模型	固定效应模型	固定效应模型	固定效应模型
$lnfisc_{t-1}$	0.236***	0.141	0.171	0.908***
	(0.0832)	(0.158)	(0.163)	(0.0994)
$lnbank_{t-1}$	0.142	0.169	0.748***	0.827***
	(0.0957)	(0.174)	(0.191)	(0.113)
lnl	-0.151***	0.393***	0.138**	0.0967**
	(0.0502)	(0.0898)	(0.0604)	(0.0429)
lnk	0.103***	0.0990***	0.202***	0.124***
	(0.0231)	(0.0158)	(0.0302)	(0.0246)
财政政策、货币政策交叉项	0.0138***	0.00824	-0.00839	0.0448***
	(0.00314)	(0.00615)	(0.00620)	(0.00380)
常数项	20.24***	10.27***	1.292	36.23***
	(2.251)	(3.880)	(4.321)	(2.698)
样本量	341	341	341	341
可决系数	0.986	0.933	0.945	0.983

括号内为稳健标准误

***$p<0.01$，**$p<0.05$，*$p<0.1$

注：$lnfisc_{t-1}$、$lnbank_{t-1}$ 分别表示财政支出及银行信贷滞后一期的对数，lnl、lnk 分别表示劳动力人数、固定资产投资完成额的对数，lngdp、lngdp1、lngdp2、lngdp3 分别代表三次产业、第一产业、第二产业、第三产业增加值的对数。

对其的影响力；财政政策和货币政策分别对第三产业的影响力明显大于两大政策对第一、第二产业的影响；但财政政策与货币政策共同对三次产业的影响力较小。

6.2.2 两大政策促进东部地区产业结构调整的实证分析

6.2.2.1 两大政策促进东部地区产业结构调整的描述性分析

两大政策促进东部地区产业结构调整的描述性统计结果如表 6-5 所示：2005~2017 年，东部各地区 GDP 都处于持续增长态势，lngdp 的最大值为 29.72，最小值为 25.39，标准差为 0.911 小于第一、二、三产业的标准差及全国标准差水平。说明 GDP 在东部各地区间的波动小于第一、二、三产业增加值的波幅；从第一、二、三产业增加值的角度看，第三产业增幅较大且增速稳定，北京、上海、广州、江苏等地区第三产业体量增幅居于前列；第一产业增幅较小。这与实情相符，因为东部地区经济较发达，近年来积极促进经济结构转型，大力发展第三产业。

表 6-5　两大政策促进东部地区产业结构调整的描述性分析

变量名	组别	平均值	标准差	最小值	最大值	变量名	平均值	标准差	最小值	最大值	样本量
lngdp	整体	28.27	0.911	25.39	29.72	lnl2	15.76	1.136	12.92	17.06	N=121
	组间		0.865	26.15	29.23			1.181	13.22	16.98	n=11
	组内		0.381	27.46	28.85			0.106	15.46	15.99	T=11
lngdp1	整体	25.22	1.302	22.91	26.93	lnl3	16.01	0.721	14.07	16.98	N=121
	组间		1.329	23.15	26.63			0.734	14.42	16.85	n=11
	组内		0.274	24.63	25.70			0.160	15.61	16.37	T=11
lngdp2	整体	27.43	1.074	24.15	28.89	lnl	16.91	0.852	15.17	18.01	N=121
	组间		1.067	24.82	28.50			0.884	15.36	17.97	n=11
	组内		0.331	26.65	27.99			0.0935	16.62	17.09	T=11

续表

变量名	组别	平均值	标准差	最小值	最大值	变量名	平均值	标准差	最小值	最大值	样本量
lngdp3	整体	27.50	0.925	24.49	29.07	lnk1	23.38	1.408	19.79	25.90	N=121
	组间		0.845	25.40	28.47			1.281	20.75	25.02	n=11
	组内		0.448	26.59	28.26			0.692	21.48	24.85	T=11
lnfisc	整体	28.50	0.942	25.44	30.04	lnk2	26.48	1.325	22.84	28.64	N=121
	组间		0.834	26.41	29.35			1.294	23.82	27.89	n=11
	组内		0.499	27.54	29.46			0.468	25.32	27.30	T=11
lnbank	整体	26.39	0.810	23.58	27.93	lnk3	27.11	0.860	24.09	28.53	N=121
	组间		0.639	24.86	27.14			0.675	25.52	27.81	n=11
	组内		0.530	25.11	27.23			0.568	25.68	28.19	T=11
lnl1	整体	15.22	1.338	12.82	16.96	lnk	27.61	0.963	24.47	29.30	N=121
	组间		1.395	13.04	16.89			0.841	25.72	28.57	n=11
	组内		0.0838	15.01	15.46			0.528	26.36	28.58	T=11

注：lngdp、lngdp1、lngdp2、lngdp3 分别代表三次产业、第一产业、第二产业、第三产业增加值的对数，lnfisc、lnbank 分别代表财政支出、银行信贷的对数，lnl1、lnl2、lnl3、lnl 分别代表第一产业、第二产业、第三产业及三次产业劳动力人数的对数，lnk1、lnk2、lnk3、lnk 分别代表第一产业、第二产业、第三产业及三次产业固定资产投资完成额的对数。

核心解释变量衡量地方财政支出 lnfisc 最大值为 30.04，最小值为 25.44，平均值为 28.50，平均值水平略高于全国平均水平，标准差为 0.942，标准差水平略低于全国水平。衡量地方银行信贷的 lnbank 最大值为 27.93，最小值为 23.58，标准差为 0.810，平均值为 26.39，平均值水平略高于全国水平，标准差与全国水平持平。相比而言，地方银行信贷与地方财政支出处于同一数量级，地方银行信贷规模小于地方财政支出规模，地方银行信贷的偏差小于地方财政支出偏差。控制变量中，劳动力投入的标准差整体小于资本投入的标准差。总体而言，数据稳定性较好，可进行面板数据分析。

6.2.2.2 两大政策促进东部地区产业结构调整的模型选择检验结果

采用静态面板回归方法，通过检验得到最优模型，检验方法同6.3.1，检验结果如表6-6所示：被解释变量为lngdp时，$F(10, 106)$统计量为45.54，大于F统计量的概率为0，强烈拒绝原假设，说明固定效应模型优于混合效应模型；B-P检验统计量为251.64，大于统计量的概率为0，强烈拒绝原假设，说明随机效应模型优于混合效应模型；Hausman检验统计量为21.09，伴随概率为0.0003，在1%的置信水平下拒绝原假设，说明固定效应模型优于随机效应模型。

表6-6 两大政策促进东部地区产业结构调整的模型优劣性检验结果

被解释变量	Wald检验	B-P检验	Hausman检验	结论
lngdp	$F(10, 106) = 45.54$	chibar2 =251.64	chi2 =21.09	固定效应模型
	$P > F = 0.0000$	$P >$ chibar2 $= 0.0000$	$P >$ chi2 $= 0.0003$	
lngdp1	$F(10, 106) =129.75$	Chibar2 =265.15	chi2 =0.57	随机效应模型
	$P > F = 0.0000$	$P >$ chibar2 $= 0.0000$	$P >$ chi2 $= 0.9666$	
lngdp2	$F(10, 106) =31.95$	chibar2 =235.24	chi2 =31.13	固定效应模型
	$P > F = 0.0000$	$P >$ chibar2 $= 0.0000$	$P >$ chi2 $= 0.000$	
lngdp3	$F(10, 106) =18.92$	chibar2 =149.55	chi2 =69.53	固定效应模型
	$P > F = 0.0000$	$P >$ chibar2 $= 0.0000$	$P >$ chi2 $= 0.000$	

注：lngdp、lngdp1、lngdp2、lngdp3分别代表三次产业、第一产业、第二产业、第三产业增加值的对数。

被解释变量为lngdp1时，$F(10, 106)$统计量为129.75，大于F统计量的概率为0，强烈拒绝原假设，说明固定效应模型优于混合效应模型；B-P检验统计量为265.15，大于统计量的概率为0，强烈拒绝原假设，说明随机效应模型优于混合效应模型；Hausman检验统计量为0.57，其伴随概率为0.9666，接受原假设，说明随机效应模型优于固定效应模型。

被解释变量为lngdp2时，$F(10, 106)$统计量为31.95，大于F统计量的概率为0，强烈拒绝原假设，说明固定效应模型优于混合效应模型；

B-P检验统计量为235.24，大于统计量的概率为0，强烈拒绝原假设，说明随机效应模型优于混合效应模型；Hausman检验统计量为31.13，大于统计量的概率为0，强烈拒绝原假设，说明固定效应模型优于随机效应模型。

被解释变量为lngdp3时，F(10,106)统计量为18.92，大于F统计量的概率为0，强烈拒绝原假设，说明固定效应模型优于混合效应模型；B-P检验统计量为149.55，大于统计量的概率为0，强烈拒绝原假设，说明随机效应模型优于混合效应模型；Hausman检验统计量为69.53，大于统计量的概率为0，强烈拒绝原假设，说明固定效应模型优于随机效应模型。

综上，被解释变量为lngdp、lngdp2、lngdp3时选择固定效应模型分析财政、货币政策对三次产业增加值的影响，被解释变量为lngdp1时选择随机效应模型分析财政、货币政策对第一产业增加值的影响。

6.2.2.3 两大政策促进东部地区产业结构调整的实证检验结果

两大政策促进东部地区产业结构调整的实证检验结果如表6-7所示：地方财政支出及地方银行信贷对三次产业均有正向作用，衡量地方财政支出水平的$lnfisc_{t-1}$对lngdp、lngdp1、lngdp2、lngdp3的系数分别为0.286、0.320、0.0699、0.308；衡量地方银行信贷水平的$lnbank_{t-1}$对lngdp、lngdp1、lngdp2、lngdp3的系数分别为0.105、0.126、0.249、0.359；衡量财政政策及货币政策共同作用的交叉项对lngdp、lngdp1、lngdp2、lngdp3的系数分别为0.0183、0.0165、0.00451、0.0271；被解释变量为lngdp、lngdp1、lngdp2、lngdp3的模型回归结果的可决系数R^2分别为0.988、0.9084、0.9667、0.985；模型整体拟合程度较好。结果说明，在东部地区，财政政策对第一产业的影响力大于货币政策的影响力；货币政策对第二产业的影响力大于财政政策；财政政策和货币政策对第三产业的影响作用相当；财政政策与货币政策共同对三次产业的影响力较小。

表 6-7　两大政策促进东部地区产业结构调整的实证检验结果

被解释变量	lngdp	lngdp1	lngdp2	lngdp3
模型类型	固定效应模型	随机效应模型	固定效应模型	固定效应模型
$lnfisc_{t-1}$	0.286***	0.320**	0.0699**	0.308*
	(0.149)	(0.287)	(0.222)	(0.193)
$lnbank_{t-1}$	0.105*	0.126**	0.249***	0.359**
	(0.184)	(0.324)	(0.245)	(0.232)
lnl	0.295***	0.729***	0.252**	0.144
	(0.0964)	(0.0491)	(0.120)	(0.0951)
lnk	0.0808***	0.106**	0.188***	0.0169
	(0.0279)	(0.0223)	(0.0283)	(0.0365)
财政政策、货币政策交叉项	0.0183***	0.0165	0.00451	0.0271***
	(0.00553)	(0.0108)	(0.00801)	(0.00698)
常数项	18.19***	11.65	10.50*	22.58***
	(3.684)	(7.758)	(5.359)	(4.853)
样本量	121	121	121	121
可决系数	0.988	0.9084	0.9667	0.985

括号内为稳健标准误

***$p<0.01$, **$p<0.05$, *$p<0.1$

注：$lnfisc_{t-1}$、$lnbank_{t-1}$ 分别表示财政支出及银行信贷滞后一期的对数，lnl、lnk 分别表示劳动力人数、固定资产投资完成额的对数，lngdp、lngdp1、lngdp2、lngdp3 分别代表三次产业、第一产业、第二产业、第三产业增加值的对数。

6.2.3　两大政策促进中部地区产业结构调整的实证分析

6.2.3.1　两大政策促进中部地区产业结构调整的描述性分析

两大政策促进中部地区产业结构调整的描述性统计结果如表 6-8 所示：

表6-8 两大政策促进中部地区产业结构调整的描述性分析

变量名	组别	平均值	标准差	最小值	最大值	变量名	平均值	标准差	最小值	最大值	样本量
lngdp	整体	27.92	0.530	26.78	29.03	lnl1	16.36	0.539	15.44	17.23	N=88
	组间		0.354	27.55	28.53			0.570	15.52	17.12	n=8
	组内		0.412	27.09	28.54			0.0602	16.18	16.49	T=11
lngdp1	整体	25.80	0.620	24.04	26.78	lnl2	15.84	0.523	14.68	16.84	N=88
	组间		0.552	24.71	26.50			0.547	14.86	16.69	n=8
	组内		0.338	25.04	26.31			0.0969	15.57	16.04	T=11
lngdp2	整体	27.21	0.536	25.98	28.29	lnl3	16.02	0.519	15.14	16.85	N=88
	组间		0.363	26.86	27.91			0.540	15.18	16.62	n=8
	组内		0.413	26.29	27.79			0.103	15.78	16.28	T=11
lngdp3	整体	26.95	0.559	25.81	28.16	lnl	17.05	0.643	15.61	18.02	N=88
	组间		0.333	26.57	27.41			0.678	15.90	17.94	n=8
	组内		0.464	26.13	27.70			0.0813	16.76	17.33	T=11
lnfisc	整体	27.77	0.594	26.58	28.94	lnk1	24.36	0.859	22.36	26.14	N=88
	组间		0.291	27.43	28.20			0.367	23.90	25.07	n=8
	组内		0.527	26.83	28.66			0.787	22.49	26.15	T=11
lnbank	整体	26.27	0.592	24.97	27.34	lnk2	26.80	0.720	25.21	28.25	N=88
	组间		0.233	25.96	26.66			0.366	26.28	27.50	n=8
	组内		0.549	25.13	27.06			0.632	25.37	27.74	T=11
lnk	整体	27.58	0.706	26.13	29.03	lnk3	26.87	0.717	25.18	28.31	N=88
	组间		0.348	27.18	28.20			0.387	26.45	27.41	n=8
	组内		0.626	26.35	28.55			0.617	25.56	27.86	T=11

注：lngdp、lngdp1、lngdp2、lngdp3分别代表三次产业、第一产业、第二产业、第三产业增加值的对数，lnfisc、lnbank分别代表财政支出、银行信贷的对数，lnl1、lnl2、lnl3、lnl分别代表第一产业、第二产业、第三产业及三次产业劳动力人数的对数，lnk1、lnk2、lnk3、lnk分别代表第一产业、第二产业、第三产业及三次产业固定资产投资完成额的对数。

2005~2017年，中部各地区GDP都处于持续增长态势，lngdp的最大值为29.03，最小值为26.78，标准差为0.530，均值小于东部地区水平，标准差小于中部、东部地区第一、二、三产业的标准差水平，说明GDP在中部各地区的波动小于中部及东部地区第一、二、三产业增加值的波幅；从第一、

二、三产业增加值的角度来看,第三产业呈现高成长性;第二产业自 2014 年后增速放缓,某些省份甚至出现了第二产业增加值减少的现象,例如山西省、黑龙江省的第二产业增加值均出现了不同程度的下降。这主要是供给侧结构性改革去产能的结果。

核心解释变量衡量地方财政支出的 lnfisc 的最大值为 28.94,最小值为 26.58,平均值为 27.77,标准差为 0.594,平均值水平与全国水平持平,但标准差水平低于全国水平,表明中部各地区财政支出离散程度较全国各地区离散程度更集中。衡量地方银行信贷的 lnbank 最大值为 27.34,最小值为 24.97,标准差为 0.592,平均值为 26.27。相比而言,地方银行信贷与地方财政支出处于同一数量级,地方银行信贷规模小于地方财政支出规模,地方银行信贷的偏差小于地方财政支出偏差;中部地区地方银行信贷的均值及方差均小于全国水平。控制变量中,劳动力投入的标准差整体小于资本投入的标准差。总体而言,数据稳定性较好,可进行面板数据分析。

6.2.3.2 两大政策促进中部地区产业结构调整的模型检验结果

采用静态面板回归方法,通过检验得到最优模型,检验方法同 6.2.3.1,检验结果如表 6-9 所示:被解释变量为 lngdp 时,$F(7, 76)$ 统计量为 73.46,大于 F 统计量的概率为 0,强烈拒绝原假设,说明固定效应模型优于混合效应模型;B-P 检验统计量为 246.33,大于统计量的概率为 0,强烈拒绝原假设,说明随机效应模型优于混合效应模型;Hausman 检验统计量为 24.92,大于统计量的概率为 0.0001,在 1% 置信水平下拒绝原假设,说明固定效应模型优于随机效应模型。

表 6-9 两大政策促进中部地区产业结构调整的模型优劣性检验结果

被解释变量	Wald 检验	B-P 检验	Hausman 检验	模型选择
lngdp	$F(7, 76) = 73.46$	chibar2 = 246.33	chi2 = 24.92	固定效应模型
	$P > F = 0.0000$	$P > $chibar2 $= 0.0000$	$P > $chi2 $= 0.0001$	

续表

被解释变量	Wald 检验	B-P 检验	Hausman 检验	模型选择
lngdp1	F（7，76）=178.81	chibar2=323.59	chi2=5.41	随机效应模型
	P>F=0.0000	P>chibar2=0.0000	P>chi2=0.2475	
lngdp2	F（7，76）=16.46	chibar2=48.63	chi2=21.01	固定效应模型
	P>F=0.0000	P>chibar2=0.0000	P>chi2=0.000	
lngdp3	F（7，76）=67.51	chibar2=281.14	chi2=1.66	随机效应模型
	P>F=0.0000	P>chibar2=0.0000	P>chi2=0.7974	

注：lngdp、lngdp1、lngdp2、lngdp3 分别代表三次产业、第一产业、第二产业、第三产业增加值的对数。

被解释变量为 lngdp1 时，$F(7, 76)$ 统计量为 178.81，大于 F 统计量的概率为 0，强烈拒绝原假设，说明固定效应模型优于混合效应模型；B-P 检验统计量为 323.59，大于统计量的概率为 0，强烈拒绝原假设，说明随机效应模型优于混合效应模型；Hausman 检验统计量为 5.41，其伴随概率为 0.2475，接受原假设，说明随机效应模型优于固定效应模型。

被解释变量为 lngdp2 时，$F(7, 76)$ 统计量为 16.46，大于 F 统计量的概率为 0，强烈拒绝原假设，说明固定效应模型优于混合效应模型；B-P 检验统计量为 48.63，大于统计量的概率为 0，强烈拒绝原假设，说明随机效应模型优于混合效应模型；Hausman 检验统计量为 21.01，大于统计量的概率为 0，强烈拒绝原假设，说明固定效应模型优于随机效应模型。

被解释变量为 lngdp3 时，$F(7, 76)$ 统计量为 67.51，大于 F 统计量的概率为 0，强烈拒绝原假设，说明固定效应模型优于混合效应模型；B-P 检验统计量为 281.14，大于统计量的概率为 0，强烈拒绝原假设，说明随机效应模型优于混合效应模型；Hausman 检验统计量为 1.66，其伴随概率为 0.7974，接受原假设，说明随机效应模型优于固定效应模型。

综上，被解释变量为 lngdp、lngdp2 时选择固定效应模型分析财政政策、货币政策对三次产业的影响。被解释变量为 lngdp1、lngdp3 选择随机效应模型分析财政政策、货币政策对第一、第三产业增加值的影响。

6.2.3.3 两大政策促进中部地区产业结构调整的实证检验结果

两大政策促进中部地区产业结构调整的实证检验结果如表 6-10 所示：地方财政支出及地方银行信贷对三次产业均有正向作用；衡量地方财政支出水平的 $lnfisc_{t-1}$ 对 lngdp、lngdp1、lngdp2、lngdp3 的系数分别为 0.355、0.251、1.340、1.421；衡量地方银行信贷水平的 $lnbank_{t-1}$ 对 lngdp、lngdp1、lngdp2、lngdp3 的系数分别为 0.386、0.296、0.365、1.648；衡量财政政策及货币政策共同作用的交叉项对 lngdp、lngdp1、lngdp2、lngdp3 的系数分别为 0.0141、0.00895、0.0250、0.0706；被解释变量为 lngdp、lngdp1、lngdp2、lngdp3 的模型回归结果的可决系数 R^2 分别为 0.990、0.9630、0.936、0.9894；模型整体拟合程度较好。结果说明在中部地区，财政政策对第二产业的影响作用大于货币政策的影响作用；财政、货币政策分别对第三产业的影响明显大于其对第一、第二产业的影响；财政政策与货币政策共同对三次产业的影响较小。

表 6-10 两大政策促进中部地区产业结构调整的实证检验结果

被解释变量	lngdp	lngdp1	lngdp2	lngdp3
模型类型	固定效应模型	随机效应模型	固定效应模型	随机效应模型
$lnfisc_{t-1}$	0.355*	0.251**	1.340*	1.421***
	(0.066)	(0.031)	(0.142)	(0.473)
$lnbank_{t-1}$	0.386**	0.296*	0.365*	1.648***
	(0.127)	(0.287)	(0.289)	(0.454)
lnl	-0.248**	1.049***	0.602**	0.0512
	(0.0994)	(0.136)	(0.261)	(0.0881)
lnk	-0.0176	0.0850***	0.191	0.105**
	(0.0551)	(0.0303)	(0.131)	(0.0494)
财政政策、货币政策交叉项	0.0141	0.00895	0.0250	0.0706***
	(0.0164)	(0.0262)	(0.0374)	(0.0173)
常数项	22.05*	-0.764	21.97	54.57***
	(11.47)	(18.14)	(27.67)	(12.77)

续表

被解释变量	lngdp	lngdp1	lngdp2	lngdp3
样本量	88	88	88	88
可决系数	0.990	0.9630	0.936	0.9894
括号内为稳健标准误				
***$p<0.01$,**$p<0.05$,*$p<0.1$				

注：$lnfisc_{t-1}$、$lnbank_{t-1}$分别表示财政支出及银行信贷滞后一期的对数，lnl、lnk 分别表示劳动力人数、固定资产投资完成额的对数，lngdp、lngdp1、lngdp2、lngdp3 分别代表三次产业、第一产业、第二产业、第三产业增加值的对数。

6.2.4 两大政策促进西部地区产业结构调整的实证分析

6.2.4.1 两大政策促进西部地区产业结构调整的描述性分析

两大政策促进西部地区产业结构调整的描述性统计结果如表 6-11 所示：2005~2017 年，西部各地区 GDP 都处于持续增长态势，lngdp 的最大值为 28.82，最小值为 24.09，标准差为 1.076，平均值为 26.99，均值水平小于全国水平，标准差水平大于全国水平。说明西部各地区间的 lngdp 离散程度整体高于全国水平；从第一、二、三产业增加值的角度来看，第三产业增幅高于第二产业增幅；第一产业增幅最小，整体增幅有限；四川、陕西、新疆维吾尔自治区等省（区）第二产业发展较为缓慢。这与现实较符合，受去产能等政策影响，部分地区第二产业发展较慢。

表 6-11 两大政策促进西部地区产业结构调整的描述性分析

变量名	组别	平均值	标准差	最小值	最大值	变量名	平均值	标准差	最小值	最大值	样本量
lngdp	整体	26.99	1.076	24.09	28.82	lnl1	15.57	1.009	13.68	16.95	N=132
	组间		1.017	24.81	28.26			1.048	13.74	16.83	n=12
	组内		0.450	26.09	27.74			0.0654	15.38	15.74	T=11

续表

变量名	组别	平均值	标准差	最小值	最大值	变量名	平均值	标准差	最小值	最大值	样本量
lngdp1	整体	24.90	1.127	22.35	26.70	lnl2	14.53	1.031	11.87	16.38	N=132
	组间		1.109	22.73	26.34			1.056	12.35	16.28	n=12
	组内		0.366	24.12	25.74			0.178	14.04	15.12	T=11
lngdp2	整体	26.20	1.138	22.80	27.96	lnl3	15.14	0.894	13.05	16.66	N=132
	组间		1.085	23.70	27.51			0.914	13.49	16.55	n=12
	组内		0.455	25.25	26.99			0.169	14.71	15.62	T=11
lngdp3	整体	26.09	1.035	23.49	28.07	lnl	16.29	0.956	14.21	17.70	N=132
	组间		0.951	24.19	27.29			0.990	14.45	17.68	n=12
	组内		0.485	25.14	26.92			0.0878	16.04	16.58	T=11
lnfisc	整体	27.12	1.131	23.74	29.10	lnk1	23.57	1.113	21.00	25.68	N=132
	组间		0.971	24.78	28.35			0.885	21.79	24.55	n=12
	组内		0.639	26.03	28.78			0.718	22.01	25.22	T=11
lnbank	整体	25.83	0.841	23.68	27.41	lnk2	25.78	1.144	21.70	27.44	N=132
	组间		0.605	24.80	26.76			1.001	23.30	26.91	n=12
	组内		0.608	24.59	26.71			0.620	24.18	26.75	T=11
lnk	整体	26.76	1.119	23.86	28.70	lnk3	26.17	1.160	23.59	28.31	N=132
	组间		0.932	24.78	27.95			0.948	24.43	27.45	n=12
	组内		0.671	25.49	27.92			0.717	24.76	27.49	T=11

注：lngdp、lngdp1、lngdp2、lngdp3 分别代表三次产业、第一产业、第二产业、第三产业增加值的对数，lnfisc、lnbank 分别代表财政支出、银行信贷的对数，lnl1、lnl2、lnl3、lnl 分别代表第一产业、第二产业、第三产业及三次产业劳动力人数的对数，lnk1、lnk2、lnk3、lnk 分别代表第一产业、第二产业、第三产业及三次产业固定资产投资完成额的对数。

核心解释变量衡量地方财政支出 lnfisc 的最大值为 29.10，最小值为 23.74，平均值为 27.12，标准差为 1.131，平均值略低于全国水平，标准差与全国水平持平，表明西部各地区财政支出整体落后且差别不大。衡量地方银行信贷 lnbank 的最大值为 27.41，最小值为 23.68，标准差为 0.841，平均值为 25.83，平均值明显低于全国水平。相比而言，地方银行信贷与地方财政支出处于同一数量级，地方银行信贷规模小于地方财政支出规模，地方银行信贷的偏差小于地方财政支出偏差。控制变量中，劳动力投入的标准差整体小于资本投入的标准差。总体而言，数据稳定性较好，可进行面板数据分析。

6.2.4.2 两大政策促进西部地区产业结构调整的模型检验结果

采用静态面板回归方法，通过检验得到最优模型，检验方法同6.2.3.1，检验结果如表6-12所示：被解释变量为lngdp时，F（11，116）统计量为43.52，大于F统计量的概率为0，强烈拒绝原假设，说明固定效应模型优于混合效应模型；B-P检验统计量为61.32，大于统计量的概率为0，强烈拒绝原假设，说明随机效应模型优于混合效应模型；Hausman检验统计量为78.09，大于统计量的概率为0，强烈拒绝原假设，说明固定效应模型优于随机效应模型。

表6-12 两大政策促进西部地区产业结构调整的模型优劣性检验结果

被解释变量	Wald 检验	B-P 检验	Hausman 检验	结论
lngdp	F（11，116）=43.52	chibar2=61.32	chi2=78.09	固定效应模型
	P＞F = 0.0000	P＞chibar2 = 0.0000	P＞chi2 = 0.0000	
lngdp1	F（11，116）=57.04	chibar2=278.67	chi2=26.87	固定效应模型
	P＞F = 0.0000	P＞chibar2 = 0.0000	P＞chi2 = 0.000	
lngdp2	F（11，116）=31.63	chibar2=139.11	chi2=20.60	固定效应模型
	P＞F = 0.0000	P＞chibar2 = 0.0000	P＞chi2 = 0.0004	
lngdp3	F（11，116）=37.69	chibar2=260.06	chi2=5.05	随机效应模型
	P＞F = 0.0000	P＞chibar2 = 0.0000	P＞chi2 = 0.3216	

注：lngdp、lngdp1、lngdp2、lngdp3分别代表三次产业、第一产业、第二产业、第三产业增加值的对数。

被解释变量为lngdp1时，F（11，116）统计量为57.04，大于F统计量的概率为0，强烈拒绝原假设，说明固定效应模型优于混合效应模型；B-P检验统计量为278.67，大于统计量的概率为0，强烈拒绝原假设，说明随机效应模型优于混合效应模型；Hausman检验统计量为26.87，大于统计量的概率为 0，强烈拒绝原假设，说明固定效应模型优于随机效应模型。

被解释变量为 lngdp2 时，F（11，116）统计量为 31.63，大于 F 统计量的概率为 0，强烈拒绝原假设，说明固定效应模型优于混合效应模型；B-P 检验统计量为 139.11，大于统计量的概率为 0，强烈拒绝原假设，说明随机效应模型优于混合效应模型；Hausman 检验统计量为 20.60，大于统计量的概率为 0.0004，在 1% 的置信水平下拒绝原假设，说明固定效应模型优于随机效应模型。

被解释变量为 lngdp3 时，F（11，116）统计量为 37.69，大于 F 统计量的概率为 0，强烈拒绝原假设，说明固定效应模型优于混合效应模型；B-P 检验统计量为 260.06，大于统计量的概率为 0，强烈拒绝原假设，说明随机效应模型优于混合效应模型；Hausman 检验统计量为 5.05，其伴随概率为 0.3216，接受原假设，说明随机效应模型优于固定效应模型。

综上，被解释变量为 lngdp、lngdp1、lngdp2 时均选择固定效应模型分析财政和货币政策对西部三次产业的影响，被解释变量为 lngdp3 时选择随机效应模型分析财政和货币政策对西部第三产业增加值的影响。

6.2.4.3 两大政策促进西部地区产业结构调整的实证检验结果

两大政策促进西部地区产业结构调整的实证检验结果如表 6-13 所示：地方财政支出及地方银行信贷对三次产业均有正向作用，衡量地方财政支出水平的 $lnfisc_{t-1}$ 对 lngdp、lngdp1、lngdp2、lngdp3 的系数分别为 0.371、0.744、0.0286、0.959；衡量地方银行信贷水平的 $lnbank_{t-1}$ 对 lngdp、lngdp1、lngdp2、lngdp3 的系数分别为 0.0514、0.351、0.454、0.750；衡量财政政策及货币政策共同作用的交叉项对 lngdp、lngdp1、lngdp2、lngdp3 的系数分别为 0.0189、0.0302、0.00385、0.0423；被解释变量为 lngdp、lngdp1、lngdp2、lngdp3 的模型回归结果的可决系数 R^2 分别为 0.985、0.950、0.958、0.980，模型整体拟合程度较好。结果说明在西部，财政政策对第一产业增加值的影响明显优于货币政策的影响；货币政策对第二产业增加值的影响明显优于财政政策；财政政策与货币政策分别对第三产业的影响明显大于其对第一、第二产业的影响；但财政政策与货币政策共同对三次产业的影响较小。

表 6–13　两大政策促进西部地区产业结构调整的实证检验结果

被解释变量	lngdp	lngdp1	lngdp2	lngdp3
模型类型	固定效应模型	固定效应模型	固定效应模型	随机效应模型
$lnfisc_{t-1}$	0.371**	0.744***	0.0286*	0.959***
	(0.147)	(0.226)	(0.261)	(0.184)
$lnbank_{t-1}$	0.0514*	0.351	0.454*	0.750***
	(0.055)	(0.045)	(0.032)	(0.098)
lnl	−0.171*	0.0108	0.0346	0.125*
	(0.0921)	(0.136)	(0.0701)	(0.0637)
lnk	0.163***	0.0839***	0.0966	0.208***
	(0.0564)	(0.0319)	(0.0677)	(0.0475)
财政政策、货币政策交叉项	0.0189***	0.0302***	0.00385	0.0423***
	(0.00576)	(0.00895)	(0.00992)	(0.00746)
常数项	23.57***	30.82***	9.552	34.44***
	(4.008)	(5.938)	(6.774)	(5.067)
样本量	132	132	132	132
可决系数	0.985	0.950	0.958	0.980

括号内为稳健标准误

***p<0.01，**p<0.05，*p<0.1

注：$lnfisc_{t-1}$、$lnbank_{t-1}$分别表示财政支出及银行信贷滞后一期的对数，lnl、lnk分别表示劳动力人数、固定资产投资完成额的对数，lngdp、lngdp1、lngdp2、lngdp3分别代表三次产业、第一产业、第二产业、第三产业增加值的对数。

6.2.5　实证分析结论

本章主要选取 2006~2017 年的省际面板数据，选取三次产业增加值及第一、第二、第三产业增加值为被解释变量，选取财政支出及银行信贷为解释变量，选取要素投入为控制变量，采用静态面板分析方法研究财政政策及货币政策对区域产业结构调整的影响，对全国及东、中、西部地区进行实证研究，统计各地区实证结果系数如表6-14所示。综合结论如下：

表6-14 两大政策促进各地区产业结构调整的实证结果系数

地区	东部			中部			西部		
被解释变量	lngdp1	lngdp2	lngdp3	lngdp1	lngdp2	lngdp3	lngdp1	lngdp2	lngdp3
$lnfisc_{t-1}$	0.320	0.0699	0.308	0.251	1.340	1.421	0.744	0.0286	0.959
$lnbank_{t-1}$	0.126	0.249	0.359	0.296	0.365	1.648	0.351	0.454	0.750
财政政策货币政策交叉项	0.017	0.0045	0.0271	0.009	0.0250	0.0706	0.030	0.0039	0.042

注：lngdp1、lngdp2、lngdp3、lngdp 分别代表第一产业、第二产业、第三产业、三次产业增加值的对数，$lnfisc_{t-1}$、$lnbank_{t-1}$ 分别表示财政支出及银行信贷滞后一期的对数。

第一，财政政策与货币政策的交叉项回归结果系数整体远小于财政政策及货币政策各自的回归系数，说明无论是第一、第二、第三产业，财政政策和货币政策共同对各地区产业结构调整的影响力远小于两大政策分别对其的影响力，两大政策在各地区产业结构调整中难以发挥合力，应该加强二者协调配合力度，共同促进地区产业结构调整。

第二，对第一产业来说，衡量财政支出水平的 $lnfisc_{t-1}$ 对 lngdp1 在东、中、西部地区的回归结果分别是 0.320、0.251、0.744，说明财政政策对第一产业的影响力在西部地区明显高于东、中部地区；衡量地方银行信贷的 $lnbank_{t-1}$ 对 lngdp1 在东、中、西部地区的回归结果分别是 0.126、0.296、0.351，说明货币政策对第一产业的影响力在西部地区最高，然后依次是中部、东部地区。

第三，对第二产业来说，衡量财政支出水平的 $lnfisc_{t-1}$ 对 lngdp2 在东、中、西部地区的回归结果分别是 0.0699、1.340、0.0286，说明财政政策对第二产业的影响在中部地区明显高于东、西部地区。衡量地方银行信贷的 $lnbank_{t-1}$ 对 lngdp2 在东、中、西部地区的回归结果分别是 0.249、

0.365、0.454，说明货币政策对第二产业的影响在西部地区最高，然后依次是中部、东部地区；且相对平衡，比财政政策对东、中、西部第二产业的影响差异小。

第四，对第三产业来说，衡量财政支出水平的 $lnfisc_{t-1}$ 对 lngdp3 在东、中、西地区的回归结果分别是 0.308、1.421、0.959，说明财政政策对第三产业的影响在中部地区明显高于西部、东部地区。衡量地方银行信贷的 $lnbank_{t-1}$ 对 lngdp3 在东、中、西地区的回归结果分别是 0.359、1.648、0.750，说明货币政策对第三产业的影响在中部地区最为明显，然后依次是西部、东部地区。

第五，就全国各省（区）而言，两大政策对各地区、各次产业结构调整的影响力基本都不一样。货币政策对第二产业的影响力远大于财政政策对其的影响力；财政政策和货币政策分别对第三产业的影响力明显大于其对第一、第二产业的影响。在东部地区，财政政策对第一产业的影响力大于货币政策的影响力；货币政策对第二产业的影响力大于财政政策；财政政策和货币政策对第三产业的影响作用相当。在中部地区，财政政策对第二产业的影响大于货币政策对其的影响；财政、货币政策分别对第三产业的影响明显大于其对第一、第二产业的影响。在西部地区，财政政策对第一产业增加值的影响明显优于货币政策对其的影响；货币政策对第二产业增加值的影响明显优于财政政策；财政政策与货币政策分别对第三产业的影响明显大于第一、第二产业。

6.3 原因解析

从两大政策对全国各地区产业结构调整影响的实证分析可以看出，两大政策分别对促进各地区产业结构调整有一定积极作用，不过，不同政策对不同地区、不同产业的影响不同，两大政策共同协调配合促进各地区产业结构优化的力度有限，难以发挥两大政策合力和效率。主要原因是单靠任一政策调整结构的作用有限，两大政策缺乏全面、系统的协调配合机制，缺乏两大政策实施的协调配合端口，各地差异较大、执行两大政策的方式和效果不一。

6.3.1 单靠任一政策作用有限，难以发挥合力促进结构调整

6.3.1.1 单靠财政自身促进结构调整的作用有限

财政资金本身有限，我国四大预算[①]中财政主要支配一般公共预算，可统筹调配的预算资金有限。在一般公共预算中，各种刚性支出多。财政要保民生、保基本、保运转、保重点等刚性支出，资金按"基数+增长""基数+因素"等方式分配。由于各部门既得利益刚性化，个别税种支出方向特定化，收支两条线改革后某些收支关系仍存在密切挂钩等因素影响，财政实际可调配的资金有限，通常是一般公共预算中的部分增量资金。而且，受经济下行影响，增量资金有限，增加了财政资金可调配资金的难度。以节能环保支出为例（见图6-1），近年来社会各界增加了对环境保护、节能减排的重视，财政资金2012~2015年对节能环保的投入增速分别为12.21%、15.92%、11.08%、25.87%，不过节能环保支出毕竟属新兴项目，2007年时该项支出只有34.59亿元，随着多年加大投入，2015年该项支出4 802.89亿元，仍仅占财政总支出的2.73%。这从一个侧面反映了财政拟加大节能环保支出，但受可调配财力有限的影响，实际增加其投入的规模和比重仍有限，财政支出压力仍较大。再者，财政政策最大的作用是引领和带动而不是全靠自身投入，全靠财政支出优化结构不现实且

---

① 包括一般公共预算、政府性基金预算、国有资本经营预算、社会保险基金预算四大预算。

效果有限。

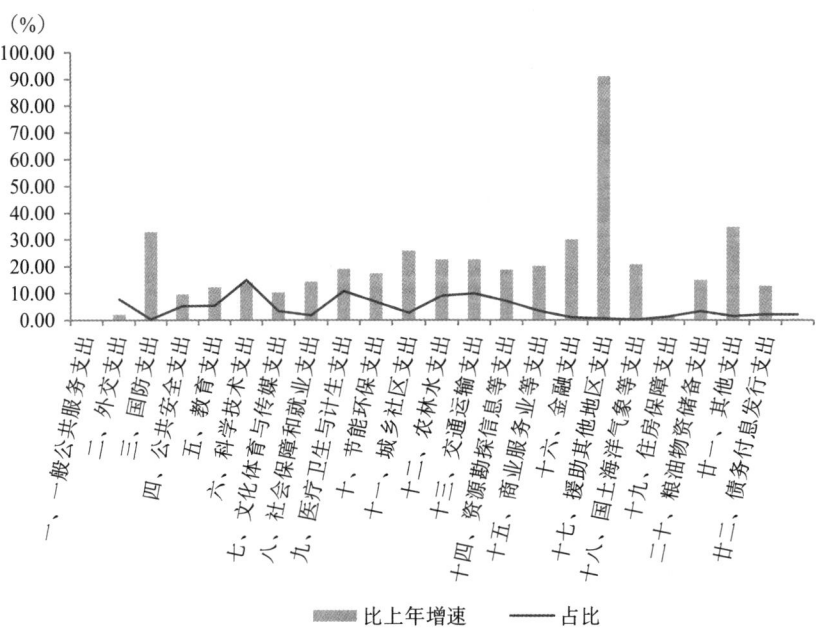

图 6-1 2015 年各项财政支出增速及占比情况

资料来源：根据财政部数据整理。

6.3.1.2 单靠货币政策推动结构调整效果有限

因为金融体系结构不完善、金融机构内生利益驱动影响较大。近年来，我国直接金融有较大发展，但仍以间接金融为主体，且大银行占主导；受利益驱动影响，银行业金融机构对央行促进结构调整尤其是定向调控的积极性有限。2014 年初我国间接融资比重达 80% 以上。① 受近年来地方政府债券加大置换与发行及股权分置改革完成、创业板和新三板等改革因素影响，股票、债券市场占比有所提高，但银行贷款居于主导地位的状况依然没有改变。据统计，2016 年 12 月底，我国股市市值达 50 万亿元，各

---

① 尚福林. 目前我国间接融资比重达到 80% 以上 [N]. 人民日报，2014 年 2 月 19 日.

类债券余额63万亿元；银行业总资产232万亿元，银行业资产在这三项金融资产中比重达66.97%，间接金融占比依然最大（见表6-15、图6-2）。

表6-15　2016年12月底股市、债市与银行业资产规模比重对比表

名称	期末股市总值	各类债券余额合计	银行业总资产	总规模
金额（亿元）	507 686	637 950	2 322 532	3 468 168
占比（%）	14.64	18.39	66.97	100.00

资料来源：根据中国人民银行、原银监会数据整理。

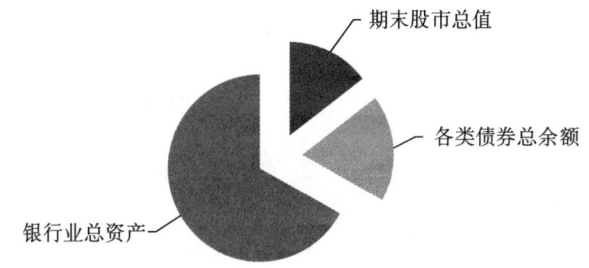

图6-2　2016年12月底股市、债市与银行业资产规模比重对比

资料来源：根据人民银行、原银监会数据整理。

在间接金融比重较大的背景下，金融资产过度集中于大型商业银行和股份制商业银行。按中国人民银行和中国银保监会数据，我国银行业金融机构法人机构数2015年共4 261个，总资产为232.25万亿元，银行业资产占全部金融资产的比重超过90%。其中：大型商业银行5家，资产为86.6万亿元，资产占比为37.29%；股份制商业银行12家，资产为43.47万亿元，资产占比为18.72%；城市商业银行133家，资产为28.24万亿元，资产占比为12.16%；农村金融机构2 303家，资产为29.89万亿元，资产占比为12.87%；其他类金融机构1 805家（包括政策性银行、外资银行、民营银行、非银行金融机构和邮储银行），资产为44万亿元，资产占比为18.96%（图6-3）。2015年，5家大型商业银行（工、农、中、建、交）和12家股份商业银行的机构数量较少，只占银行业金融机构总数4 261家的0.4%，但其占据的金融资产最多，二者合计资产占比达56%。因此，我国金融结构体系呈现"间接金融为主，且大银行占主导"的特征。

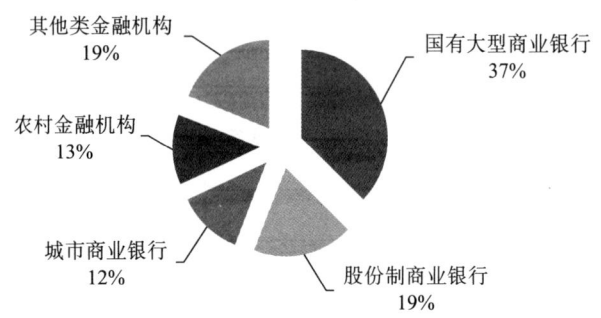

图 6-3　2015 年银行业金融机构资产分布

资料来源：根据中国人民银行、原银监会、万德数据整理。

在此背景下，银行业金融机构尤其是商业性金融机构普遍以追逐市场利益为第一目标，对促进结构调整的积极性不大。例如，对国家定向调控支持领域中发展较为薄弱、利益回报不高的"三农"、小微企业、保障房等领域，金融机构支持的力度有限、积极性不大。因此，货币政策光靠自身力量引导金融机构支持结构性调整，推动结构调整的效果有限。需两大政策发挥合力，共同促进结构调整。

6.3.2　两大政策缺乏协调配合的机制和端口支撑

在结构调整中，两大政策通过各自工具、传导机制进行定向调控，对需要扶持的领域给予重大支持，对需要限制的领域给予必要限制，但还缺乏协调配合的机制促进统筹布局与执行。例如，在支持"三农"、小微企业、基础设施建设等薄弱环节和重要领域，财政部门运用税收减免、财政补贴或投入、建立基金、发债等方式进行扶持；央行通过定向降准、降息及扩大合格抵押品范围提供抵押补充贷款（PSL）、常备借贷便利（SLF）、中期借贷便利（MLF）、信贷资产质押再贷款等方式为政策性银行、商业银行提供流动性，引导其腾挪出资金支持"三农"、小微、基建等领域。但是，两大政策之间尚未建立完善的机制、缺乏协调配合的端口支撑促进双方共同加强定向调控。

财政与货币政策都是宏观政策，受国际规则等限制不宜或有时很难直接深入到结构调整定向扶持的所有行业主体，需要相关载体承接财政与货币政策的共同定向扶持使命，并贯彻落实到结构调整领域的特定行业、具体主体，使财政与货币政策的优惠政策在实践中形成合力达到效果最大。政策性金融机构具备承载两大政策协调配合的天然优势，在实践中，政策性金融机构也的确为"三农"、中小微企业、棚户区改造、扶贫等作出了巨大贡献。但面对诸多需要支持的领域、企业和个人等主体，单靠政策性金融机构的数量、规模还是有限的，需要更多能承载两大政策协调配合的机构和组织加大对两大政策共同定向调控的端口支撑。这些机构和组织不一定必须是政策性金融机构，但由于他们能得到政府财政、货币金融的支持，从而可起到"类政策性金融机构"的作用，支持国家定向调控领域，起到引导经济结构优化、促进经济转型升级的作用。

6.3.3 各地差异较大，执行财政、货币政策的方式和效果不一

我国地域辽阔，各地资源禀赋、产业基础、银行业等金融资源、财政资金及地方政策差异都比较大，因此在执行财政政策、货币政策的过程中，方式不完全一样，效果也不一样。以小微企业为例：

财政政策对小微企业的支持有减税、降费、基金支持等，意在降低企业成本，促进其创业、创新。例如，实行营改增、提高小微企业增值税起征点；减半征收企业所得税并逐步扩大受益企业范围，对创业投资企业和天使投资、企业购置设备器具、企业教育经费等实行一定的应纳税所得额抵扣优惠，对科技型中小企业的研发费用提高加计扣除比例；在收费上对小微企业进行减免等。根据国家税务总局数据，2012 年实施营改增以来至 2015 年底累计减税近 1.4 万亿元；2016 年全年减税降费 6 000 多亿元；2017 年全年减税降费超过 1 万亿元，其中支持大众创业、万众创新的税收优惠政策减税就超过 5 000 亿元，仅"对小微企业减半征收企业所得税的

年应纳税所得额标准从6万元逐步提至50万元"一项举措就为小微企业减税454亿元。① 作为一个国家,减税超过3万亿元规模不小,但对于分布在全国各地众多中小企业来说,受益范围和每个企业受益的规模有限。

货币政策开展定向调控支持小微企业的实际效果也有限。在央行推出定向降准、降息等定向调控措施大力推动金融服务小微企业后,各类金融机构都对小微企业贷款给予了支持,不过支持力度和效果仍有限。以2015年为例,国有大型商业银行、以政策性银行为代表的其他类金融机构、农村金融机构、城市商业银行、股份制银行对小微企业的贷款占比分别为24.9%、24.84%、18.7%、16.88%、14.68%(见表6-16、图6-4)。但这些贷款占各金融机构总资产的比例仍有限,五类金融机构对小微企业贷款占各自银行总资产的比例分别为7.68%、15.06%、16.71%、15.96%、9.02%;各类型金融机构对小微企业的贷款总额为26.7万亿元,占银行业金融机构总资产232万亿元的比例仅为11.5%。这对我国中小企业创造的最终产品和服务价值相当于国内生产总值GDP的60%②来说,其信贷支持力度显然较小。

表6-16 2015年银行业金融机构数、总资产及用于小微企业贷款情况

类 型	数量(个)	总资产(亿元)	资产占比(%)	小微企业贷款(亿元)	小贷占比(%)	小微贷款占其银行资产比例(%)
国有大型商业银行	5	865 982	37.29	66 483	24.90	7.68
股份制商业银行	12	434 732	18.72	39 194	14.68	9.02
城市商业银行	133	282 378	12.16	45 063	16.88	15.96
农村金融机构	2 303	298 971	12.87	49 944	18.70	16.71
其他类金融机构	1 805	440 469	18.96	66 325	24.84	15.06
合 计	4 261	2 322 532	100	267 009	100	11.5

资料来源:根据中国人民银行、原银监会、万德数据整理。

① 五年减税降费超3万亿元,2018年减税降费仍有亮点,中国税务网,2018年3月5日。
② 中小企业占GDP总量达六成,东方经济网,2014年4月2日。

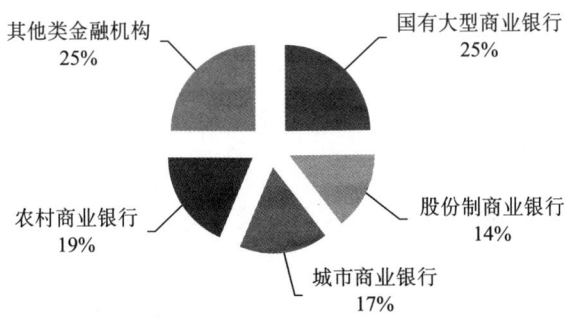

图 6-4　2015 年银行业金融机构对小微企业贷款占比

资料来源：根据中国人民银行、原银监会、万德数据整理。

　　此外，各地区中小微企业发展状况、银行业金融资源、可支配财政资金及各地政策差距较大，致使两大政策定向扶持中小微企业的实践效果也不一样。有些地区具有多种优势，使扶持中小微企业的财政资金能与当地信贷市场、资本市场较好发挥合力。例如在中央出台相关政策的基础上，浙江省出台了一些鼓励当地中小企业融资的办法和指导意见；浙江本地中小企业相对全国来说基础较好；浙江金融业资源较集中且发达，有些金融机构在全球都有较强的融资能力；浙江财政实力位居全国前列；此外浙江还有一些较活跃的非银行金融服务中介机构，专门从事中小企业综合融资服务，有效促进了各项政策资源整合、帮助解决了国家支持中小企业融资的"最后一公里"问题。例如，"中新力合股份有限公司"创新了"路衢模式"①，将浙江省财政部门、科技部门、工信部门等政府部门资金与银行机构、担保机构、信托基金、风险投资资金等资源较好地实现整合配置，为中小企业提供优质的融资配套服务。2012 年，中新力合多方整合融资 8 亿多元，使 400 多家小企业直接受益，其中 35% 的企业属首次获得纯信用低廉贷款。此后该公司不断创新服务中小企业融资的方式。2016 年底中新力合旗下"鑫合汇"互联网金融平台累计交易突破 700 亿元大关，通过推

---

①　"路衢模式"指以政府财政资金为引导，通过担保公司的不完全担保、风险投资公司的劣后投资，借助于集合债权信托基金为平台，积极吸引社会资金，实现对中小企业融资支持的形式。

进"全境化＋产品化＋互联网化"战略，专注解决中小微企业短期过桥融资问题，服务范围已突破浙江，覆盖北京、山东、江苏、上海、安徽、江西、广东等地。"中新力合"虽然不是政府部门、不是政策性金融机构，但在支持中小企业融资的实践中得到了财政资金的大力支持，吸引了我国及全球金融机构和其他资金的投入，有效整合了各类政策和资金资源、成功对接了中小企业，发挥了重要端口支撑作用。

因此，单靠财政政策或单靠货币政策促进结构调整、进行定向调控的力度有限，需两大政策发挥合力；应建立全面协调机制，培育和利用"类政策性金融机构"的协调配合端口；发挥地方积极性，助力两大政策发挥合力，促进经济结构调整和经济动能转换。

|第 7 章|

两大政策工具在协调配合中的实证分析及原因分析

两大政策工具加强协调配合能提高资金使用效率、强化市场化手段有效传导政策意图。本章试图分析两大政策工具在协调配合中存在的问题和原因。由于国债、国库现金既属财政政策工具，又能对货币政策工具中最重要的货币供应量工具产生重要影响，因此本章拟运用实证分析方法，分别分析国债和国库现金对货币供应量的影响。

7.1 国债对货币供给量的影响分析

外汇储备是影响我国货币供给的重要因素，外汇储备大幅波动常使货币供给较为被动。从实践看，外汇过多时央行曾利用央票对冲外汇占款，利用特别国债丰富外汇投资模式；外汇大幅下降时央行利用 SLF、PSL、MLF、TLF 等工具调节货币供给。这些工具发挥了重要作用，但效果有限，功能逊于国债。

7.1.1 外汇占款大幅波动使货币供给较为被动

"外汇"是央行持有的最大资产，对货币供给量影响很大。2001 年外汇占央行总资产比重为 44%，此后不断快速攀升，2010～2014 年达 80%～83%。2015 年起外汇出现负增长，其占央行总资产比例出现明显下滑；2016 年底央行持有"外汇"219 425.26 亿元，占总资产的 64%；2017 年底其占总资产比重达 59%（见表 7-1，图 7-1）。与此同时，"储备货币"即基础货币，是央行用来调整货币数量进而影响利率、体现货币政策意图的重要工具，属央行资产负债表的负债方。"储备货币"从 2001 年的 39 851.73 亿元，增长到 2017 年底的 321 870.76 亿元，增长了 7.08 倍。

"储备货币"占总负债比例一般在80%以上①，2012~2017年"储备货币"占央行总负债比重都超过了85%。

从基础货币占央行总负债比例、外汇占央行总资产比例的绝对数来看，基础货币与外汇储备存在密切关系，外汇储备直接影响基础货币供给数量。一般情况下，外汇储备增长计入资产方，储备货币（基础货币）会增加计入负债方，央行资产负债表会被动扩大。外汇储备大幅波动，无论是快速增长还是大幅下降，都使基础货币供给较为被动。外汇储备过多会面临贬值风险，物价和资产价格面临上涨压力；外汇储备过少，会增加维护人民币汇率稳定、抗击风险的压力，难以满足实体经济对资金的需求挑战。

表 7–1　　　　　　　　　　央行持有外汇情况分析

时间	外汇（亿元）	占总资产比（%）	增速（%）	时间	外汇（亿元）	占总资产比（%）	增速（%）
2001.12.31	18 850.19	44.31	—	2010.12.31	206 766.71	79.75	18.05
2002.12.31	22 107.39	43.26	17.28	2011.12.31	232 388.73	82.71	12.39
2003.12.31	29 841.80	48.13	34.99	2012.12.31	236 669.93	80.35	1.84
2004.12.31	45 939.99	58.41	53.95	2013.12.31	264 270.04	83.29	11.66
2005.12.31	62 139.96	59.94	35.26	2014.12.31	270 681.33	80.02	2.43
2006.12.31	84 360.80	65.61	35.76	2015.12.31	248 537.59	78.20	-8.18
2007.12.31	115 168.70	68.09	36.52	2016.12.31	219 425.26	63.84	-11.71
2008.12.31	149 624.30	72.25	29.92	2017.12.31	217 337.60	59.18	-0.95
2009.12.31	175 154.59	76.98	17.06	2018.12.31	212 556.68	57.06	-2.20

资料来源：根据历年中国人民银行资产负债表数据整理汇总。

---

① 只有2004年、2007~2010年低于80%。

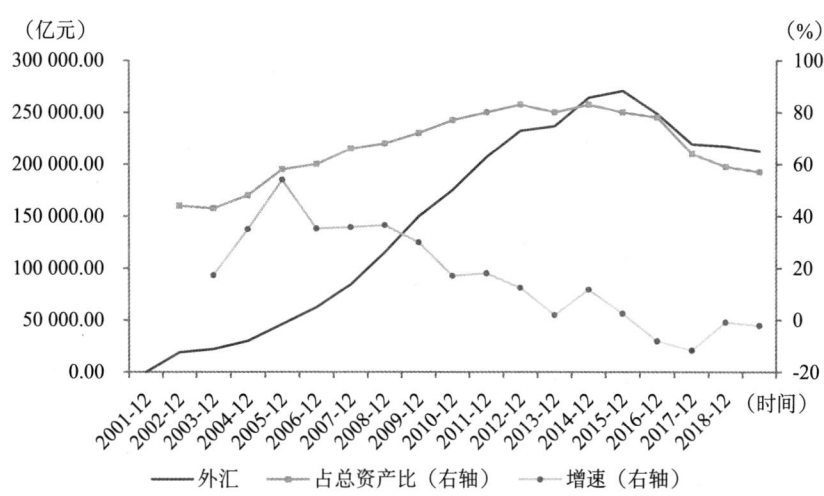

图 7-1 央行持有外汇情况分析

资料来源：根据历年中国人民银行资产负债表数据整理汇总。

7.1.2 外汇占款过多影响金融机构资金效率和货币政策有效贯彻

7.1.2.1 外汇占款过多使商业银行在央行的法定存款准备金过高，影响金融机构资金效率

外汇储备增加一般会同时增加"储备货币"。"储备货币"由"货币发行"和"其他存款性公司存款"构成①，"其他存款性公司存款"即各大金融机构在央行的"法定准备金"。从 2012～2017 年数据看，"货币发行"占央行总资产的比例平均为 21%；"其他存款性公司存款"占央行总资产的比例平均为 66%，是"货币发行"的 3.14 倍。2017 年底央行"储备货币"为 362 931.62 亿元，占总负债的 88%，其中 243 802.28 亿元为

---

① 2017 年后"储备货币"还包括"非金融机构存款"，规模较小，2017 年 994 亿元。

金融机构在央行的法定准备金，占总负债比重高达 67.12%。虽然准备金对调节货币供应量、结构性调整和宏观审慎监管有重大作用，但规模过大、占比过高，无疑会影响金融机构的资金效率。

7.1.2.2 影响货币政策有效贯彻

准备金与货币发行的增减及货币政策紧松的对应方向不一致，即货币政策宽松意味着货币发行应增加、准备金应减少；货币政策紧缩意味着货币发行应减少、准备金应增加。但从央行实际执行情况来看（如图 7-2、图 7-3 所示），储备货币与法定准备金（其他存款性公司存款）无论是增速还是绝对数基本呈同向变化，说明法定准备金是影响储备货币（基础货币）的重要因素。但是法定准备金并不与货币发行呈明显的反向变化，不能完全从法定准备金和货币发行的走向确定货币政策的松紧程度。也就是说，当货币政策确定宽松或紧缩的状态后，货币发行、法定准备金的实际走向可能与货币政策的松紧方向出现偏离，从而影响货币政策真正意图的贯彻落实。

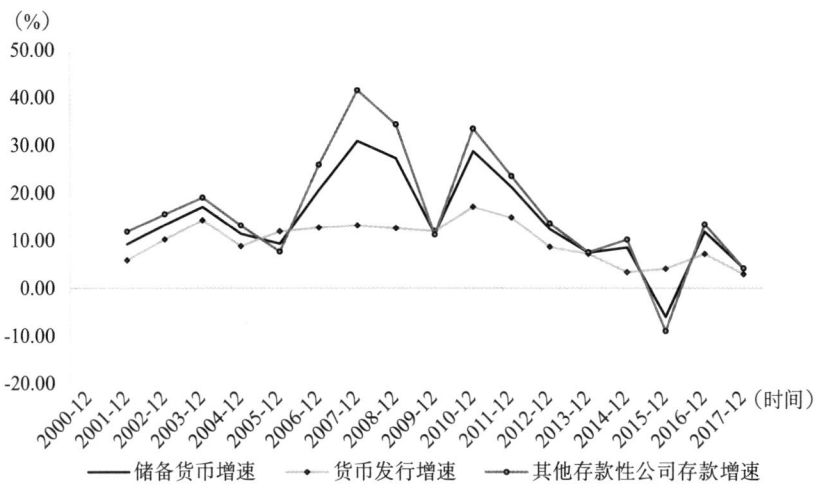

图 7-2　央行储备货币及其构成增速

资料来源：根据历年中国人民银行资产负债表数据整理。

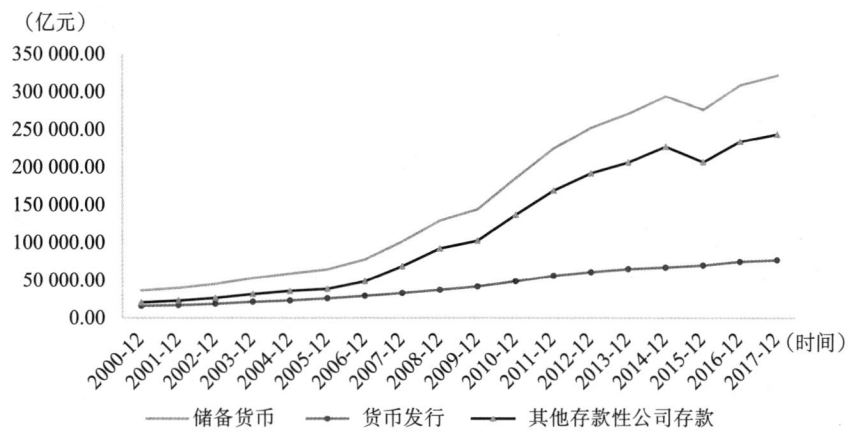

图7-3 央行储备货币及其构成数量

资料来源：根据历年中国人民银行资产负债表数据整理。

7.1.3 利用特别国债创新外汇管理仍未解决货币供给难题

为维护外汇储备资产保值增值、高效运用外汇储备，2007年我国利用特别国债创新外汇投资模式，尝试外汇储备投资新战略，成为财政政策与货币政策协调配合的典范。财政部发行15 500亿元特别国债，向央行购买2 000亿美元外汇作为"中投"的资本金。央行卖出外汇时在其资产方同时记减少"外汇"和增加"对政府债权"。但利用特别国债丰富外汇投资的规模和效益有限，未能解决外汇波动带来的基础货币供给调节难题。

7.1.4 利用"央票"等货币政策工具对冲"外汇"效率低于国债

为打破因外汇储备增长过大导致储备货币（基础货币）供应被动增长的局面，央行于2002年开始通过"发行债券"即央票的方式对冲外汇占款，缓解银行体系流动性过剩。如图7-4和表7-2所示，央行从2002年开始发行债券1 487.5亿元，到2008年时发行债券余额达到顶峰45 779.80亿元。其中，2003年、2004年其增速分别达到104%、265%。2005~2008年"发行债券"占其总负债的20%以上。易纲在《改革开放三十年的中国货币政策》中指出，央行从2003年起在不到5年的时间里，累计发行央票超过12万亿元，通过公开市场操作净收回流动性超过4万亿元。但易纲在2011年就预见到，用央票对冲外汇不可能永远持续下去，真理向前再走一步，就可能会变成谬误。① 用央票对冲外汇的利息成本较高，徐以升（2011）分析2003~2010年央票对冲外汇的成本累计高达1.08万亿元。另外，用央票对冲外汇占款，虽然是在央行资产负债表的负债方内增加"发行债券"的同时减少"储备货币"，能控制基础货币规模和资产负债表规模，但会影响金融机构在央行准备金的规模、效率及货币政策的执行。而且如果外汇储备大幅减少，央票难以发挥

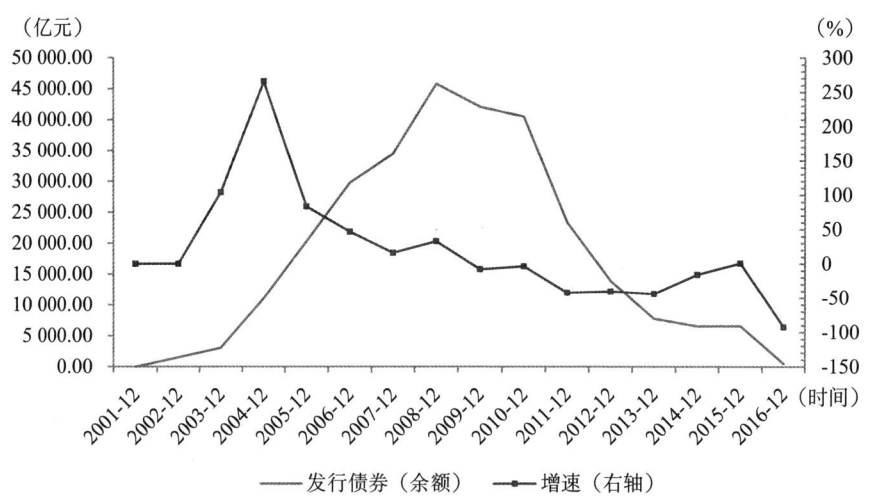

图7-4 央行发行债券（央票）余额及增速（2001~2016年）

资料来源：根据历年中国人民银行资产负债表数据整理。

---

① 易纲著. 中国金融改革思考录 [M]. 北京：商务印书馆，2011年。

表 7-2　央行发行债券（央票）余额及增速（2002~2017 年）

时间	发行债券（余额）（亿元）	增速（%）	总负债（亿元）	发行债券/总负债（%）
2002.12	1 487.50	—	51 107.58	—
2003.12	3 031.55	103.80	62 004.06	4.89
2004.12	11 079.01	265.46	78 655.33	14.09
2005.12	20 296.00	83.19	103 676.01	19.58
2006.12	29 740.58	46.53	128 574.69	23.13
2007.12	34 469.10	15.90	169 139.80	20.38
2008.12	45 779.80	32.81	207 096.00	22.11
2009.12	42 064.20	-8.12	227 530.50	18.49
2010.12	40 497.20	-3.73	259 274.90	15.62
2011.12	23 336.66	-42.37	280 977.60	8.31
2012.12	13 880.00	-40.52	294 537.19	4.71
2013.12	7 762.00	-44.08	317 278.55	2.45
2014.12	6 522.00	-15.98	338 248.79	1.93
2015.12	6 572.00	0.77	317 836.97	2.07
2016.12	500	-92.39	343 711.59	0.15
2017.12	0.00	-100.00	362 931.62	0.00

资料来源：根据历年中国人民银行资产负债表相关数据整理。

更多作用。因此，央票不具有持续对冲外汇的能力。2009 年后央票增速不断下降，2014 年后央行基本不再新发行债券，截至 2015 年底，"发行债券"余额为 6 572 亿元；2016 年底降至 500 亿元；2017 年底"发行债券"为零。近年来为应对外汇大幅下降央行创新了 SLF、PSL、MLF、TLF 等诸多新型货币政策工具调节流动性，主要针对政策性银行、商业银行等存款性金融机构再贷款、再贴现等形成的债权，计入资产负债表中的资产方"对其他存款性公司债权"。这样央行在资产方创新了可同时应对其资产方"外汇"波动、平衡负债方"储备货币"变动调节基础货币数量的新型工具。2016年底"对其他存款性公司债权"占央行总资产比重为25%，比上年大幅增长了17个百分点。2017年底，该比重上升至28%，增加了货币数量调控的主动权。但总体来看，这些货币政策工具的功能都逊于国债。

相比"央票"和"国债"来说，国债才是各国央行调节货币供应量的主力军，央票只是在我国实践中起到临时替代国债对冲外汇调整基础货币的作用。央票即"发行债券"，计入央行资产负债表的负债方，国债即"对政府债权"，计入央行资产负债表的资产方。用国债对冲外汇占款，只是央行资产方的内部调整，不会扩大央行资产负债表的总体规模，对物价保持稳定意义重大。而且，当外汇持续流出不需央票对冲时，央票的作用和功能非常有限，不具备与实体经济相匹配的功能。而国债基本能与建设项目相匹配，不需国债发挥货币工具功能时，可发挥其财政功能。再者，央票信用等级、安全性低于国债，利息成本高于国债。国债是财政部代表国家信用发行的，以一国政治权力和物质为基础；央票是中央银行自行创造以债券市场的平等主体身份发行的。再者，央票流通领域、规模都小于国债。央票只面向商业银行等金融机构发行和认购，范围小，不能在二级市场流通；而国债则可面向全球发行，无论是政府、金融机构、企业和个人，都可购买国债。

其他货币政策工具的功能也逊于国债。因为只有国债是国际通用、公认的兼具财政和货币金融功能的工具，国债的信用等级最高、规模大，国债利率的参考作用是其他各种货币政策工具无法比拟的。而且，国债的国际化应与人民币国际化相辅相成、相互支撑，这是推动人民币成为世界主要储备货币的必经之路。在我国依靠国家实力、国际贸易、国际谈判推进人民币国际化的过程中，应助推国债国际化，让其他国家持有更多的中国国债投资品[1]，才更利于人民币的国际化，更能体现大国财政与大国金融的特色。而我国央行更应率天下之先，持有大量国债并利用国债调节货币

---

[1] 具有中国中央政府信用等级的债券。

供应量、促进金融市场稳定、支持实体经济发展、推进人民币国际化。但央行持有国债规模及运用国债在公开市场操作调节货币供应量的做法十分有限,国债的功能未能充分发挥。

7.2 国库现金对货币供给量的 VECM 模型实证分析

国库现金指进入中央银行国库但尚未支出的财政资金。国库现金变化体现资金在中央银行国库及不同主体在商业银行存款之间的转移,会影响非银行公众持有资金、金融机构准备金及货币供应量的变化。货币供应量一般分为流通中的现金(M0)、狭义货币供应量(M1)和广义货币供应量(M2)三个层次,为客观反映国库现金对货币供应量的影响,本章节分别实证分析国库现金对 M0、M1、M2 的影响。

流通中的现金(M0)指单位库存现金和居民手持现金之和。[①] 狭义货币供应量(M1)指 M0 加上单位在银行可开支票进行支付的活期存款。广义货币供应量(M2)指 M1 加上单位在银行的定期存款和城乡居民个人在银行各项储蓄存款及证券公司的客户保证金。[②] 具体可表示为:

M0 =流通中的现金 (式 7 -1)

M1 =现金 +可开支票进行支付的活期存款 (式 7 -2)

M2 =M1 +单位定期存款 +居民及其他储蓄存款 +证券公司客户保证金 (式 7 -3)

图 7 -5 显示国库现金与货币供应量的走势,可以看出:一是国库现金

[①] 其中"单位"指银行体系之外的企业、机关、团体、部队、学校等单位。
[②] 中国人民银行自 2001 年 7 月起,将证券公司客户保证金计入广义货币供应量 M2。

及流通中的现金（M0）存在明显的季节性及周期性变化[①]。二是国库现金波动方向与流通中的现金（M0）相反，这种现象自2001年来更加明显，国库现金的拐点位置比流通中的现金（M0）稍微提前，但拐点特征极为相似：国库现金处于下降阶段时流通中的现金（M0）表现为上升趋势；国库现金处于上升阶段时流通中的现金（M0）表现出下降趋势；随着国库现金季节性变化程度的增强，流通中的现金（M0）也体现出变化方差越来越大的特点，波动幅度呈现逐步增强的趋势。三是狭义货币供应量（M1）在2010~2015年存在增速放缓现象，对应时期的国库现金波动幅度加大。四是广义货币供应量（M2）拐点出现在2009年，2009年后增速明显加大。

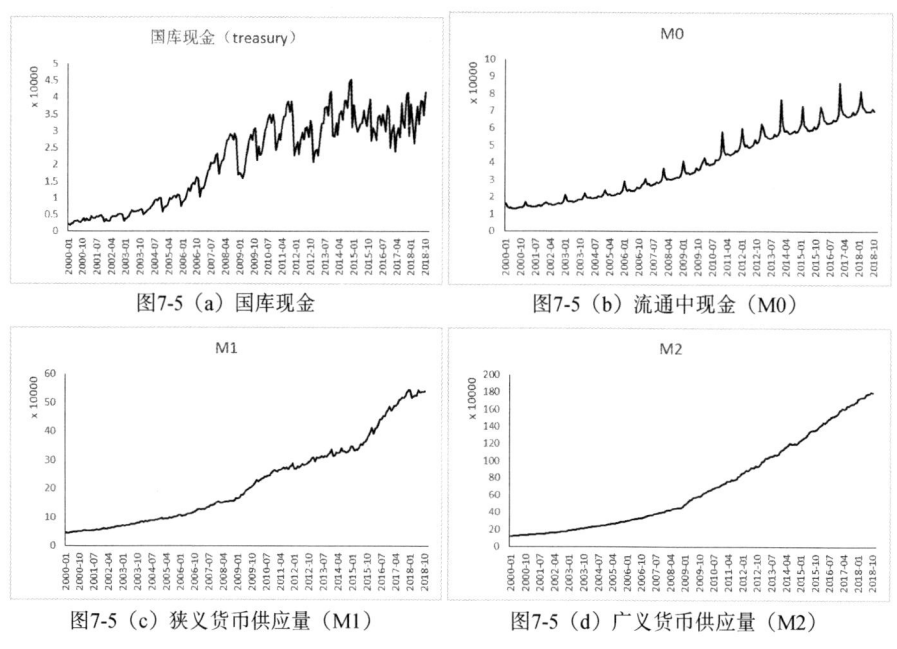

图7-5（a）国库现金　　图7-5（b）流通中现金（M0）

图7-5（c）狭义货币供应量（M1）　　图7-5（d）广义货币供应量（M2）

图7-5　各变量时间趋势

---

① 因此后续模型建立需对数据的季节性因素进行调整。

7.2.1 变量选择及单位根检验

7.2.1.1 变量选择和数据描述

变量选择包括：一是国库现金，即政府在中央银行的存款，表现在央行资产负债表中的"政府存款"项目；二是货币供应量，属货币政策调节的重要工具，一般分为 M0、M1、M2 三个层次（见表 7-3）。

表 7-3　　　　　　　　变量选取详情

序号	变量名	符号	单位
1	国库现金余额	Treasury	元
2	流通中的现金	M0	元
3	狭义货币供应量	M1	元
4	广义货币供应量	M2	元

国库现金余额与货币供应量数据源于中国人民银行网站公布数据和万德数据库，样本区间为 2000 年 1 月～2018 年 10 月。

图 7-5 显示流通中的现金（M0）与国库现金（Treasury）存在明显的季节因素，为消除季节性对数据的干扰，利用 X-12[①]方法对流通中的现金（M0）与国库现金（Treasury）进行季节性调整。同时为减少数据的异方差性，对上述调整后的相关变量取对数进行处理，流通中的现金的对数表示为 lnm0，狭义货币供应量的对数表示为 lnm1，广义货币供应量的对数表示为 lnm2；国库现金的对数表示为 lnTreasury。另外，以 d 表示变量的一阶差分，因而上述变量对应的一阶差分序列分别为：dlnm0、dlnm1、dlnm2 和 dlnTreasury。调整后时序图如图 7-6 所示。

---

① 中国人民银行调查统计司编著. 时间序列 X-12-ARIMA 季节调整：原理与方法 [M]. 北京中国金融出版社，2006 年 1 月第 1 版.

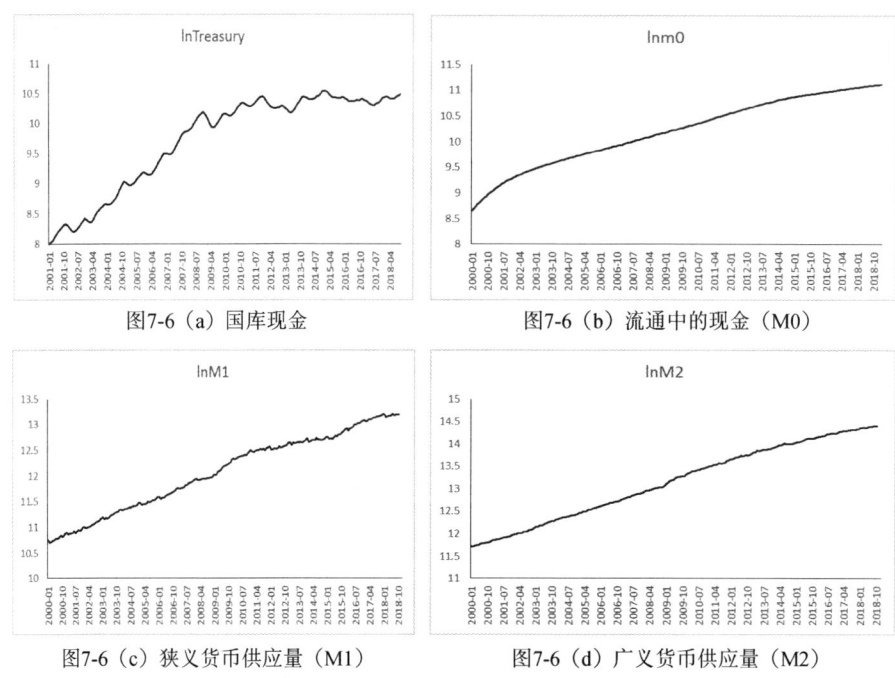

图7-6 经调整后各变量时序

7.2.1.2 变量单位根检验

对时间序列数据而言，如果各时间变量为平稳的时间序列，则可直接构建 VAR 模型。若各时间序列变量不平稳，则需检验所涉及的各时间序列变量之间是否存在协整关系；若存在协整关系，则需使用向量误差修正模型（VECM）；若既非平稳也不存在长期协整关系，则需对各时间序列变量做差分处理，将其变为平稳的时间序列变量。所以，先对流通中的现金（M0）、狭义货币供给量（M1）、广义货币供给量（M2）、国库现金（Treasury）进行单位根检验，检查其平稳性。

表 7-4 显示流通中的现金（M0）、狭义货币供给量（M1）、广义货币供给量（M2）、国库现金（Treasury）（以下简称四变量）及其取一阶差分后的 ADF 单位根检验值。根据结果，四变量的 ADF 单位根检验值均大于在 95% 置信水平下的临界值，因此不能拒绝原假设，即四变量原序列的

ADF 单位根检验结果是非平稳的。而四变量一阶差分序列的 ADF 单位根检验值均比 95% 置信水平的临界值要小，因此四变量取一阶差分后的序列都拒绝了原假设，即四变量一阶差分序列的 ADF 单位根检验结果是平稳的。随后分别建立国库现金（Treasury）与流通中的现金（M0）、狭义货币供给量（M1）、广义货币供给量（M2）的误差修正模型（VECM）研究国库现金对货币供应量的影响。

表 7-4　　　　　　　　　　变量单位根检验结果

变量名	检测值	5% 零界值	通过否
国库现金	-2.614	-2.884	未通过
流通中的现金（M0）	-1.211	-2.884	未通过
狭义货币供给量（M1）	1.948	-2.884	未通过
广义货币供给量（M2）	5.561	-2.884	未通过
国库现金的一阶差分	-17.983	-2.997	通过
流通中的现金（M0）的一阶差分	-17.300	-2.997	通过
狭义货币供给量（M1）的一阶差分	-16.245	-2.997	通过
广义货币供给量（M2）的一阶差分	-13.390	-2.997	通过

7.2.2　国库现金影响流通中的现金（M0）的实证分析

7.2.2.1　滞后阶数选择

在单位根检验基础上，以流通中的现金的对数（lnM0）与国库现金的对数（lnTreasury）为变量建立误差修正模型分析国库现金对流通中的现金的影响。在得到 VECM 模型方程前，首先需确定 VECM 的滞后阶数，通过信息准则的比较得出最优的滞后阶数。检验结果如表 7-5 所示，AIC 的结果显示选取滞后 4 阶，LR、FPE、HQIC、SBIC 的结果显示选择滞后 3 阶，综合来看，滞后 3 阶最优。

表 7-5　　　　　　　　　　滞后阶数选择的结果

lag	LL	LR	FPE	AIC	HQIC	SBIC
0	-202.721		0.024088	1.94972	1.96261	1.9816
1	1483.11	3371.70	2.7×10^{-9}	-14.0677	-14.0291	-13.9721
2	1952.17	938.13	3.2×10^{-11}	-18.4969	-18.4325	-18.3375
3	2011.56	118.77*	1.9×10^{-11}*	-19.0244	-18.9342*	-18.8012*
4	2015.57	8.0233	1.9×10^{-11}	-19.0245*	-18.9085	-18.7376

7.2.2.2　协整检验

建立 VECM 模型,需变量之间有协整关系,因此对流通中的现金的对数(lnM0)与国库现金的对数(lnTreasury)进行协整检验,检验结果如表 7-6 所示。结果显示,原假设为各变量之间无协整关系的统计量为 26.1862,大于 5% 临界值 15.41,因此能够拒绝原假设;原假设为各变量之间至多一个协整关系的统计量为 2.6659,小于 5% 临界值 3.76,不能拒绝原假设。所以认为流通中的现金的对数(lnM0)与国库现金的对数(lnTreasury)有一个协整关系,又因仅选取了两个变量,故认为二者存在协整关系。

表 7-6　　　　　　　　　　协整检验结果

原假设	特征根	统计量	5% 临界值
无	—	26.1862	15.41
至多一个	0.10548	2.6659*	3.76
至多两个	0.01256	—	—

7.2.2.3　VECM 模型建立

在选择滞后阶数和进行协整检验的基础上,建立流通中的现金的对数(lnM0)与国库现金的对数(lnTreasury)两变量滞后 3 阶的 VECM 模型,模型结果如表 7-7:结果显示,2 个回归方程的可决系数 R^2 分别为 0.9991、0.7744,同时 AIC、HQIC、SBIC 的值都很小,说明模型整体拟合较好。

表7-7　　　　　　　　lnM0 与 lnTreasury 的 VECM 模型结果

	D_lnM0	D_lnTreasury
短期调整项	-0.0006***	-0.003***
	0.000	0.007
LD.lnM0	1.099***	-4.054
	0.000	0.137
L2D.lnM0	-0.173***	4.197*
	0.001	0.094
LD.lnTreasury	-0.016***	1.091***
	0.000	0.000
L2D.lnTreasury	0.015***	-0.373***
	0.000	0.000
_cons	0.000***	0.000
	0.000	0.247
lnM0	1	
lnTreasury	-0.4951236***	
_cons	-6.044208**	
可决系数	0.9991	0.7744
RMSE	0.000396	0.015376
AIC	-19.00901	
HQIC	-18.92554	
SBIC	-18.8025	
Loglikelihood	1968.531	

从长期协整关系看，流通中的现金的对数（lnM0）与国库现金的对数（lnTreasury）之间的长期协整方程为 lnM0 = 0.495lnTreasury + 6.044，且各系数的 T 值都显著，说明二者长期具有较强的正相关关系。

从短期关系看，因变量为 D_lnM0 的误差修正系数为 -0.0006，说明每当两变量关系偏离均衡状态时，误差修正项均会促使两变量关系向长期均衡状态调整，但是系数均较小，说明调整力度较小，流通中的现金 M0 需较长时间才能自动回复到长期均衡状态。滞后一期的 LD.lnM0 系数为

1.099，t 检验显著，且系数值较大，说明流通中的现金（M0）波动具有较强的惯性，受上期影响作用较大。

7.2.2.4　VECM 模型相关检验

VECM 中参数统计推断的合理性依赖两个条件：一是协整方程稳定，二是协整个数确定稳定。所以需检验协整个数设置是否合理，检验结果如图 7-7 所示：剩余所有的特征根均在单位圆内，表明协整关系稳定，即协整个数设定合理。

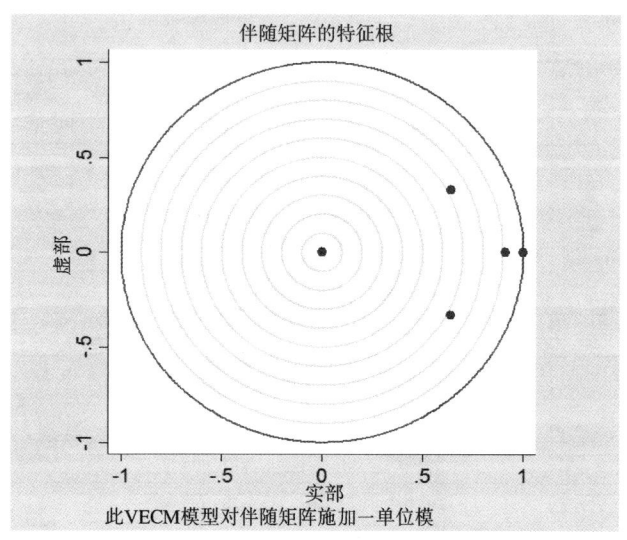

图 7-7　协整个数的设定是否稳定检验结果

由于 VECM 模型采用极大似然法估计，若模型估计结果良好，则残差不存在明显的序列相关，因此，对残差序列相关进行检验，检验结果如表 7-8 所示。结果显示，在滞后一阶统计量为 6.9165，伴随概率为 0.14037，在 10% 的置信水平下无法拒绝原假设，因此残差序列不存在序列相关；滞后二阶统计量为 16.4213，伴随概率为 0.10250，在 10% 的置信水平下无法拒绝原假设，因此残差序列不存在序列相关；滞后三阶统计量为 76.2697，伴随概率为 0.11876，在 10% 的置信水平下无法拒绝原假设，因此残差序列不存在序列相关；滞后四阶统计量为 13.7601，伴随概率为

0.00810，在 10% 的置信水平下接受原假设，因此残差序列存在序列相关；滞后五阶统计量为 38.6603，伴随概率为 0.00000，在 10% 的置信水平下接受原假设，因此残差序列存在序列相关。

表 7-8　残差序列相关检验结果

Lag	chi2	df	Prob > chi2
1	6.9165	4	0.14037
2	16.4213	4	0.10250
3	76.2697	4	0.11876
4	13.7601	4	0.00810
5	38.6603	4	0.00000

7.2.2.5　脉冲响应函数分析

脉冲响应函数描述一个内生变量对误差的反应，即在扰动项上加一个标准差大小的新息（innovation）冲击对内生变量的当前值和未来值的影响。图 7-8 是对 VECE 模型的脉冲响应函数曲线，横轴表示滞后阶数，纵轴表示内生变量对冲击的响应程度。

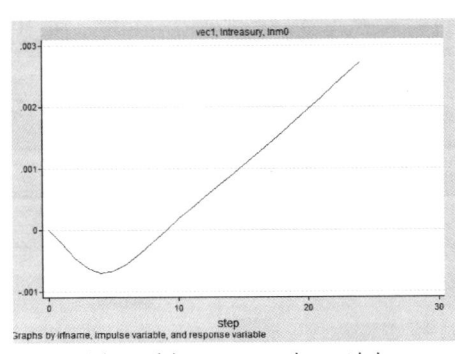
图 7-8（a）lnTreasury对lnM0冲击

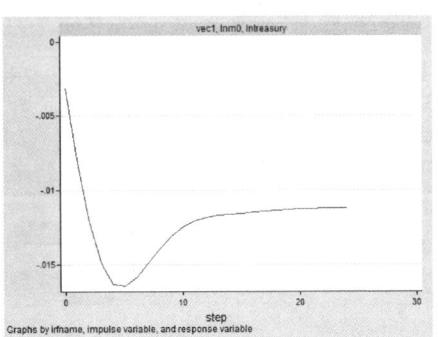
图 7-8（b）lnM0对lnTreasury冲击

图 7-8　脉冲响应函数结果

图 7-8（a）表示国库现金对数（lnTreasury）一个单位的正向标准差冲击对流通中的现金对数（lnM0）的影响。结果显示，lnM0 在滞后 1 期有一个负向反应，随后转为正向反应并持续扩大，但整体而言，反应系数

较小。说明国库现金的对数（lnTreasury）一个单位的正向标准差冲击对流通中的现金的对数（lnM0）影响有限。

图7-8（b）表示流通中的现金（M0）的对数（lnM0）一个单位的正向标准差冲击对国库现金对数（lnTreasury）的影响。结果显示，lnTreasury在当期会有小幅的负向反应，在滞后一期负向反应达到最大值随后衰减，在滞后十期后缓慢衰减并维持稳定。

7.2.2.6 方差分解分析

方差分解研究变量发生变化分别来自变量本身及其他内生变量冲击的比例，即方差分解描述的是变量本身及其他内生变量对变量变化的贡献程度。因本章研究国库现金对货币供给的影响，因此只做货币供给量的方差分解，结果如图7-9、表7-9所示。

结果显示，国库现金能解释流通中现金变动的0~35%，流通中现金能解释自身变动的65%~100%。从变化趋势看，随着期数的增加，国库现金对流通中现金变动的贡献程度持续增加，流通中现金对自身变动的贡献程度持续下降。在第30期末时，流通中现金对自身波动的解释度为64.83%，国库现金对流通中现金变动的解释度为35.17%，可见，在30期期末，流通中现金的方差变动大部分取决于其自身。

总体而言，流通中现金变动取决于其自身，国库现金对流通中现金变动影响作用随时间不断加大，在30期期末对流通中现金变动的贡献度约为1/3。

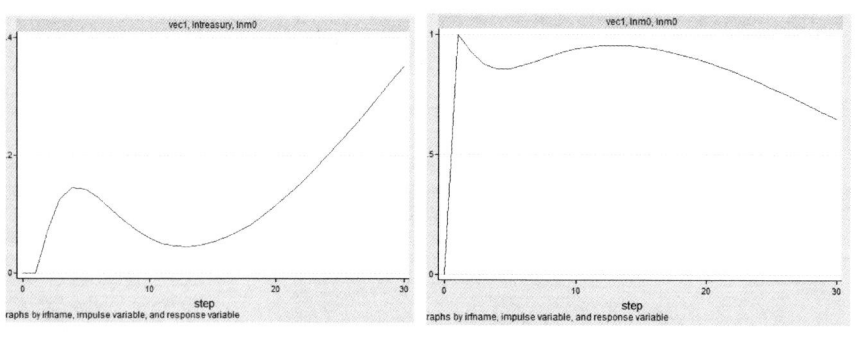

图7-9 流通中的现金方差分解结果

表 7-9　　　　　　　　流通中的现金方差分解结果

Step	国库现金的对数	流通中现金的对数	step	国库现金的对数	流通中现金的对数
0	0	0	16	0.060588	0.939412
1	0	1	17	0.070973	0.929027
2	0.071578	0.928422	18	0.083710	0.916290
3	0.125242	0.874758	19	0.098634	0.901366
4	0.144991	0.855009	20	0.115574	0.884426
5	0.142799	0.857201	21	0.134342	0.865658
6	0.128676	0.871324	22	0.154736	0.845264
7	0.109592	0.890408	23	0.176550	0.823450
8	0.090187	0.909813	24	0.199569	0.800431
9	0.073260	0.926740	25	0.223583	0.776417
10	0.060172	0.939828	26	0.248387	0.751613
11	0.051308	0.948692	27	0.273784	0.726216
12	0.046506	0.953494	28	0.299587	0.700413
13	0.045392	0.954608	29	0.325620	0.674380
14	0.047574	0.952426	30	0.351723	0.648277
15	0.052723	0.947277			

7.2.3　国库现金影响狭义货币供给量（M1）的实证分析

7.2.3.1　滞后阶数选择

在单位根检验基础上，以狭义货币供给量的对数（lnM1）与国库现金的对数（lnTreasury）为变量建立一个误差修正模型分析二者之间的关系。在得到 VECM 模型方程前，首先需确定 VECM 的滞后阶数，通过信息准则的比较得出最优的滞后阶数，检验结果如表 7-10 所示，AIC、LR、FPE、HQIC、SBIC 的结果均显示选择滞后阶数为 4 阶，因此，选取滞后 4 阶是最优的滞后阶数。

表7-10　　　　　　　　　滞后阶数选择的结果

lag	LL	LR	FPE	AIC	HQIC	SBIC
0	-237.656		0.033597	2.28244	2.29533	2.31432
1	980.188	2435.7	3.2×10^{-7}	-9.27798	-9.23932	-9.18235
2	1102.98	245.59	1.0×10^{-7}	-10.4094	-10.3449	-10.25
3	1131.36	56.754	8.2×10^{-8}	-10.6415	-10.5513	-10.4184
4	1153.96	45.207*	6.9×10^{-8}*	-10.8187*	-10.7027*	-10.5318*

7.2.3.2　协整检验

建立VECM模型，需变量之间有协整关系，因此对狭义货币供给量的对数（lnM1）与国库现金的对数（lnTreasury）进行协整检验。检验结果如表7-11所示：原假设为各变量之间无协整关系的统计量为19.5580，大于5%临界值15.41，因此能拒绝原假设；原假设为各变量之间至多一个协整关系的统计量为2.6864，小于5%临界值3.76，不能拒绝原假设。所以狭义货币供给量的对数（lnM1）与国库现金的对数（lnTreasury）共有一个协整关系，因仅选取了两个变量，故二者存在协整关系。

表7-11　　　　　　　　　协整检验结果

原假设	特征根	统计量	5%临界值
无	—	19.5580*	15.41
至多一个	0.05496	2.6864*	3.76
至多两个	0.01271	—	—

7.2.3.3　VECM模型建立

在选择滞后阶数及进行协整检验的基础上，建立狭义货币供给量的对数（lnM1）与国库现金的对数（lnTreasury）两变量滞后4阶的VECM模型，模型结果如表7-12所示。

表 7-12　　lnM1 与 lnTreasury 的 VECM 模型结果

	D_lnM1	D_lnTreasury
短期调整项	-0.0067**	-0.0042506*
	0.031	0.056
LD.lnM1	-0.2660625***	0.0139408
	0.000	0.173
L2D.lnM1	-0.073166*	-.009877*
	0.075	0.067
L3D.lnM1	0.0716228	-0.15373***
	0.260	0.001
LD.lnTreasury	0.09786**	1.085777***
	0.021	0.000
L2D.lnTreasury	0.383312***	-0.26828**
	0.009	0.011
L3D.lnTreasury	-0.4933162***	-0.11993*
	0.000	0.096
_cons	0.001765	-0.002809
	0.276	0.193
lnM1	1	
lnTreasury	-0.3363058**	
_cons	-10.70605**	
可决系数	0.7838	0.8902
RMSE	0.019285	0.013651
AIC	-10.81544	
HQIC	-10.70591	
SBIC	-10.54449	
Loglikelihood	1152.622	

结果显示，2 个回归方程的可决系数 R^2 分别为 0.7838、0.8902，同时 AIC、HQIC、SBIC 的值都很小，说明模型整体拟合较好。

从长期协整关系看，狭义货币供给量的对数（lnM1）与国库现金的对数（lnTreasury）之间的长期协整方程为 lnM1 = 0.34lnTreasury + 10.71，且各系数的 T 值都显著，说明二者长期具有较强的正相关关系。

从短期关系看，因变量为 D_ lnM1 的误差修正系数分别为 -0.0067，说明每当两变量关系偏离均衡状态时，误差修正项均会促使两变量关系向长期均衡状态调整，但系数均较小，说明调整力度较小，狭义货币供给量 M1 需较长时间才能自动回到长期均衡状态。

7.2.3.4　VECM 模型相关检验

检验协整个数设置是否合理结果如图 7-10 所示：剩余所有的特征根均在单位圆内，表明协整关系稳定，即协整个数设定合理。

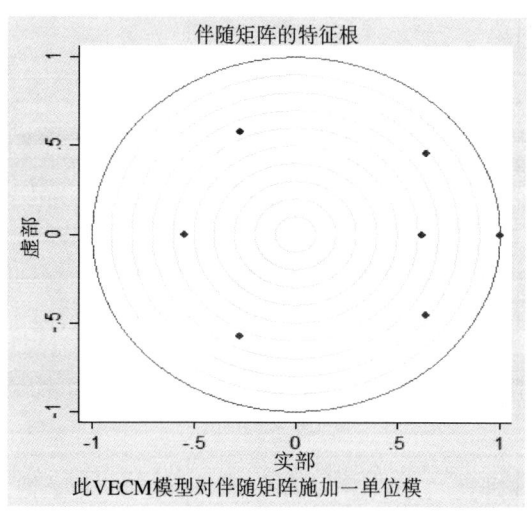

图 7-10　协整个数的设定是否稳定检验结果

对残差序列相关进行检验，结果如表 7-13 所示：在滞后一阶统计量为 76.0123，伴随概率为 0.1578，在 10% 的置信水平下无法拒绝原假设，因此残差序列不存在序列相关；滞后二阶统计量为 33.1510，伴随概率为 0.0942，在 10% 的置信水平下拒绝原假设；滞后三阶统计量为 53.8102，伴随概率为 0.1703，在 10% 的置信水平下无法拒绝原假设，因此残差序列不存在序列相关；滞后四阶统计量为 13.7601，伴随概率为 0.1180，在 10% 的置信水平下无法拒绝原假设，因此残差序列不存在序列相关；滞后五阶统计量为 13.3106，伴随概率为 0.0884，在 10% 的置信水平下接受原假设，因此残差序列存在序列相关。

表 7-13　　　　　　　　残差序列相关检验结果

Lag	chi2	df	Prob > chi2
1	76.0123	4	0.1578
2	33.1510	4	0.0942
3	53.8102	4	0.1703
4	13.7601	4	0.1180
5	13.3106	4	0.0884

7.2.3.5　脉冲响应函数分析

图 7-11 是对 VECM 模型的脉冲响应函数曲线，横轴表示滞后阶数，纵轴表示内生变量对冲击的响应程度。

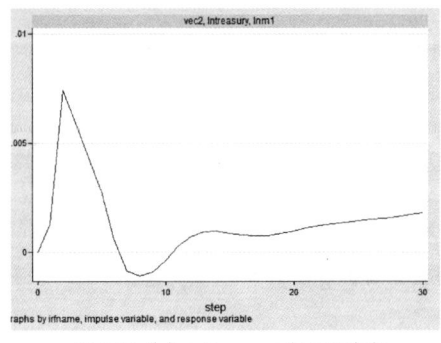
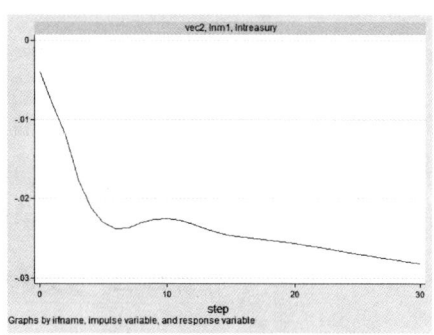

图 7-11（a）lnTreasury对lnM1冲击　　　　图 7-11（b）lnM1对lnTreasury冲击

图 7-11　脉冲响应函数结果

图 7-11（a）表示国库现金对数（lnTreasury）一个单位的正向标准差冲击对狭义货币供给量对数（lnM1）的影响，结果显示：lnM1 在滞后 1 期有一个正向反应，正向影响持续减小，并呈一定波动态势，最终趋于稳定，但整体而言，反应系数较小。说明国库现金的对数（lnTreasury）一个单位的正向标准差冲击对狭义货币供给量对数（lnM1）影响有限。

图 7-11（b）表示狭义货币供给量对数（lnM1）一个单位的正向标

准差冲击对国库现金对数（lnTreasury）的影响，结果显示：lnTreasury 在当期会有小幅的负向反应，随着滞后期的增加，负向反应逐渐增强。

7.2.3.6 方差分解分析

方差分解结果如图 7 - 12、表 7 - 14 所示：国库现金能解释狭义货币供给变动的 0% ~ 10%，狭义货币供给能解释自身变动的 90% ~ 100%。从变化趋势看，国库现金对狭义货币供给变动的贡献程度在第五期达到峰值 9.46%，随后持续下降，狭义货币供给对自身变动的贡献程度均在 90% 以上。在第 30 期末时，狭义货币供给对自身波动的解释度为 97.40%，国库现金对狭义货币供给变动的解释度为 2.60%，可见，在 30 期期末，狭义货币供给的变动基本取决于其自身。

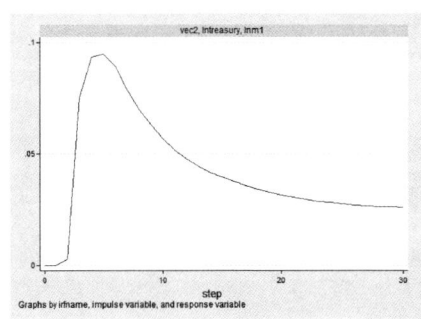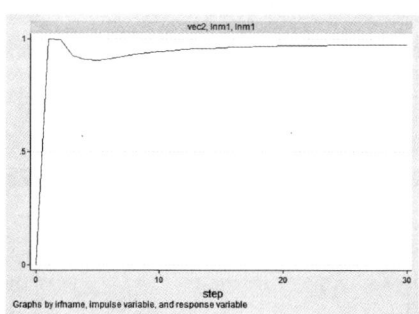

图 7 - 12　狭义货币供给量方差分解结果

表 7 - 14　　　　　　狭义货币供给量方差分解结果

step	国库现金的对数	狭义货币供给量的对数	step	国库现金的对数	狭义货币供给量的对数
0	0	0	6	0.089239	0.910761
1	0	1	7	0.078485	0.921515
2	0.003052	0.996948	8	0.069751	0.930249
3	0.075322	0.924678	9	0.062875	0.937125
4	0.093350	0.906650	10	0.056865	0.943135
5	0.094611	0.905389	11	0.051717	0.948283

续表

step	国库现金的对数	狭义货币供给量的对数	step	国库现金的对数	狭义货币供给量的对数
12	0.047578	0.952422	22	0.029501	0.970499
13	0.044317	0.955683	23	0.028738	0.971262
14	0.041696	0.958304	24	0.028095	0.971905
15	0.039490	0.960510	25	0.027553	0.972447
16	0.037529	0.962471	26	0.027096	0.972904
17	0.035752	0.964248	27	0.026714	0.973286
18	0.034152	0.965848	28	0.026405	0.973595
19	0.032728	0.967272	29	0.026165	0.973835
20	0.031481	0.968519	30	0.025993	0.974007
21	0.030409	0.969591			

总体而言，狭义货币供给变动基本取决于其自身，国库现金对狭义货币供给变动影响主要发生在滞后五期以内，最大影响程度近乎10%。

7.2.4 国库现金影响广义货币供给量（M2）的实证分析

7.2.4.1 滞后阶数选择

在单位根检验基础上，以广义货币供给量的对数（lnM2）与国库现金的对数（lnTreasury）为变量建立一个误差修正模型分析两者之间的关系。在得到 VECM 模型方程前，首先需确定 VECM 的滞后阶数，通过信息准则的比较得出最优的滞后阶数。检验结果如表 7-15 所示，SBIC 的结果显示选取滞后 3 阶，根据 LR、FPE、AIC、HQIC 的结果显示，选择滞后阶数为 4 阶，综合来看，滞后 4 阶是最优的滞后阶数。

表 7-15　　　　　　　　　滞后阶数选择的结果

lag	LL	LR	FPE	AIC	HQIC	SBIC
0	−272.689		0.046903	2.61609	2.62897	2.64796
1	1046.95	2639.3	1.7×10^{-7}	−9.91386	−9.8752	−9.81822
2	1164.28	234.65	5.8×10^{-8}	−10.9932	−10.9287	−10.8338
3	1192.77	56.986	4.6×10^{-8}	−11.2264	−11.1362	−11.0033*
4	1199.94	14.337*	4.4×10^{-8}*	−11.2566*	−11.1406*	−10.9697

7.2.4.2　协整检验

建立 VECM 模型，对广义货币供给量的对数（lnM2）与国库现金 Treasury 的对数（lnTreasury）进行协整检验，检验结果如表 7-16 所示。结果显示，原假设为各变量之间无协整关系的统计量为 27.6417，大于 5% 临界值 15.41，因此能拒绝原假设；原假设为各变量之间至多一个协整关系的统计量为 3.6608，小于 5% 临界值 3.76，不能拒绝原假设。所以广义货币供给量的对数（lnM2）与国库现金的对数（lnTreasury）共有一个协整关系，因仅选取了两个变量，故二者存在协整关系。

表 7-16　　　　　　　　　协整检验结果

原假设	特征根	统计量	5% 临界值
无	—	27.6417	15.41
至多一个	0.10792	3.6608*	3.76
至多两个	0.01728	—	—

7.2.4.3　VECM 模型建立

在选择滞后阶数及进行协整检验的基础上，建立广义货币供给量的对数（lnM2）与国库现金的对数（lnTreasury）两变量滞后 4 阶的 VECM 模型，模型结果如表 7-17。结果显示，2 个回归方程的可决系数 R^2 分别为 0.8268、0.7845，同时 AIC、HQIC、SBIC 的值都很小，说明模型整体拟合较好。

表 7-17　lnM2 与 lnTreasury 的 VECM 模型结果

	D_lnM2	D_lnTreasury
短期调整项	-0.0149038 ***	-0.0037798 *
	0.000	0.039
LD.lnM2	0.17224 ***	0.020654
	0.018	0.149
L2D.lnM2	-0.188596 ***	0.112623 *
	0.008	0.075
L3D.lnM2	-0.1058538	-0.124588 **
	0.134	0.048
LD.lnTreasury	0.001377 *	1.11137 ***
	0.086	0.000
L2D.lnTreasury	-0.112532	-0.258856 **
	0.343	0.014
L3D.lnTreasury	-0.032653 **	-0.155694 **
	0.047	0.031
_cons	0.000386 *	-0.001523
	0.092	0.275
lnM2	1	
lnTreasury	-0.6738217 ***	
_cons	-7.951836	
可决系数	0.8268	0.7845
RMSE	0.01552	0.01383
AIC	-11.24869	
HQIC	-11.13915	
SBIC	-10.97773	
Loglikelihood	1198.112	

从长期协整关系看，广义货币供给量的对数（lnM2）与国库现金的对数（lnTreasury）之间长期协整方程为 lnM2 = 0.67lnTreasury + 7.95，各系数的 T 值都显著，说明广义货币供给量的对数（lnM2）与国库现金的对数（lnTreasury）长期具有较强的正相关关系。

从短期关系看,因变量为 D_lnM2 的误差修正系数分别为 -0.0149,说明每当两变量关系偏离均衡状态时,误差修正项均会促使两变量关系向长期均衡状态调整,但是系数偏小,说明调整力度较小,广义货币供给量 M2 需在较长时间内才能自动回复到长期均衡状态。滞后一期、二期、三期的 LD.lnM2、L2D.lnM2、L3D.lnM2 系数分别为 -0.17224、-0.18859、-0.105853,t 检验显著,且系数值均大于 lnTreasury 相应系数,说明广义货币供给量的波动受自身的影响较大。

7.2.4.4 VECM 模型检验

VECM 检验协整个数设置是否合理的结果如图 7-13 所示:剩余所有的特征根均在单位圆内,表明协整关系稳定,即协整个数设定合理。

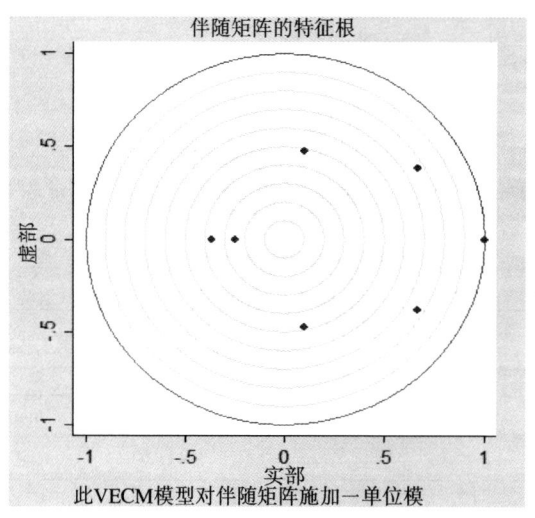

图 7-13 协整个数设置检验结果

对残差序列相关进行检验的结果如表 7-18 所示。结果显示,在滞后一阶统计量为 13.7653,伴随概率为 0.0978,在 10% 的置信水平下可拒绝原假设;滞后二阶统计量为 36.5583,伴随概率为 0.1137,在 10% 的置信水平下无法拒绝原假设,因此残差序列不存在序列相关;滞后三阶统计量为 54.0712,伴随概率为 0.1425,在 10% 的置信水平下无法拒绝原假设,因此残差序列不存在序列相关；滞后四阶统计量为 25.3859，伴随概率为 0.1093，在 10% 的置信水平下无法拒绝原假设，因此残差序列不存在序列相关；滞后五阶统计量为 18.8588，伴随概率为 0.0921，在 10% 的置信水平下接受原假设，因此残差序列存在序列相关，虽然在滞后一阶拒绝了原假设，但本身样本量较大且在滞后 2、3、4 阶均未拒绝原假设，所以，可认为建立的模型合理。

表 7-18　残差序列相关检验结果

Lag	chi2	df	Prob > chi2
1	13.7653	4	0.0978
2	36.5583	4	0.1137
3	54.0712	4	0.1425
4	25.3859	4	0.1093
5	18.8588	4	0.0921

7.2.4.5　脉冲响应函数分析

图 7-14 是对 VECM 模型的脉冲响应函数曲线，横轴表示滞后阶数，纵轴表示内生变量对冲击的响应程度。

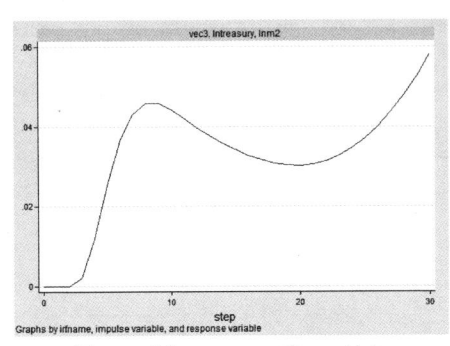
图 7-14（a）lnTreasury 对 lnM2 冲击

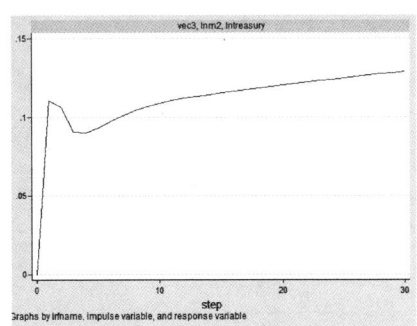
图 7-14（b）lnM2 对 lnTreasury 冲击

图 7-14　脉冲响应函数结果

图 7-14（a）表示国库现金对数（lnTreasury）一个单位的正向标准差冲击对广义货币供给量对数（lnM2）的影响。结果显示，lnM2 在滞后 3 期内近乎无变化，在滞后 4 期到滞后 8 期反应大幅提高，随后呈正"U"形变化。整体而言，反应系数较小，说明国库现金的对数（lnTreasury）一个单位的正向标准差冲击对广义货币供给量对数（lnM2）影响有限。

图 7-14（b）表示广义货币供给量对数（lnM2）一个单位的正向标准差冲击对国库现金对数（lnTreasury）的影响。结果显示，lnTreasury 在滞后一期会有明显的正向反应，随后呈波动缓慢上升趋于稳定的态势。

7.2.4.6 分析方差分解

货币供给量的方差分解结果如图 7-15、表 7-19 所示。结果显示，国库现金能解释广义货币供给量变动的 0%~6%，广义货币供给量自身变动能解释其变动的 94%~100%。从变化趋势看，随着期数的增加，国库现金对广义货币供给量变动的贡献程度振荡上升，广义货币供给量对自身变动的贡献程度振荡下降。在 30 期期末时，广义货币供给量对自身波动的解释度为 94.18%，国库现金对广义货币供给量变动的解释度为 5.81%，可见，在 30 期期末广义货币供给量的方差变动基本取决于其自身。

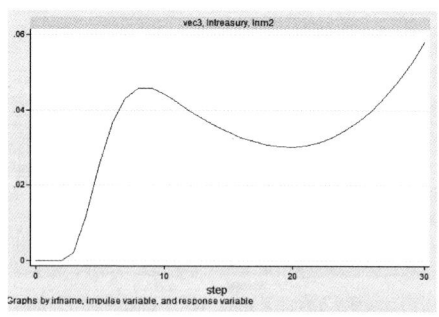
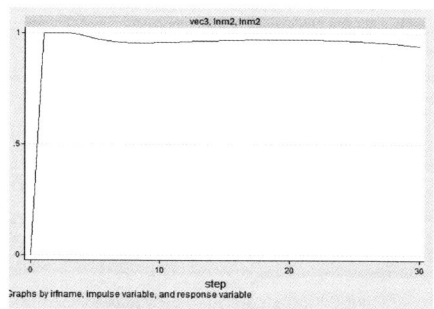

图 7-15 货币供给量方差分解结果

表 7 – 19　　　　　　广义货币供给量方差分解结果

step	国库现金的对数	广义货币供给量的对数	step	国库现金的对数	广义货币供给量的对数
0	0	0	16	0.032796	0.967204
1	0	1	17	0.03165	0.96835
2	0.000056	0.999944	18	0.030801	0.969199
3	0.002217	0.997783	19	0.030299	0.969701
4	0.011938	0.988062	20	0.030194	0.969806
5	0.025404	0.974596	21	0.030534	0.969466
6	0.03645	0.96355	22	0.031356	0.968644
7	0.043104	0.956896	23	0.03269	0.96731
8	0.045783	0.954217	24	0.034559	0.965441
9	0.045696	0.954304	25	0.036984	0.963016
10	0.044121	0.955879	26	0.039983	0.960017
11	0.041981	0.958019	27	0.043577	0.956423
12	0.039771	0.960229	28	0.047787	0.952213
13	0.0377	0.9623	29	0.052633	0.947367
14	0.035838	0.964162	30	0.058134	0.941866
15	0.034199	0.965801			

总体而言，广义货币供给量变动取决于其自身，国库现金对广义货币供给量（M2）变动影响作用随时间不断加大，最大贡献度约为 6%。

7.2.5　实证分析结论

通过上述实证分析可以得出（见表 7 – 20）：

（1）国库现金与货币供给量之间存在长期正向的协整关系，与广义货币供给（M2）正向关系大于流通中的现金（M0），与狭义货币供给量（M1）关系最弱。

（2）当国库现金与货币供应量偏离长期均衡关系时，广义货币供给量（M2）会最快调整至长期均衡状态，其次是狭义货币供给量（M1），流通中的现金（M0）调整速度最慢。

表 7-20　　　　　　　　　　实证分析结果汇总表

	流动中现金的对数	狭义货币供给量的对数	广义货币供给量的对数
长期协整系数	0.4951236	0.336305	0.673821
短期调整系数	-0.0006	-0.0067	-0.014903
脉冲响应	lnTreasury 一个单位的正向标准差冲击对 lnM0 影响有限	lnTreasury 一个单位的正向标准差冲击对 lnM1 影响有限	lnTreasury 一个单位的正向标准差冲击对 lnM2 影响有限
方差分解 国库现金贡献度	0～35%	0～10%	0～6%
方差分解 自身贡献度	65%～100%	90%～100%	94%～100%
方差分解 30期末国库现金贡献度	35.17%	2.59%	5.81%

（3）无论是流通中的现金（M0），还是狭义货币供给量（M1）与广义货币供给量（M2），国库现金一个单位的正向标准差冲击对三者影响均有限。

（4）国库现金对流通中的现金（M0）变动影响最大，对流通中现金变动最大贡献率为35%，对狭义货币供给量（M1）的最大贡献率为10%，对广义货币供给量（M2）变动的最大贡献率最小，仅为6%。

7.3　原因分析

7.3.1　央行持有国债规模和比例过低

央行资产负债表是反映央行在一定时点资产与负债情况的会计报表，从该表可看出面对宏观经济形势变化央行调控货币政策工具引起其资产与负债方的变动，及财政与货币政策工具之间相互交织、相互配合的情况。

央行资产负债表分为资产方、负债方，总资产等于总负债。为便于说明，特为各项目编了序号，一级项目用阿拉伯数字序号排序，二级项目用英文字母排序表示。如表 7-21 所示：总资产包括：①国外资产、②对政府债权、③对其他存款性公司债权、④对其他金融性公司债权、⑤对非金融性部门债权、⑥其他资产。其中：①国外资产包括：A 外汇、B 货币黄金、C 其他国外资产。"外汇"是央行持有的国家外汇储备，以人民币记值。②"对政府债权"目前主要是对中央政府的债权，包括持有的国家债券、对中央政府的借款和透支。③"对其他存款性公司债权"，主要反映央行对商业银行的再贷款、再贴现及央行持有这些公司发行的金融债券和买入的返售证券等。④"对其他金融性公司债权"，指央行对四大资产管理公司、信托投资公司等其他金融机构发放的贷款、再贴现及持有这些其他金融性公司发行的金融债券和买入的返售证券等。⑤"对非金融性部门债权"，指支持老少边穷地区发放的专项贷款等。⑥"其他资产"是央行持有的其他类型的资产。⑦"总资产"是央行持有各类资产总和。

表 7-21　　　　2012~2017 年末央行资产负债表基本情况　　　（单位：亿元）

序号	项目	2012.12	2013.12	2014.12	2015.12	2016.12	2017.12
①	国外资产	241 416.90	272 233.50	278 622.90	253 830.70	229 795.80	221 164.10
A	外汇	236 669.90	264 270.00	270 681.30	248 537.60	219 425.30	214 788.30
B	货币黄金	669.80	669.80	669.80	2 329.50	2 541.50	2 541.50
C	其他国外资产	4 077.10	7 293.70	7 271.70	2 963.60	7 829.00	3 834.30
②	对政府债权	15 313.70	15 312.70	15 312.70	15 312.70	15 274.10	15 274.10
D	其中：中央政府	15 313.70	15 312.70	15 312.70	15 312.70	15 274.10	15 274.10
③	对其他存款性公司债权	16 701.10	13 147.90	24 985.30	26 626.40	84 739.00	102 230.40
④	对其他金融性公司债权	10 038.60	8 907.40	7 848.80	6 656.60	6 324.40	5 986.60
⑤	对非金融性部门债权	25.00	25.00	11.60	71.70	81.00	101.90
⑥	其他资产	11 041.90	7 652.00	11 467.50	15 338.90	7 497.30	18 174.50
⑦	总资产	294 537.20	317 278.60	338 248.80	317 837.00	343 711.60	362 931.60
⑧	储备货币	252 345.20	271 023.10	294 093.00	276 377.50	308 979.60	321 870.80
E	货币发行	60 646.00	64 980.90	67 151.30	69 886.90	74 884.40	77 073.60

续表

序号	项目	2012.12	2013.12	2014.12	2015.12	2016.12	2017.12
F	其他存款性公司存款	191 699.20	206 042.20	226 941.70	206 491.60	234 095.20	243 802.30
G	非金融机构存款	—	—	—	—	—	994.90
⑨	不计入储备货币的金融性公司存款	1 348.90	1 330.30	1 558.40	2 826.40	6 485.00	5 019.20
⑩	发行债券	13 880.00	7 762.00	6 522.00	6 572.00	500.00	0.00
⑪	国外负债	1 464.20	2 088.30	1 833.80	1 807.30	3 195.10	880.00
⑫	政府存款	20 753.30	28 610.60	31 275.30	27 179.00	25 062.70	28 626.00
⑬	自有资金	219.80	219.80	219.80	219.80	219.80	219.80
⑭	其他负债	4 525.90	6 244.60	2 746.50	2 855.00	−730.60	6 315.80
⑮	总负债	294 537.20	317 278.60	338 248.80	317 837.00	343 711.60	362 931.60

资料来源：根据中国人民银行数据整理。

总负债包括：⑧储备货币、⑨不计入储备货币的金融性公司存款、⑩发行债券、⑪国外负债、⑫政府存款、⑬自有资金、⑭其他负债。其中：⑧"储备货币"包括E"货币发行"、F"其他存款性公司存款"、G"非金融机构存款"。"货币发行"指央行发行的货币。"其他存款性公司存款"指金融机构在央行的准备金存款。"非金融机构存款"于2017年起设立，指非金融机构在央行的准备金存款。E、F、G共同构成"储备货币"，即基础货币。⑨"不计入储备货币的金融性公司存款"，指金融性公司在央行除"储备货币"存款之外的其他存款。⑩"发行债券"，指央行发行的债券，即"央票"。⑪"国外负债"，指国际金融机构在央行的存款。⑫"政府存款"，指各级政府在央行的财政性存款，即国库资金。⑬"自有资金"，指央行的信贷基金。⑭"其他负债"，指央行的其他类型负债。

央行资产负债表中资产方的"对政府债权"目前主要包括其所持有的中央政府国债和特别国债，这部分资产占央行总资产比重过低，影响了国债助推财政政策与货币政策协调配合功能的发挥，制约了利用国债调节货币供应量、对冲外汇储备、形成基准利率、推动人民币国际化等作用的发挥。央行持有的国债基本是2006年以前累计形成的约2 000亿元规模。

2007年财政部发行15 500亿元特别国债向央行购买约2 000亿美元外汇作为"中投"的资本金,才大幅增加了央行持有的"对政府债权"。自2007年以来,央行持有的"对政府债权"的规模基本在15 000亿元左右,而且绝大部分还是特别国债;2012年底为15 313.7亿元,占央行总资产的比重为5%;2015年底为15 312.73亿元,占央行总资产的比重为4.82%;2017年底为15 274.1亿元,占央行总资产的比重仅为4.21%(见表7-22、图7-16)。与美、日等发达国家相比,2007年美联储持有的联邦债券占其总资产的87.4%,日本银行持有的政府债券占其总资产的63.3%;2015美联储持有的国债占央行总资产的比重是54%,日本中央银行持有的国债占央行总资产的85%。发达国家中央银行通常利用国债调整货币供应量,影响长短期利率和通货膨胀预期,在金融危机期间、零利率和负利率时代国债更被央行利用对稳定金融市场、恢复和促进实体经济发挥了巨大作用。而我国央行持有国债占央行总资产的比重低、流动性弱,极大限制了国债各项功能的发挥。

表7-22　2012年、2016年、2017年底央行资产负债构成分析

序号	项目	2012.12（亿元）	占比（%）	2016.12（亿元）	占比（%）	2017.12（亿元）	占比（%）
①	国外资产	241 416.90	81.96	229 795.77	66.86	221 164.12	60.94
A	外汇	236 669.93	80.35	219 425.26	63.84	214 788.33	59.18
B	货币黄金	669.84	0.23	2 451.50	0.71	2 541.50	0.70
C	其他国外资产	4 077.13	1.38	7 829.01	2.28	3 834.29	1.06
②	对政府债权	15 313.69	5.20	15 274.09	4.44	15 274.09	4.21
D	其中:中央政府	15 313.69	5.20	15 274.09	4.44	15 274.09	4.21
③	对其他存款性公司债权	16 701.08	5.67	84 739.02	24.65	102 230.35	28.17
④	对其他金融性公司债权	10 038.62	3.41	6 324.41	1.84	5 986.62	1.65
⑤	对非金融性部门债权	24.99	0.01	81.03	0.02	101.95	0.03
⑥	其他资产	11 041.91	3.75	7 497.26	2.18	18 174.48	5.01
⑦	总资产	294 537.19	100.00	343 711.59	100.00	362 931.62	100.00

续表

序号	项目	2012.12 (亿元)	占比 (%)	2016.12 (亿元)	占比 (%)	2017.12 (亿元)	占比 (%)
⑧	储备货币	252 345.17	85.68	308 979.61	89.90	321 870.76	88.69
E	货币发行	60 645.97	20.59	74 884.44	21.79	77 073.58	21.24
F	其他存款性公司存款	191 699.20	65.08	234 095.17	68.11	243 802.28	67.18
G	非金融机构存款	—	—	—	—	994.90	0.27
⑨	不计入储备货币的金融性公司存款	1 348.85	0.46	6 485.03	1.89	5 019.23	1.38
⑩	发行债券	13 880.00	4.71	500.00	0.15	0.00	0.00
⑪	国外负债	1 464.24	0.50	3 195.07	0.93	880.00	0.24
⑫	政府存款	20 753.27	7.05	25 062.70	7.29	28 626.03	7.89
⑬	自有资金	219.75	0.07	219.75	0.06	219.75	0.06
⑭	其他负债	4 525.91	1.54	−730.58	−0.21	6 315.84	1.74
⑮	总负债	294 537.19	100.00	343 711.59	100.00	362 931.62	100.00

资料来源：根据中国人民银行网站历年资产负债表数据整理。

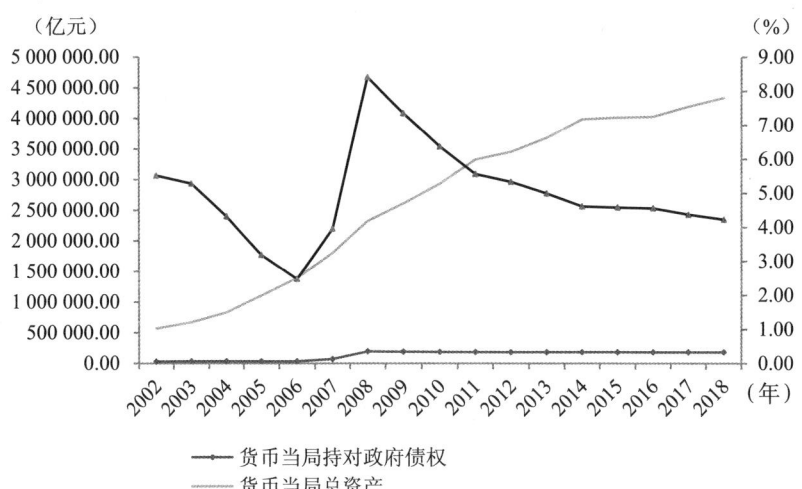

图 7-16 央行对政府债权（国债）持有情况

资料来源：中国人民银行数据。

7.3.2 国债规模的安全区间难以确定，国债管理有待提高

7.3.2.1 国债规模的安全区间难以确定

政府债务是一把双刃剑，既有正向拉动作用，又有可能导致负面恶果。债务的正向作用指债务能弥补财政赤字、调整经济结构、促进经济增长等；负面恶果指过度负债可能会发生系统性风险和金融危机。布兰查德等（2013）认为，高风险债务和经济增长之间是多重均衡的，债务对经济增长有促进作用。卡门·M. 莱因哈特、肯尼斯·罗格夫（2010）在《这次不一样？800 年金融荒唐史》中指出，许多国家面临内债、外债及养老和医疗保险多重债务积压问题；过度举债、经济杠杆过高，如果再叠加信心危机，会导致并伴随债务违约、通货膨胀、汇率危机、货币危机和金融危机。

理论界并没对政府债务规模的合理区间形成共识。例如，莱因哈特、罗格夫（Reinhart and Rogoff, 2010）认为，如果债务占 GDP 比重超过 90%，就会对增长产生显著的负面影响，并且，债务占 GDP 比例过高会限制财政刺激政策的有效性。[①] 帕尼萨（Panizza and Presbitero, 2014）通过运用工具变量，证明债务与经济增长之间不存在显著的因果关系。德龙（De Long, 2015）认为，只要政府借贷利率 r 小于经济增长率 g，政府就可以发行债券，提高债务水平，用于生产性投资，这些债券是安全的。

实际上世界各国中央政府债务余额占 GDP 比重差异较大。根据欧盟《马斯特里赫特条约》，政府债务余额占 GDP 的比重超过 60% 视为负债过多，小于 60% 视为负债较为合理。如图 7-17、表 7-23，据世界银行统计，从美国、日本、英国、德国、法国、意大利、俄罗斯、新加坡八国对

---

① 张晓晶，王宇. 探索宏观经济政策新框架 [J]. 比较，2015 年第 4 期。

比来看，日本中央政府债务总额占 GDP 比重最大，2005～2013 年该比重在 144%～201%；意大利排名第二，2005～2013 年该比重在 103%～135%；新加坡排名第三，2005～2012 年该比重在 77%～110%。美国、英国属于在金融危机之后中央政府债务明显提高的国家，2005 年时占比基本不超过 50%，2009 年时占比超过 70%，2013 年时占比接近 100%。法国 2005～2013 年该比重在 67%～89%。在欧盟内部只有德国政府负债程度严格执行欧盟马约标准，2005～2013 年该比重在 40%～55%，一直未超 60% 的红线。俄罗斯占比最低，2005 年占比最高为 16.66%，2008 年占比最低为 6.5%，2013 年达 12.68%。各国都是根据自己国情累积下不同的债务规模和比重，且各国债务负担的高低并不与该国发生危机的概率与程度正相关，增加了确认债务安全区间的难度。

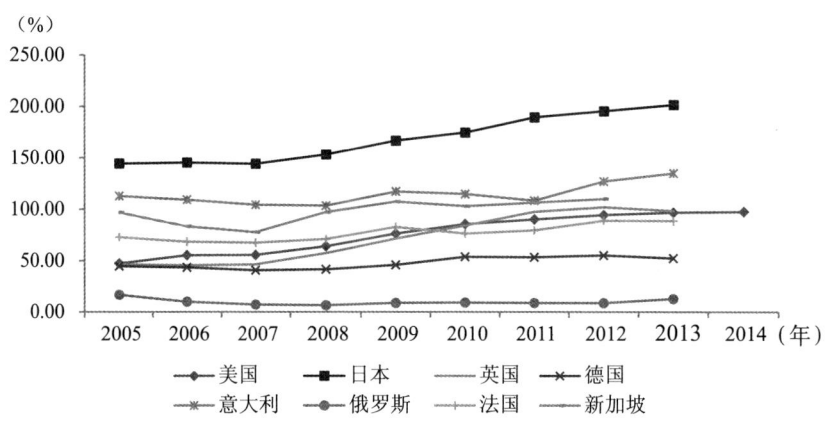

图 7-17　其他主要国家中央政府债务总额占 GDP 的比重

资料来源：万德数据库之世界银行统计口径。

表 7-23　　　　主要国家中央政府债务总额占 GDP 比重　　　（单位:%）

年份	美国	日本	英国	德国	意大利	俄罗斯	法国	新加坡
2005	47.34	144.31	46.45	44.73	112.80	16.66	72.92	96.77
2006	55.29	145.15	45.54	43.49	109.08	9.89	68.49	83.30
2007	55.62	144.08	46.44	40.76	104.25	7.16	67.42	77.69
2008	64.03	153.08	57.38	41.67	103.40	6.50	71.00	97.11

续表

年份	美国	日本	英国	德国	意大利	俄罗斯	法国	新加坡
2009	76.32	166.81	71.42	45.97	117.12	8.70	82.69	107.34
2010	85.60	174.64	84.19	53.85	114.68	9.09	76.28	102.90
2011	90.16	189.42	97.51	53.38	108.35	8.69	79.48	106.36
2012	94.37	195.47	101.95	55.23	127.04	8.69	88.92	110.00
2013	96.76	201.57	98.26	52.33	134.86	12.68	88.58	—

资料来源：万德数据库之世界银行统计口径。

我国中央政府债务比重与全球相比总体不高。据财政部数据，2005~2013年中央政府债务余额占GDP比重为14%~20%，最高点是2007年比重为19.43%，最低点是2012年比重为14.88%。截至2017年，我国中央政府债务13.48万亿元，中央政府债务负债率为16.3%。中央政府债务比重与全球相比总体不高。

政府债务累积的原因到底是什么？卡门·M. 莱因哈特、肯尼斯·罗格夫（2010）通过实证分析证明，表面上看政府债务增长是因大幅减税造成的，实际上政府债务累积明显是100多年以来各类金融危机导致的后果。① 赫尔威·汉农（2015）指出，2008年全球金融危机之后，发达国家非金融债务新增债务比重高达37%，全球债务累积和增长的主要原因不仅是财政自身长期积累的内外债和养老、医保等公共服务支出压力、实行扩张性的财政政策，还包括不够审慎的非常规的偏向宽松的货币政策、银行部门顺周期加金融杠杆、私人部门②对债务的偏好和依靠债务驱动经济增长的模式。

笔者认为，综合中国情况，政府债务增长还有几个原因：一是经济增长的步伐跟不上政府促进经济发展的需要，即经济增长速度有限，财政收入有限，而政府促进经济更快更好发展的需求较大，尤其是我国各级地方

---

① 卡门·M. 莱因哈特，肯尼斯·罗格夫著. 綦相，刘晓峰，刘丽娜译. 这次不一样？800年金融荒唐史 [M]. 北京：机械工业出版社，2010年。

② 包括家庭和公司。

政府有政绩考核的驱动,更愿意追求较高的经济增长,所以收不抵支需要债务融资。二是稳增长、防风险、调结构、惠民生各种任务多,政府保重点支出、扶持薄弱环节的支出需求大,部门利益难以统筹调整优化资金配置,支大于收需要债务融资。

7.3.2.2 国债期限结构与发行管理难以满足央行公开市场操作的需求

一般情况下,各国央行倾向于在公开市场操作期限较短、信用等级较高、数量规模较大、便于金融机构持有的债券;财政部负责国债的发行和还本付息,为降低融资成本、弥补赤字、促进国债支持基础设施建设等,倾向于发行中长期国债。两部门目标利益出发点不同,使财政部管理的国债期限结构一直难以满足央行公开市场操作的需求。2003年、2004年我国1年期(不含1年)以下国债规模分别为100亿元、253.2亿元,占国债发行的比重分别为1.59%、3.66%;品种较为单一,只有3个月期限的国债;发行频率不统一,不实行定期滚动发行(见表7-24)。国债的这种期限结构规模与发行分布节奏,确实在当时难以堪当对冲外汇的重任,也难以形成有效的基准收益率曲线。于是央行从2003年4月开始发行央票对冲外汇占款调节货币供应量。

经多年发展,我国的国债期限结构、规模有了较大改善。2005~2012年1年期以下短期国债占比分别为6%、10%、5%、11%、23.9%、14.6%、13%、8%。尤其是近年来,短期国债加大发行力度,建立了3个月、6个月短期国债的定期发行机制,从2015年4月起实行6个月国债按月发行、从2015年10月起实行3个月国债按周发行,逐步丰富了我国国债的期限品种结构(见图7-18),促进了国债收益率曲线的进一步完善,促进了人民币成功加入IMF特别提款权(SDR)货币篮子,为央行加大利用国债开展公开市场操作奠定了基础。

第7章 两大政策工具在协调配合中的实证分析及原因分析

表7-24 2003年、2004年与2014年、2015年国债期限品种规模对比

时间	期限	3个月	6个月	9个月	1年	2年	3年	5年	7年	10年	15年	20年	30年	50年	合计
2003	金额（亿元）	100.00	—	—	458.40	521.20	1 260.00	1 520.00	1 520.00	423.80	220.00	260.00	—	—	6 283.40
	占比（%）	1.59	—	—	7.3	8.29	20.05	24.19	24.19	6.74	3.50	4.14	—	—	100.00
2004	金额（亿元）	253.20	—	—	684.60	983.80	2 022.00	1 608.80	1 129.50	242.40	—	—	—	—	6 924.30
	占比（%）	3.66	—	—	9.89	14.21	29.20	23.23	16.31	3.50	—	—	—	—	100.00
2014	金额（亿元）	450.00	450.00	300.00	1 719.00	743.90	3 416.90	2 870.40	3 182.90	3 070.10	—	520.00	520.00	520.00	17 763.30
	占比（%）	2.53	2.53	1.69	9.68	4.19	19.24	16.16	17.92	17.28	—	2.93	2.93	2.93	100.00
2015	金额（亿元）	1 200.00	1 250.00	401.40	1 781.00	511.60	4 301.00	3 926.30	3 241.70	3 043.20	—	520.00	520.00	520.00	21 216.20
	占比（%）	5.66	5.89	1.89	8.39	2.41	20.27	18.51	15.28	14.34	—	2.45	2.45	2.45	100.00

资料来源：根据国债协会材料整理。

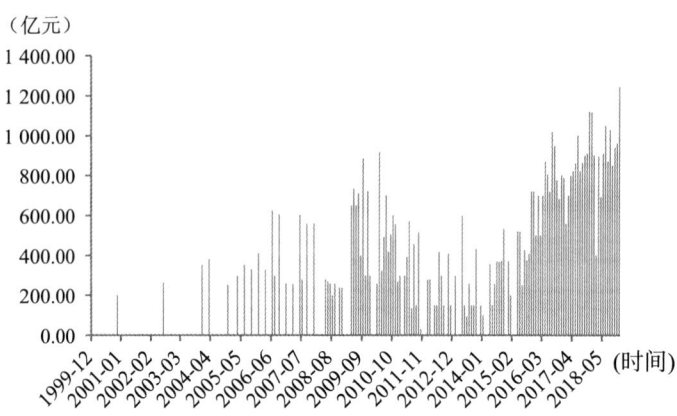

图 7-18　一年期以下国债发行变动

资料来源：万德数据库。

7.3.3　国债市场尚不完善

（1）国债市场流动性不高，投资者倾向长期持有。衡量债券流动性的重要指标是换手率，换手率高说明债券流动性高。国债换手率即一定时间内国债交割量与托管存量之比。据统计，2002~2012 年，中国国债市场换手率在 0.4~1.4，在此期间美国国债市场换手率是中国国债市场换手率的 10~40 倍。[①] 从银行间市场交易现券来看，2012~2017 年我国国债市场换手率分别为 1.29、0.71、0.67、1.00、1.14、1.07（见表 7-25）。因国债具有免税、信用等级高、风险低等特征，投资者经常愿意持有到期。

表 7-25　　　　　银行间市场现券交易中的国债换手率

时间	交割量（亿元）	托管量（亿元）	换手率
2012	91 307.68	70 674.35	1.29
2013	55 694.61	78 122.85	0.71
2014	57 291.91	85 529.55	0.67

---

① 刘爽. 我国国债市场流动性研究 [J]. 财政研究，2015 年第 1 期。

续表

时间	交割量（亿元）	托管量（亿元）	换手率
2015	94 625.35	94 889.55	1.00
2016	123 463.01	107 863.54	1.14
2017	130 711.73	121 964.27	1.07

资料来源：中国债券信息网。

（2）国债市场不统一。目前，我国国债流通市场由全国银行间债券市场、证券交易所国债市场、债券柜台市场三个市场组成，这三个市场的交易系统、托管系统、清算系统和监管部门都不同。例如，银行间债券市场由中国人民银行监管，证券交易所债券市场由中国证监会监管、中央国债登记结算公司作为中国债券的总托管人接受人民银行、财政部的双重监管。三个市场的形成有历史原因，1997年央行为防止商业银行利用大量债券回购资金违规进入股市造成股市过热，而启动银行间债券市场，使商业银行退出证券交易所债券市场。但是债券市场分割使各类投资者难以在三个市场间跨市场、跨系统自由交易国债，不仅加剧了国债流动的难度，还影响了国债市场价格、国债收益率曲线的统一形成。

（3）国债做市商制度有待完善。完善的国债做市商制度是活跃国债交易市场的一项重要制度保障，但目前相关制度尚不能充分调动做市商积极性。一方面，国债做市商的获利空间和优惠待遇有限。因为国债做市商需在二级市场提供双边报价服务，但不能像国债承销商一样享受一级市场购买国债的便利优惠，而且，报价的价差幅度、规模和期限都受央行严格限制，获利空间有限。另一方面，缺乏避险工具对冲风险，做市商面临持仓风险。持仓过多可能引发债券估值亏损风险，持仓过少可能引发卖空风险等。有时做市商为了既完成做市商考核目标实现"做市义务"、又避免债券持有风险，采取"空仓报价""少量持仓报价"策略，但受国债流动性有限影响，如果此时被点成交可能引发一系列做市商点击成交国债债券的发生，从而扭曲国债的价格发现功能。为支持国债做市，2017年6月财政部开展了12亿元的1年期国债随买操作，便于做市商能紧急购买国债，但随买规模还有待扩大。今后，随卖制度也需进一步完善以支持国债做市。

（4）投资者结构不合理。从我国国债投资者结构来看，商业银行占据绝对主力（如图7-19），2017年12月，各类商业银行持有国债总计占比是76.7%，特殊结算单位包括中国人民银行、财政部、政策性银行、交易所、中债登、中证登等持有国债占比是7.98%，基金持有3.36%、保险机构持有1.21%、境外机构持有2.89%、外资银行持有1.08%，其他机构和个人投资者占比均微乎其微。商业银行持有国债比重过高容易影响国债的流动性、削弱利用国债调节整体金融市场的力量。

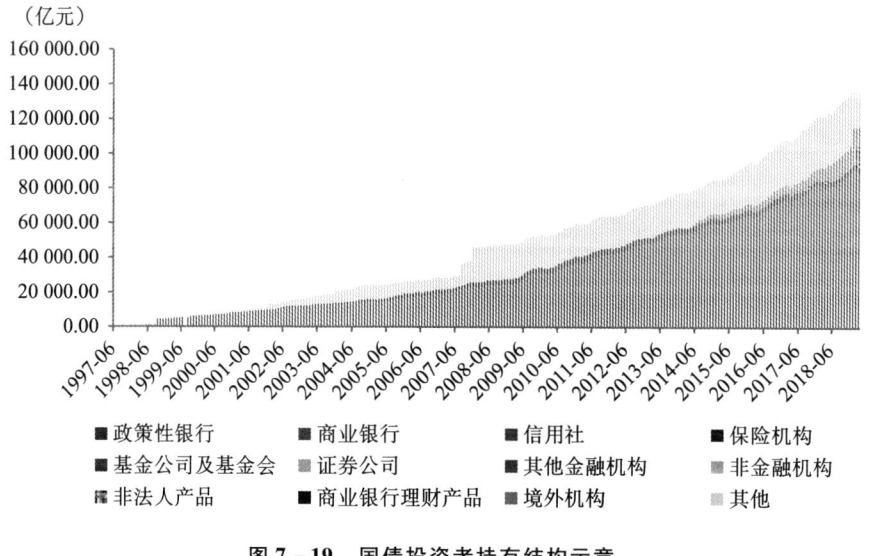

图7-19 国债投资者持有结构示意

资料来源：万德数据库。

7.3.4 缴税周期性特征使国库现金对货币供应量产生影响

我国税收一般按月、按季缴纳，因此月度、季度后10日至15日内国库库款会大幅增长。企业向财税部门缴税后，企业原存在商业银行的存款会转变成政府在央行的存款；在商业银行与中央银行资金划拨过程中，一般会增加财政在央行的政府存款,减少商业银行在中央银行的存款准备金。因此,税收、国库资金与金融机构的存款准备金、储备货币有密切关系。其中,国库资金与金融机构的存款准备金反方向变动,并影响储备货币总量变动。为应对财政存款的变化,近年来央行启用 2 个月期逆回购操作开展公开市场操作,建立临时准备金动用安排(CRA),在关键时点提前供应跨年资金,意在熨平税期等因素引起的财政存款短期波动,维护流动性和货币供给基本稳定。

7.3.5 国库现金预测的科学性有待提高

(1)全球经济充满不确定性,增加了经济形势和财政收支预测的难度。随着经济全球化进程,全球金融渗透与冲击不断、贸易摩擦不断、地缘政治动荡不断、大国政治经济军事影响力强,全球经济走势充满了不确定性,增加了经济形势预测和财政收支预测的难度。另外在我国,税收收入预测的科学性有待提高。一般来说,我国税收收入的决算数与预算数之间存在密切关系,以全国一般公共预算中税收收入的决算数与预算数为例(如下表 7-26、图 7-20)可以看出,只要经济条件可以,税收收入决算数就会尽一切努力接近预算数。除非经济形势过于下行,收入决算实在无法完成预算数,但差额也相对较少。例如,2010 年、2011 年 GDP 增速经

表 7-26 全国一般公共预算收入预决算对比

时间	GDP增速(%)	税收预算数(亿元)	税收预算数增速(%)	税收决算数(亿元)	决算数增速(%)	决算数为预算数的(%)	决算数为上年决算数的(%)
2010	10.45	65 002	—	73 210.80	—	112.60	123.00
2011	9.30	79 291	22.00	89 738.40	22.60	113.20	122.60
2012	7.65	98 289	24.00	100 614.30	12.10	102.40	112.10
2013	7.67	109 175	11.10	110 530.70	9.90	101.20	109.90
2014	7.40	120 155	10.10	119 175.30	7.80	99.20	107.80

续表

时间	GDP增速（％）	税收预算数（亿元）	税收预算数增速（％）	税收决算数（亿元）	决算数增速（％）	决算数为预算数的（％）	决算数为上年决算数的（％）
2015	6.90	128 270	6.80	124 922.20	4.80	97.40	104.80
2016	6.70	128 750	0.40	130 360.70	4.40	101.30	104.40
2017	6.90	135 535	5.30	144 369.87	10.70	106.50	110.70

资料来源：根据国家统计局、财政部数据整理。

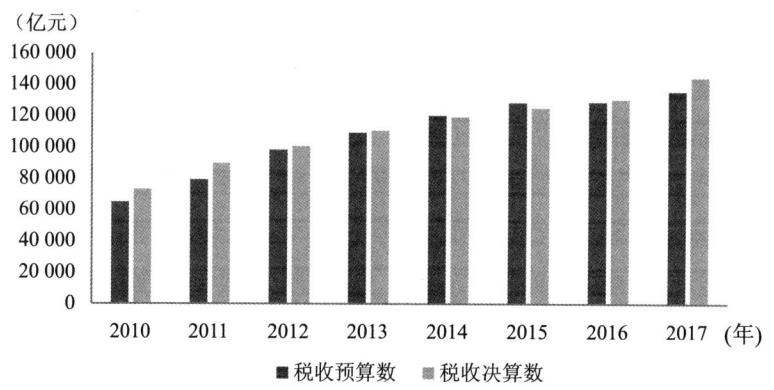

图 7-20　全国一般公共预算税收收入预决算对比

资料来源：根据国家统计局、财政部数据整理。

济形势较好，决算数比预算数超过约 10% 的比例；2014 年、2015 年 GDP 增速相对较弱，决算数稍低于预算数，差额在 1%～3%。而且税收收入预测本身的科学性有待提高。2011 年、2012 年税收收入预算增速分别为 22%、24%，由于经济形势的变化，2011 年税收收入预算数完成了增速 22.6%、实现了预算的目标，2012 年则完成了 12.1%，只完成了一半的预算目标。2013 年以后，税收收入任务不断适应新常态，增速较小，但完成依然艰难，决算数偏小于预算数。可见，经济形势下行和收入任务完成的压力较大。这说明经济形势变化巨大，收入预测难免有误而且可能在经济变化剧烈的时候误差更大。

（2）预算编制不科学、严格支出和审计问责带来某些国库资金支出困境。每一笔财政支出都需国库资金做保障，根据相关政策法规，国库资金支出是按预算编制的内容和执行进度支出的，国库资金本身不能被无故乱用、挪用。政府预算具有法律效力，一经人大批准，就应严格执行。所以，如果预算编制不科学会加大预算执行的难度，影响国库资金支出的进度。目前在预算编制时，主要是各系统财务人员进行编制，除人员基本工资经费等较易预测的支出外，还有些支出项目对预算编制人员的业务水平要求较高，不仅需了解财务，还需掌握项目的基本运行情况和领导工作思路的变动等。例如，做一个水利工程的预算，不只需懂财务的人员进行预测，还需懂水利工程的人协助完成，更需要高层领导的前瞻性指引确认。预算编制不科学，会为预算需要严格执行、国库资金支出难、预算不得不调整、审计问责留下后患。另外，对预算执行的审计愈发严格，通常被人们描述为"买酱油的钱不能买醋"；主体责任处罚严重，各级领导十分谨慎，不敢擅自因工作变化调整预算支出方向。而正常的预算调整次数有限，层级复杂，时间周期较长，尚不能满足实际预算调整的需求。这样，预算编制、预算执行、预算调整与审计问责之间相互关联、相互影响，经常使财政支出进度缓慢，形成了看似"有钱花不出去"的尴尬局面。但预算还得执行，财政也不能无故有太多资金结余结转下年，所以出现了快到年底时"突击花钱"的现象。从央行资产负债表"政府存款"科目可以看出，国库资金在每季度末、尤其是年度末支出较大。例如，2011～2016年每年12月份比11月份"政府存款"平均降幅达32.06%。

7.3.6 中央国库现金进行商业银行定期存款管理有待进一步提高

中央国库现金如果转换成商业银行定期存款，就成为中央银行进行公开市场操作的工具之一，可调节货币供应量。"政府存款"与"储备货币"都计入央行资产负债表负债方，如果开展中央国库现金管理业务，国库资金会转为商业银行定期存款，从而增加商业银行在中央银行的准备金，会

增加"储备货币",降低"政府存款"。但利用中央国库资金调节货币供应量的功能尚未充分发挥。因为:

(1)中央国库资金转化为商业银行定期存款管理的规模和比例较小。这与国库现金收支难以准确预测有关。2012～2016年(见表7-27)财政部开展国库现金进行商业银行定期存款管理的业务分别为6 900亿元、4 300亿元、6 200亿元、5 100亿元、5 000亿元规模。以2015年为例,当年中央国库现金有10次转换成商业银行定期存款,总金额为5 100亿元。这一金额只占当年政府存款月均余额的15%,是当年末政府存款余额的18.9%,总体转换为商业银行定期存款的金额规模较小。而且,5 100亿元中央国库现金管理业务占当年整个公开市场业务操作金额42 680亿元的比例为11.95%(见表7-28),还有很大空间助推央行利用其调控货币量功能的发挥,促进两大政策协调配合。

表7-27　　　　国库现金管理商业银行定期存款中标量

年度	金额(亿元)	年度	金额(亿元)	年度	金额(亿元)
2006	2 206.00	2010	4 000.00	2014	6 200.00
2007	2 307.00	2011	4 500.00	2015	5 100.00
2008	1 700.00	2012	6 900.00	2016	5 000.00
2009	3 096.40	2013	4 300.00	2017	5 000.00

资料来源:万德数据库。

表7-28　　　　2015年中央银行公开市场业务操作情况汇总

内　容		操作次数	期限	累计金额(亿元)	平均利率(%)	操作金额占比(%)
回购与逆回购调节流动性(央票为主)	逆回购	62	7天	26 800	2.87	62.79
		5	14天	2 630	3.54	6.16
		2	21天	1 350	4.40	3.16
		4	28天	1 600	4.80	3.75
	正回购	0	0	0		0.00
	小计	73		32 380	3.06	75.87

续表

内容		操作次数	期限	累计金额（亿元）	平均利率（%）	操作金额占比（%）
短期流动性调节工具（SLO）	投放流动性	1	1天	200	2.63	0.47
		2	6天	2 800	3.01	6.56
		1	7天	600	2.35	1.41
		1	2~6天	1 600	3.66	3.75
	小计	5		5 200	2.66	12.18
中央国库现金管理	商业银行定期存款	5	3个月	2 700	3.15	6.33
		4	6个月	2 100	4.14	4.92
		1	9个月	300	5.25	0.70
	小计	10		5 100	3.75	11.95
合计				42 680		100

资料来源：根据中国人民银行公开市场业务数据整理。

（2）中央国库现金进行商业银行定期存款管理的品种有待丰富。从财政部已对国库现金进行商业银行定期存款管理的品种来看，品种期限一般为3个月、6个月、9个月，在金融服务如此发达的今天，这些期限品种显然不够丰富，不能满足财政部门的实际需求。应设立期限更短、更灵活的品种，如1个月、7天等产品，这样既可加大财政部对国库现金进行商业银行定期存款管理的规模、频率，又能应对财政支出的实际需求，还能加大央行利用此类产品进行基础货币管理的力度，提高国库现金的管理效率。

（3）两部门对国库现金管理的权责划分有待进一步理顺。央行经理国库从1985年起就以法规形式被确定了。但多年来"经理"还是"代理"国库资金经常被两大部门争论不休。两部门应以国家宏观利益为核心，放下部门利益，理顺部门关系，共同管好国库现金，提高国库资金效率。

7.3.7 两大政策缺乏协调配合机制

加强财政与货币政策配合是个老问题,党中央、国务院很多文件都曾提出这一问题,但目前仍未建立起良好的协调配合机制。二者配合主要是遇到重大事项需要决策配合时,尤其是政策类型选择和对外事项上,如确定财政与货币政策的类型搭配、人民币加入 SDR、中外财金对话与合作①等方面,在国务院的统一领导框架下②,相关部门召开协调会议,共同协商出策解决。在其他对内业务上,两部门面对共同的经济形势和宏观经济调控目标,基本是根据各自业务范围和职责出台相关政策。2017 年 11 月,经党中央、国务院批准,国务院金融稳定发展委员会成立。该委员会具有重要意义,作为国务院统筹协调金融稳定和改革发展重大问题的议事协调机构,不定期召开专题会议。但该委员会主要致力于加强金融监管协调、维护金融稳定,且秘书处明确设在央行,参会人员级别过高范围较小,尚不完全属于两大政策之间在宏观调控战略布局下全面的统筹协调机制。2018 年甚至还发生了两大部门公开互怼的现象,引起了社会热议、影响了两大部门形象,因此两大政策之间迫切需要建立全面长期协调机制,发挥合力共同服务宏观调控。

以国债、国库现金作为两大政策密切相关的政策工具为例,两部门中涉及该业务的司局较多(见图 7-21)。例如,财政部相关司局主要有:预算司,负责拟订政府债务管理制度和政策,编制政府债务预算;国库司,负责拟订政府内债制度,管理国债发行和兑付;金融司,负责货币政策及其与财政政策协调配合研究,拟订政府外债制度、政策、计划并管理;税政司,负责国债相关税收政策制订。中国人民银行相关司局主要包括:货币政策司,拟订货币政策战略,操作公开市场;国库局,代理财政部门发

---

① 如中美战略与经济对话等。
② 或在国务院统一领导下明确某部委牵头。

行、兑付国债，经理国家金库；金融市场司，监管银行间同业拆借市场、债券市场、票据市场等，分析金融市场影响和对策；货币政策二司，监测全球金融市场汇率变化、国际资本流动，研究主要国家货币政策及影响，承办货币政策委员会日常工作。这些司局在工作中有的联系较多，如财政部国库司和央行国库局；但有的联系不多，或根本不联系。因此，双方之间进行沟通协调相对较少或沟通级别不高，系统、稳定、长期的协调工作机制尚未建立，无法既从全局战略高度，又从具体业务及长短期工作配合等方面助力两大部门协调配合。两大政策之间亟待建立全面的协调配合的机制，进一步加强协调配合力度、形成合力。

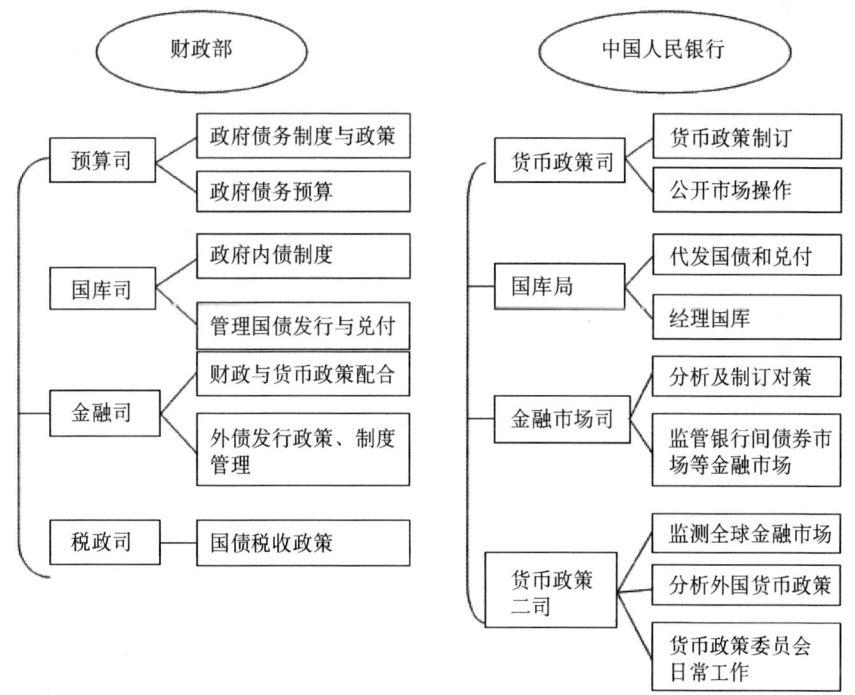

图 7-21　财政部与中国人民银行涉及国债业务相关司局

第 8 章

完善宏观调控中财政与货币政策协调配合的建议

8.1 宏观经济面临的国际国内新形势

8.1.1 国际经济新形势

国际金融危机、欧债危机后,许多国家调整经济政策,恢复和促进产业发展、布局新兴产业战略,重视科技与能源的作用,但国际经济复苏进展曲折、缓慢且出现分化。在主要经济体货币政策逐步正常化的过程中,全球实体经济新的增长点依然不够明朗和强劲。大宗商品价格大幅回落不断波动,贸易摩擦频频升级,多数国家金融市场出现大幅波动,部分新兴市场国家货币遭遇新的挑战,再加上主要国家元首换届、地缘政治冲突依然不断,全球经济前景充满了不确定性。"20国集团"在金融危机后闪耀登场,发展中国家力量、世界多元化之势不断增强,全球经济治理体系发生了深刻变革。

美国经济复苏态势最为明显,经济增速强劲有见顶迹象,货币政策逐步正常化后9次加息①,2018年底后将联邦基金目标利率区间上调至2.25%~2.5%,成为十年来最高水平。2018年第2季度GDP增速高达4.1%,前三季度GDP实际增长3%,全年GDP增速2.9%。新增非农就业持续增长,基本实现充分就业,2018年5月失业率为3.8%,成为2001年以来的最低水平②,全年失业率平均为3.89%。物价水平回升,经济活跃度提高。美联储2015年12月重启加息通道,2017年10月开始缩减规模达4.5万亿美元的资产负债表。但美元兑主要国家货币汇率波动较大,

---

① 仅2018年即加息4次。
② 中国人民银行.2018年第二季度中国货币政策执行报告[W].中国人民银行网站。

特朗普新政存在巨大的不确定性，2018年还在全球掀起了贸易战，给国际贸易和全球经济带来冲击。

欧洲经济就业形势整体向好，但复苏形势有所放缓。据欧盟统计局公布的数据，2018年，欧盟28个成员累计实现GDP约15.87万亿欧元，较上年名义增速3.16%，按可比价计算，实际增长速度为1.90%；28成员国平均失业率为6.85%。其中，德国GDP增速为1.5%，总量为3.99万亿美元；法国GDP增速为1.5%，与上年的2.3%相比，经济复苏动力明显不足；英国GDP增长1.4%，为2012年以来最低增幅。在债务问题、成品油价格波动、难民危机、地缘政治、英国脱欧、意大利民粹政府上台、欧美贸易紧张局势、美国单方面退出伊核协议等因素共同作用下，欧洲地区之间不平衡状况加重，国家间利益取向和政策目标分化加剧，经济格局正在重构，德、法、英等国纷纷调低增长预期。英国脱欧对英国与欧盟都带来冲击。2018年5月意大利政府组阁变动，引发金融市场加剧波动。2018年12月法国发生"黄背心"抗议运动。欧央行表示欧洲市场需求增长正逐步放缓，外部不确定性将使市场需求更趋疲软，并将给未来欧洲经济发展带来多重风险①，欧央行决定上调关键利率的预期时间推迟至2019年末。② 欧元汇率持续低位震荡后有所反弹。但欧元区"统一货币、各自财政"的制度安排具有先天缺陷，在促进经济增长、应对风险和危机时捉襟见肘、倍感无力。

日本靠"强宽松+高赤字"组合刺激经济的效果有限，经济增速低迷。安倍经济学濒临破产。货币政策面临两难抉择，疲弱的经济需出台更多的宽松政策，但超宽松的货币政策刺激作用甚微，在美加息的外部环境下进一步放宽政策会引发诸多风险。国内负利率、通胀疲弱、政府高额债务、增加消费税困难、投资意愿不足、人口老龄化、要素资源匮乏、内生增长势头衰减、企业涨薪动力不足，国际地缘政治问题、美国的贸易保护

---

① 李鸿涛. 欧洲经济仍面临低增长前景[N]. 经济日报，2018年6月6日。
② 欧洲央行2018年12月货币政策会议纪要。

主义抬头和退出 TPP 都困扰着日本经济增长前景及政策抉择。

新兴市场经济国家整体复苏较快，但受外部冲击较大，部分经济体面临较大挑战。国际大宗商品价格和原油价格回升，资源依赖型新兴国家国际收支状况得到改善，但价格回升的力度和持续性仍存在不确定性。部分新兴市场经济国家结构调整取得进展，中产阶级比重提升带动消费增长。受美国货币政策正常化等影响，部分新兴市场国家资金外流严重，土耳其、阿根廷等国货币大幅贬值。

整体而言，当前世界经济形势面临的不确定性明显增加，主要体现在：一是特朗普新政尤其是推行贸易保护主义、制造中美贸易战，给中国和世界经济带来负面影响。二是民粹主义和难民危机导致经济环境恶化，欧洲经济一体化倒退，有引发金融风险和政治风险的可能。三是部分新兴市场国家资金流出压力加剧，外债和杠杆率较高的中小经济体将承受更大压力，面临较大的金融经济风险。

8.1.2　国内经济新形势

2012 年党的十八大提出了实现"中国梦""两个百年"的奋斗目标[①]，2013 年十八届三中全会为全面深化改革指明了方向[②]，提出加快"五位一体"总体布局。2014 年，十八届四中全会提出了"四个全面"的战略布

[①] "中国梦"即中华民族要实现伟大复兴，具体表现为"两个百年"奋斗目标：一是中国共产党建党 100 年时，全面实现建成小康社会；二是到新中国成立 100 年时，要建成富强、民主、文明、和谐的社会主义现代化国家。

[②] 全面深化改革的总目标是：完善和发展中国特色社会主义制度，推进国家治理体系和治理能力现代化。国家治理体系和治理能力是一个国家的制度和制度执行能力的集中体现。

局①，经济进入新常态。② 2015 年十八届五中全会通过十三五规划建议，强调树立新发展理念③，推进供给侧结构性改革，短期主要做好"三去、一降、一补"工作。2017 年党的十九大开启了治国理政新时代，社会主要矛盾发生重大变化④，经济正由高速增长阶段转向高质量发展阶段；描绘了"2020 年全面建成小康社会、2035 年基本实现社会主义现代化、2050 年建成富强民主文明和谐美丽的社会主义现代化强国"的伟大蓝图。2018 年政府工作报告指出决胜全面建成小康社会要"打好防范化解重大风险、精准脱贫、污染防治"的三大攻坚战，确保风险隐患得到有效控制，确保脱贫攻坚任务全面完成，确保生态环境质量总体改善。2019 年中央经济工作会议指出要统筹推进稳增长、促改革、调结构、惠民生、防风险工作，进一步做好"六稳工作"⑤，着力激发微观主体活力，增强人民群众获得感、幸福感、安全感，保持经济运行在合理区间，维护经济持续健康发展和社会大局稳定。

总体来看，当前我国经济运行缓中趋稳、稳中多变有忧，基本保持在合理区间，就业形势较好、通胀温和、国际收支有所改善。据国家统计局数据，2018 年 GDP 增长 6.6%，居民消费价格上涨 2.1%。显示了中国经济的内在稳定性、发展韧性和宏观调控效果。"三去、一降、一补"供给侧结构性改革取得阶段性成果，制造业产能得到有效控制，企业利润改

---

① 全面建成小康社会、全面深化改革、全面依法治国、全面从严治党。全面建成小康社会是实现中华民族伟大复兴的关键一步，全面深化改革是促进全面建成小康社会的路径，全面依法治国是全面深化改革、全面建成小康社会的保障，全面从严治党是党领导国家实现长治久安、加强党的自身建设的根本要求。

② 新常态包括：一是经济增长速度从高速转向中高速；二是经济发展方式从规模速度型发展转向质量效率型发展方式；三是经济结构调整从增量扩能为主转向调整存量、做优增量并举；四是发展动力要从主要依靠资源和低成本劳动力等要素投入转向创新驱动。

③ 创新、协调、绿色、开放、共享的新发展理念。

④ 已转化为人民日益增长的美好生活需要和不平衡不充分的发展之间的矛盾。

⑤ 做好稳就业、稳金融、稳外贸、稳外资、稳投资、稳预期工作。

善，宏观杠杆率上升速度显著放缓①，金融体系杠杆得到有效控制，房地产库存大幅下降，"放管服"改革不断深化，减税降费降低了企业成本，精准扶贫等补短板取得积极进展，创新驱动战略成效突出，经济结构不断优化。需求结构出现重大改善，消费对经济的贡献率大幅提高，改变了过去主要依靠投资、出口拉动经济的增长模式。产业结构中服务业对经济的贡献大幅增加。区域、城乡结构不断优化。国家统计局数据显示2018年消费对经济的贡献进一步加大，服务业对经济增长贡献率接近60%。东部地区保持优势，东北地区企稳回暖，中西部地区发展较快，不断健全城乡融合发展机制。但是，当前经济下行压力有所加大，长期积累的风险有所暴露，部分企业经营困难较多，各种经济任务目标较多，再加上外部经济环境复杂多变，宏观经济政策应有效维护和推动经济稳中有进。

8.2 供给侧结构性改革背景下宏观调控的总体战略基调

供给侧结构性改革是我国在经过改革开放四十年快速增长、经历1997年亚洲金融危机和2008年国际金融危机的冲击后，主动调整发展理念和思路、提出经济进入新常态的背景下，致力于从供给端调整和优化经济结构，转变经济增长方式，培育新的经济增长动能，促进经济转型升级，跨越中等收入陷阱，提高经济增长质量和效率，提高人民收入和生活质量的重大改革。在供给侧结构性改革的背景下，宏观调控总的战略基调应坚持稳中求进、坚持深化改革、保持战略定力、优化制度供给。

---

① 国际清算银行（BIS）认为中国非金融部门杠杆率从2012年底的194.6%，迅速上升至2016年底的255.3%，年度增幅高达15.2个百分点；但从2017年起央行测算2017年底中国宏观杠杆率达到250.3%，全年仅上涨2.7个百分点，远低于2012~2016年年均13.5个百分点的上涨速度。

稳中求进是近年来一直坚持的战略基调，意在保持大局基本稳定的同时，在一些领域有所作为、有所进取。历史证明，保持经济稳定是维护社会稳定和政治稳定的基础和前提；在稳定中不断提高和壮大经济实力，是提高国民经济质量、在国际上立于不败之地的前提和保障。

深化改革是实现宏观调控目标的根本途径。在坚持深化社会主义市场经济体制改革的进程中，政府自身要不断完善宏观政策、提高宏观调控的能力。保持宏观经济政策的稳定性、连续性、统一性，提高相关部门宏观经济政策的协调性和透明度，注重稳定和管理各界对宏观经济政策调整的预期，不断提高监管水平和惩处力度。同时，市场也要不断改革创新，提高产品与服务的有效供给能力，提高产品与服务的质量与效率，降低产品与服务的成本与价格，不断满足人民日益增长的美好生活需要。

宏观调控要保持战略定力。注意处理好政府与市场的关系，发挥市场在资源配置中的决定性作用，政府更好发挥作用。社会主义市场经济中，市场应成为主角，冲在经济发展与增长的前面；政府要明确自身职能定位，起到助推引导、维稳托底、弥补失灵的作用，目的在于维护稳定的基础上更好激发市场靠自身提高质量和效率的能力，而不是凡事都靠政府亲力亲为、充当市场经济的主角。

优化制度供给。制度供给是政府的优势所在，制定优化符合国情的各方面制度、机制、体制、政策、法律，是为市场发展营造良好环境的重要保障和加速器。好的制度可以促进市场统一、维护公平正义，减少相关主体间不必要的摩擦和博弈，提高各界共识和效率。优化制度供给是处理好政府与市场关系、提高国家治理能力的重要保障，是供给侧结构性改革中的重要内容。

8.3 构建宏观调控中财政与货币政策协调配合的基本机制

建立财政与货币政策协调配合的机制，能增信释疑、统筹规划，为两者互相配合、形成合力奠定基础。加强两大政策协调配合的机制建设，有两种方案。

方案一：国务院牵头建立财政与货币政策协调配合机制，可根据情况特邀发改委、中国银保监会、中国证监会等相关部门开展定期和不定期的协调工作。机制级别可为总理或副总理级。秘书处设在国办秘书局。国务院牵头的协调机制级别高，涉及领域和部门广，解决问题的能力强，效果突出。

方案二：由于国债的功能具有特殊性，建立以国债为枢纽的两大政策协调配合机制。由两大部门主导，以涉及国债业务相关司局为主，建立定期和非定期的协调机制。由于牵涉司局较多，建议此协调机制为副部长级或正部长级。双方均派部级领导参会。秘书处工作可设在两大部门各自的国库司或国库局。通过两部门轮流主办会议的形式，通告相关工作进展情况及下一步工作计划，协商需要彼此配合的工作要点。协调机制可按月度、双月度或季度开展，遇特殊情况如发生重大金融或经济波动或国债、地方债发生重大调整等，也可及时不定期展开协调沟通工作。每次参会具体司局单位可视会议主题进行适当调整，同时不排除其他业务司局参与会议的可能。此机制以国债为纽带开始设立，但意在建立两大部门之间长效的协调配合机制，为宏观调控整体布局服务。未来可使之成为促进地方债有序发行、支持"三农"和小微等定向扶持领域而搭建的财政系统与货币金融系统的协调平台。

与此同时，建立两大部门间相关文件和数据等信息交换共享机制。财政与货币政策施政纲要、工作计划、政策执行报告、研究动态、情况反映、相关数据等互换互告，实现信息共享，便于双方及时掌握有关信息，促进双方协调配合。

8.4 短期维护经济基本稳定，发挥需求管理优势

从短期看，财政与货币政策的重要作用在于维护宏观经济基本稳定，熨平短期大幅波动，为宏观经济保驾护航。经济过热时，注重紧缩政策力度，既要抑制过热、防止高通胀，又要防止急刹车，维护稳定。经济出现大幅下降或危机时，政府适度发挥需求管理优势维护经济总体稳定。

8.4.1 采用积极的财政政策与稳健的货币政策协调配合

面对新常态的突出特点和变化，财政与货币政策要积极服务于供给侧结构性改革的战略大局，既维护宏观经济的总体稳定，为供给侧结构性改革营造良好的经济环境，又切实推动供给侧结构性改革取得实质性进展。为此，应根据宏观调控的目标定位和战略部署，坚持稳中求进的总基调，明确两大政策的类型搭配，综合考量短期与长期、供给和需求、速度与质量、总量与结构的施策策略，加强协调配合，共同服务于宏观调控目标的实现。当前我国采取积极的财政政策与稳健的货币政策搭配策略是根据国情作出的正确选择，具有必要性和可行性。

财政政策进一步保持积极具有必要性和可行性。在社会主义市场经济中，政府与市场的关系还在不断磨合和完善，市场自发力量依然有限，稳增长、调结构在关键时刻还需政府有所担当。当经济出现重大下滑、民间投资严重不足或外部冲击过大时，需要政府投资使需求保持一定张力，维

护总体稳定。而且,目前我国财政赤字与债务规模总体处于安全区间,债务风险总体可控,财政实力健康程度较佳,具备通过一定减税、增支、适度增加赤字与债务等方式调控经济的能力。可根据形势变化,谨慎适度保持一定的赤字与债务规模。

货币政策保持稳健具有必要性和可行性。货币政策保持稳健是为供给侧结构性改革提供稳定货币金融环境的正确选择,是促进经济长期稳定增长的重要保障。在保障市场流动性基本稳定的同时,有必要调节好货币闸门。货币政策最首要的目标应是保持物价稳定,防止通货膨胀。如果公众缺乏物价稳定的预期,会追逐短期收益,在资产价格高企的背景下容易导致脱实向虚,不利于实体经济的长远发展。美国货币政策首要目标经历过从"稳定物价"到"促进就业"的来回摇摆,货币政策经历了较长时期频繁的"扩张——紧缩——再扩张——再紧缩"的过程,使货币政策连"最起码的可信度"都曾差点丧失。后来美联储[1]又把物价稳定当作主要目标,花了巨大代价和较长时间才逐步恢复了货币政策的可信度,使全世界投资者敢在美国长期投资,成就了美国金融、经济的强大地位。日本也历经多年才得出应以稳定物价为货币政策首要目标的经验。我国货币政策实行多目标制[2],但综合国内外经验与教训,应始终坚持把稳定物价水平防止通货膨胀放在首要目标,控好货币供应量,稳定好物价及各方对通货膨胀的预期。另外,近年来我国货币存量较大,2015～2017年M2基本是GDP的两倍,货币政策保持稳健中性较有余地。而且,靠资本拉动经济的时代已经结束[3],新常态下经济不是单纯追求高速增长,货币政策保持稳健有利于去杠杆、挤泡沫、防风险,促进金融支持实体经济,促进经济长远发展。同时,有必要统筹把握货币数量和信贷松紧的关系。

---

[1] 沃尔克、格林斯潘时期之后,并持续至今。
[2] 包括经济增长、物价稳定、充分就业、国际收支平衡、金融体系稳健等。
[3] 许小年. 经济在微观层面大有希望 [J]. 财新周刊,2016年第43期。

8.4.2　发挥政府投融资优势，从需求侧维护总量基本稳定

政府维护经济基本稳定的传统优势在于政府扩大投资使需求保持一定张力。应优化政府投融资的规模和速度，发挥其在稳定经济中的正能量。政府投融资应积极稳妥保持一定的投资速度和规模，平抑经济波动、提供平稳的经济环境。

同时，进一步优化政府投资方向，为供给侧结构性改革做好铺垫；丰富投融资模式，提高政府投融资效率。结合宏观调控目标和方向，根据发展阶段和水平，综合考虑产能结构状况和短板所在，优化政府投资结构；另外，创新和丰富政府投融资模式，提高投融资效率。例如，对特色小镇、三农、扶贫、民生、生态等方面的基础设施投资还需稳步投入，通过PPP等模式促进政府、企业、金融联动投资，促进新型城镇化、农业现代化、新型工业化、信息化"四化合一"等方面建设，在稳定经济的基础上，促进优化经济结构，为未来经济发展做好铺垫。

8.4.3　利用国债防范和化解系统性金融风险

两大政策共同防范和化解系统性金融风险是维护经济稳定的重要内容。应在保持金融和实体经济平衡发展、加强金融监管协调配合的同时，充分发挥和利用国债的优势，提高两大政策共同应对金融风险的能力。美日等国在金融危机中充分利用了国债的功能和信用，发挥了国债在维护资产价格、稳定金融市场、疏通利率传导、防止金融危机恶化的重要作用。我国要防范和化解金融风险，维护金融经济稳定，应未雨绸缪，积极应对。央行应通过公开市场加大国债持有规模，为金融市场提供流动性支持；在经济发生大幅下滑、金融市场遭遇重大考验时，可利用买卖国债维护金融市场资产价格稳定、维护金融市场稳定。同时，财政部还需进一步

完善和优化国债的规模期限结构及发行管理等工作。进一步活跃国债市场，提高国债流动性，完善国债交易及其收益的税收政策，开放国债交易的国际化程度，促进国债的价格发现及其对其他债券资产定价的引导功能，助推国债收益率曲线的影响力，逐步发挥其对基准利率形成的影响力。

8.5 长期促进结构调整实现经济高质量发展，侧重供给管理

推进供给侧结构性改革不是放弃需求管理，而是从需求侧维护经济基本稳定的同时，注重从供给侧推动结构调整，促进经济持续优质增长。两大政策应在长期注重协调配合，以科技创新引领经济动能转换，推进相关经济主体改革，促进经济转型升级。

8.5.1 两大政策协调配合以科技创新引领经济增长动能转换

科技创新是培育新的经济增长动力、实现新旧经济动能转换、促进经济转型升级、转变经济增长方式的战略路径，是跨越中等收入陷阱、解决社会基本矛盾、实现中国梦的核心力量。财政与货币政策应协调配合，引领各界重视和参与科技创新，形成全社会科技创新的新氛围；建立中长期科技投入成果转化机制，形成以企业为主体，产、学、研、政、资有机结合的科技创新市场体系；以科技创新为引领，推动实体企业改革创新发展，培育和孵化新的经济增长点，促进经济增长方式转型升级、实体经济持续增长。

8.5.1.1 引领各界重视和参与科技创新，形成全社会科技创新氛围

应加大两大政策对科技创新的支持力度，发挥科技创新的引领作用。财政政策利用科技、工业和信息化、教育等部门的优势加大科技投入，税收政策利用加大研发扣除力度、加速专用设备折旧或对科技型企业的增值税实行低税率简易征收等方式，鼓励科技发展、大众创业和万众创新。货币信贷政策对科技创新企业提供融资便利，丰富多元化资本市场支持科技创新，促进在全社会形成科技创新氛围。

8.5.1.2 促进形成以企业为主体，产、学、研、政、资有机结合的科技创新市场体系

应赋予企业科技创新的主体地位，弘扬企业家精神、工匠精神和创新精神。鼓励企业和科研机构紧密结合，提高科技供给的有效性、针对性。政府应遵循科研规律，创新科研经费管理和科研人员管理方式，给予科研单位对科研项目预算和预算调整的自主权，以科技成果为绩效考核导向，加大科研奖励和后补助力度。利用税收政策鼓励以企业科技研发和成果转化为导向，加大政府采购、财政奖励和后补助力度，有效利用政策性担保、建立风险池等手段吸引各界投入科技创新。带动货币金融体系的信贷与资本市场融资支持，鼓励天使投资，创新投贷联动模式，促进建立中长期科技投入成果转化机制，逐步建成产、学、研、政、资有机结合的科技创新市场体系。

8.5.2 推动相关市场经济主体改革和发展

国有企业、民营企业，大、中小微企业，农业企业、工业企业等实体企业均是市场经济的真正主角，只有实体企业，不断改革创新，才能把科技转化为现实生产力，有效实现经济增长，带动国民致富。鼓励各类实体

企业改革创新，对国有企业创新多元化股权治理结构，对中小企业通过支持中介服务机构、建立风险金、担保、完善失业救济等财政金融政策给予支持。

8.5.2.1 推动国有企业改革

国有企业在中国具有重要意义，从管仲开启盐铁专营后，国企就成为"中国式中央集权制度的经济保障"。[①] 新中国成立后，国有企业作为公有制经济的典型代表，对维护国民经济安全、推动国民经济发展发挥着重要作用。国有企业应树立平等参与市场竞争的精神，减少对政府补贴、补助等相关支持的依赖性，通过科技创新、完善现代企业制度、依靠自身力量成为市场创新的主体，谋求生存与发展。财政代表国家出资人可创新国有企业多元化股权治理结构，创新国企员工薪酬分配和激励机制，强化监督等政策，倒逼国有企业提高盈利能力和治理能力。货币金融体系应遵循市场原则提供信贷和资本服务。

8.5.2.2 加大端口扶持力度，推进改革，共同促进中小企业发展

第一，两大政策可加大扶持中介机构的广度和深度，充分发挥中介机构对中小企业的服务优势，为两大政策共同定向间接扶持中小企业提供端口支持。第二，财政政策除加大减税降费、提供政策性担保、建立风险池资金和以奖代补等资金支持中小企业外，还应进一步建立健全失业、养老等社保体系，通过支持相关组织机构加大培训和指导服务力度，鼓励创业创新、促进再就业。第三，创新政府的放管服改革，如提供政务信息服务电话，利用互联网+执行政务，开展手机APP纳税申报、微信二维码验证增值税专用发票等方式，便利中小企业利用互联网办理工商注册、纳税申报、年度评审等相关政务活动，改变政府部门门难进、脸难看、事难办的

---

① 吴晓波. 历代经济变革得失 [M]. 浙江大学出版社，2013年8月。

作风，利用互联网提高行政效率，有效降低企业隐性成本。第四，货币政策通过健全金融机构体系，推进金融体制改革，完善信贷传导机制，支持实体经济。鼓励更多中小银行存在，形成商业性、政策性、开发性、合作性金融机构等共同发展、分工合理、覆盖面广的金融机构体系。引领金融机构为中小企业提供融资便利和创新融资方式，有效缓解其融资难、融资贵难题，促进实体经济发展。

8.5.2.3 共同促进农业企业、农村合作社发展

农业企业、农村各类专业合作社是促进农业实现现代化、带动农民脱贫致富的领头羊。面对国际农产品的竞争冲击和维护国家粮食安全的战略红线，应鼓励普及和创新农业科技，促进高附加值农产品的有效供给，狠抓农产品质量和安全。财政应提供必要的基础设施，如农业农村互联网、通信、道路、水利、农贸市场等基础设施和相关数据信息服务，以农业科技创新为引领，以农产品质量和安全为核心，加大以奖代补力度支持农产品质量与安全生产过硬的农业企业和农村合作社等农业组织。货币政策应引导金融机构支持农业发展，推进实现农业现代化，如利用普惠金融、绿色金融等为农业企业、农村合作社、农户等提供融资服务支持。两大政策还可通过进一步加强政策性农业保险、农业担保等配合力度，支持农业发展。

8.6 加大两大政策工具协调配合力度，提高政策效率

财政与货币政策应充分运用市场化手段加强协调配合。充分利用和发挥国债既有财政功能又有金融功能的优势，使其成为两大政策工具协调配合的枢纽。在积极稳妥扩展赤字和债务规模、提高政府债务管理水平的基

础上，做到"进可攻、退可守"，变被动为主动。进，央行可利用国债作为调整外汇占款的缓冲器，增加货币供应量调控的主动权，解决多年来人民币发行受外汇占款大幅波动影响的难题。退，两大政策可利用国债为防范和化解金融风险进行战略布局，始终牢牢守住不发生系统性金融风险的底线。① 同时进一步完善国库现金管理，提高库款运用效率。

8.6.1 积极稳妥扩展赤字和债务规模，进一步优化政府债务管理

目前，我国经济力量在国际上比较强大主要表现在：一是我国经济总量 GDP 较大；二是我国财政尤其是中央财政实力较强。从各国发展历程看，"财政刺激经济——债务累积——财政重建"的过程频频交替重演。在特定情况下确实可不惜加大财政赤字和债务的规模挽救和刺激经济，但财政赤字与政府债务不能无限扩张。在未来的经济发展中，一定要善用赤字和债务，积极稳妥地扩展财政赤字和政府债务规模，用其长、避其短，使之充分发挥作用并掌控在合理范围内，防止过度负债带来过多风险隐患。

此外，要创新国债管理制度，提高国债管理水平。2003 年，央行利用政府债券对冲外汇、调整基础货币量时，我国国债期限结构确实不太完善，不能完全满足央行的需求。但经多年发展，我国的国债期限结构、规模和国债市场都有了长足的进步。② 今后还要不断创新国债管理制度，提高国债管理水平，完善国债期限结构，总体把握债务规模的同时，扩大短期国债规模和比例，培育完善国债收益率曲线和国债市场，充分发挥国债

---

① 前文已述。
② 尤其是近年来，短期国债加大发行力度，从 2015 年 4 月起实行 6 个月国债按月发行、从 2015 年 10 月起实行 3 个月国债按周发行，丰富了我国国债的期限品种结构，促进了国债收益率曲线的进一步完善，促进了人民币成功加入 IMF 特别提款权（SDR）货币篮子等。

功能，使之成为财政与货币政策协调配合的重要枢纽。

8.6.2　善于利用国债、国库现金增加货币供应量调控的主动权

8.6.2.1　应利用国债增加货币供应量调控主动权，完善人民币发行机制

两部门应放下部门利益，加强配合服务大局。在金融全球化、人民币国际化、我国国债必将成为世界各国重要投资品这一进程中，各部门应放下部门利益，加强配合、提高效率，服务于国家的根本经济利益和宏观调控大局。为此，财政部门应进一步丰富国债的期限结构，确认国债规模，提高国债的发行管理水平。在总体把控国债规模的基础上，丰富短期国债品种、规模和发行频率。两大政策共同推进完善国债市场，增强国债流动性，促进国债市场统一，支持完善做市商制度，丰富投资者结构。

同时，国债的功能应被货币政策充分利用。利用国债打破外汇占款与人民币发行的直接联系，可增加货币供给主动权，完善人民币发行机制，促进国债和人民币国际化。央行应根据经济形势的变化情况，利用市场化手段，运用国债调整货币供给量，进一步完善人民币发行机制。外汇过多时，央行利用持有国债，可直接从其资产负债表的资产方进行对冲；外汇过少时，央行可利用市场化手段通过国债适度适量调整基础货币供应量，保障国民经济正常运行。这样，一是可使央行在人民币发行中变被动为主动，塑造大国金融形象，把握货币政策的主动权。通过公开市场加大买卖国债的力度，充分发挥国债在调控货币供应量中应有的作用，增加货币政策调控的主动权，进一步完善人民币发行机制。二是推动国债和人民币的国际化。央行应率天下（国际）之先，持有大量中国国债，有力推进国债的流动性，促进完善国债市场，起到强大的示范效应，促进国债的国际化和人民币国际化。三是促进市场主体正常经营，国民经济有序运转。央行

善用市场化手段（国债）调整外汇和基础货币供应量，而不是简单依靠行政指令——靠缩减企业和个人换汇的规模和比例把控外汇储备，便于市场主体正常经营，保障国民经济有序运转。

8.6.2.2 进一步完善国库现金管理业务，提高库款资金效率

应优化财政部门与央行在国库现金管理方面的职责分工，充分发挥两大部门优势，兼顾两大部门利益和两大政策需求。既要提高国库现金管理优化财政资金配置的效率，又要提高其对货币供应量影响的效率。

两大部门应服务于宏观调控大局，提高国库资金使用效率，加强沟通协调，处理好部门间关于国库现金管理的利益分配关系。财政部门要提高国库现金支出的预测能力，在满足国库现金支出需求的基础上，提出合理高效进行国库现金商业银行定期存款的规模和方案。央行应创新中央国库现金管理转换成商业银行定期存款的品种和方式，正向发挥央行资产负债表中的"政府存款"对调节货币供应量的作用。

8.7 进一步完善其他制度供给

财政与货币政策是宏观调控的两大重要政策工具，在熨平经济周期、促进经济高质量持续增长、维护社会稳定等方面具有重要意义，但这两大政策也不是万能的。他们就像一个飞机的两翼，能为飞机的平稳运行保驾护航，但不是真正的引擎。真正的引擎来自市场的每一个主体，是市场主体创造的实际有效的生产和创新能力，这种生产和创新能力反映出的实体经济和科技创新能力才是一个国家经济实力的终极体现。在市场经济体制下，靠市场自身力量、激发市场活力提供满足市场需求的有效供给，才是使市场在资源配置中发挥决定性作用的根本之道。

要调动广大主体尤其是非政府主体提高科技创新能力、提高实体经济

盈利的能力，不是只靠财政与货币政策就能解决的，还需深入推进各项体制、机制、制度综合配套改革。在国家治理现代化的改革方向下，政府首先要发挥制度供给的优势，不仅包括财政与货币政策的优化供给，还包括更广范围的制度供给。以制度促进理顺政府与市场的关系，构建服务型政府，构造公平公正的制度环境，激发人的活力。政府应为市场提供良好的制度保障，促使市场主体在统一、公平、公正和高效的制度环境中谋生存与发展。政府应进一步简政放权，建立真正落实和体现政府为人民服务、为经济服务的体制机制制度。创新各项用人与考核机制，释放人的活力。完善保护知识产权、保护合理合法财产权等法律制度供给。以制度激发各界主体的潜力、提高有效的生产和创新能力。同时对政府的政绩考核不能唯GDP论，而应根据各地实际情况，不同地区确立不完全一样的考核指标顺序和权重，综合考量各地经济增长、居民收入和生活质量、生态环境、社会稳定等内容。

　　此外，在社会主义市场经济中，应重新定位对金钱的认识，培育形成全社会创新意识氛围。国民对金钱应重新正确认识，钱不是最终单一目标而只是一个中间手段。国民应树立靠自身努力，以"追求创新""追求卓越"为最终目标价值导向可以上高品质、有尊严生活的思想和梦想；而不是以钱为最终单一目标，为了钱甚至不惜牺牲他人利益。让国民树立新追求理念，无疑会促进生产与服务的技术进步、质量提高、环境改善和长远发展。

参 考 文 献

[1] 阿格尼丝·贝纳西-奎里，贝努瓦·科尔，皮埃尔·雅克，让·皮萨尼·费里著．经济政策：理论与实践［M］．北京：人民出版社，2016年。

[2] 奥利弗·布兰查德，乔瓦尼·德拉里恰，保罗·毛罗，胡妍斌，王辰．关于宏观经济政策的若干反思［J］．新金融，2010年第3期。

[3] 保罗·萨缪尔森，威廉·诺德豪斯著．经济学［M］．北京：华夏出版社，2000年。

[4] 保罗·萨缪尔森，威廉·诺德豪斯著．萧琛译．萨缪尔森谈财税与货币政策［M］．北京：商务印书馆，2012年。

[5] 本·伯南克著，巴曙松，陈剑译．金融的本质——伯南克四讲美联储［M］．北京：中信出版社，2014年。

[6] 本·伯南克著，蒋宗强译．行动的勇气——金融风暴及其余波回忆录［M］．北京：中信出版集团，2016年。

[7] 彼得·博芬格著，黄燕芬等译．货币政策：目标，机构，策略和工具［M］．北京：中国人民大学出版社，2013年。

[8] 毕海霞．基于我国中央银行资产负债表变化的货币政策调控风险研究［J］．南方金融，2014年第7期。

[9] 毕桃芬．对国库券公开市场操作的若干建议［J］．银行与企业，1996年第2期。

[10] 宾建成．对我国利用国债开展公开市场业务的探讨［J］．中外

科技信息，2003 年第 1 期。

［11］布兰查德等主编，王志毅译．IMF 研究系列：金融危机中的教训——反思当代政策［M］．杭州：浙江大学出版社，2013 年。

［12］蔡昉．新常态、供给侧结构性改革——一个经济学家的思考和建议［M］．北京：中国社会科学出版社，2016 年。

［13］陈东琪．通向新增长之路，供给侧结构性改革论纲［M］．北京：人民出版社，2017 年。

［14］陈共．财政学［M］．北京：人民出版社，2013 年第 5 版。

［15］陈佳贵．中国金融改革开放 30 年研究［M］．北京：经济管理出版社，2008 年。

［16］陈建奇，李金珊．国库现金对货币供给政策的影响机制及证据：基于中国中央银行经理国库制度背景的研究［J］．世界经济，2008 年第 7 期。

［17］陈建奇，张原．国库现金转存商业银行对货币供给政策的影响——基于商业银行资产负债框架的扩展分析［J］．金融研究，2010 年第 7 期。

［18］陈景耀．开展国债公开市场业务，充分发挥国债在宏观调控中的作用［J］．首都经济，1996 年第 6 期。

［19］陈军，师伟哲．人民银行资产负债表管理对货币政策贯彻执行效果的影响［J］．金融发展评论，2017 年第 2 期。

［20］陈永乐．货币财政政策助力结构性改革，我国将推出多项开放新举措［N］．经济参考报，2016 年 9 月 5 日。

［21］陈玉财．我国公开市场操作现状及有效性的实证分析［J］．金融与经济，2013 年第 11 期。

［22］陈卓．公开市场操作对我国银行间债券市场的影响［D］．西南财经大学，2016 年。

［23］成思危．美国金融危机的分析与启示［M］．北京：科学出版社，2012 年。

[24] 迟福林. "十三五"：经济转型与结构性改革 [J]. 行政管理改革, 2016 年第 6 期。

[25] 迟福林. 转型闯关——"十三五"：结构性改革历史挑战 [M]. 北京：中国工人出版社, 2016 年。

[26] 崔惠民. 财政政策与货币政策的组合效应——加强宏观调控应对金融危机 [J]. 学术交流, 2009 年第 6 期。

[27] 崔家怡. 中国人民银行资产负债表解读 [J]. 时代金融, 2014 年第 32 期。

[28] 达沃斯释放重要信号, 中国改革开放力度超乎想象 [N]. 中国日报网, 2018 年 1 月 25 日。

[29] 戴园晨, 杜莉. 利用国债市场调控货币流通 [J]. 宏观经济研究, 2000 年第 4 期。

[30] 得·德.哈恩著. 从凯恩斯到皮凯蒂 [M]. 北京：新华出版社, 2017 年。

[31] 邓佳. 去杠杆的"供给侧改革"探讨 [J]. 经济研究导刊, 2016 年第 17 期。

[32] 邓磊, 杜爽. 我国供给侧结构性改革：新动力与新挑战 [J]. 价格理论与实践, 2015 年第 12 期。

[33] 邓晓兰, 黄显林. 公共债务货币化与财政可持续性的互动影响关系研究——基于财政与货币政策协调配合的视角 [J]. 经济科学, 2014 年第 2 期。

[34] 邓晓兰, 黄玉, 黄显林. 论国债政策与货币政策的协调配合 [J]. 当代经济科学, 2010 年第 3 期。

[35] 邓晓兰, 李铮, 黄显林. 国债流通交易对货币供给量的影响研究 [J]. 西安交通大学学报（社会科学版）, 2014 年第 34 期。

[36] 邓子基. 财政与银行关系的理论依据及财政、货币政策的配套运用 [M]. 山东：山东人民出版社, 1995 年。

[37] 邓子基. 财政政策与货币政策的配合同社会经济发展的关系

[J]. 当代财经, 2006 年第 1 期。

[38] 蒂莫西·F. 盖特纳著. 压力测试——对金融危机的反思 [M]. 北京：中信出版社, 2015 年。

[39] 范志勇著. 货币政策理论反思与中国政策框架转型 [M]. 北京：中国社会科学出版社, 2016 年。

[40] 冯日欣. 美国中央银行公开市场业务对我国的启示 [J]. 山东财政学院学报, 1997 年第 2 期。

[41] 冯昭奎. 日本经济 [M]. 北京：高等教育出版社, 1998 年。

[42] 冯志峰. 供给侧结构性改革的理论逻辑与实践路径 [J]. 经济问题, 2016 年第 2 期。

[43] 弗雷德里克·S. 米什金著. 宏观经济学政策与实践 [M]. 北京：中国人民大学出版社, 2012 年。

[44] 弗雷德里克·S. 米什金著. 货币金融学 [M]. 北京：中国人民大学出版社, 2009 年。

[45] 付琳. 日韩两国应对全球金融危机的财政货币政策及启示 [J]. 特区经济, 2012 年第 3 期。

[46] 傅志华. 德国财政政策的发展变化及其特点 [J]. 经济研究参考, 1993 年第 Z1 期。

[47] 高国强, 朱梦蝶. 人民银行资产负债表风险与对策探究 [J]. 河北金融, 2012 年第 1 期。

[48] 高培勇, 钟春平. 理解中国的宏观经济政策走向——历史回顾、现实判断、理政思路与政策选择 [J]. 经济学动态, 2014 年第 10 期。

[49] 贡慧. 日本财政赤字的经济分析 [D]. 复旦大学, 2012 年。

[50] 管圣义. 国债与公开市场业务 [J]. 中国城市金融, 2000 年第 5 期。

[51] 桂金祥, 罗昌财, 杨少振. 地方政府性债务政策管理演变过程 [J]. 合作经济与科技, 2018 年第 10 期。

[52] 郭丰晨. 认我国当前的货币政策选择——基于日本泡沫经济经

验与教训的分析［J］.中国科技信息，2008年第20期。

［53］郭俊华.马克思经济学与西方经济学经济增长理论比较研究［J］.经济纵横，2010年第11期。

［54］国际货币基金组织.财政政策委员会的职能及影响［J］.比较，2015年第4期。

［55］国家行政学院经济学教研部编著.中国供给侧结构性改革［M］.北京：人民出版社出版，2016年。

［56］何博文.从"去库存"到"去杠杆"的内在经济调控逻辑［N］.爱家房地产研究网，2018年4月10日。

［57］何慧刚.中国外汇冲销干预和货币政策独立性研究［J］.财经研究，2007年第11期。

［58］赫伯特·斯坦著，苟燕楠译.美国的财政革命——应对现实的策略（第二版）［M］.上海：上海财政大学出版社，2010年。

［59］赫尔威汉农.中央银行和全球债务积压［J］.比较，2015年第5期。

［60］亨利·保尔森著.峭壁边缘［M］.北京：中信出版社，2010年。

［61］胡坤.德国货币政策中介目标研究［J］.德国研究，1997年第4期。

［62］胡立法.我国国债公开市场业务陷于困境的原因及对策［J］.金融与经济，1998年第1期。

［63］胡绍雨.国际经济协作下协调我国财政政策与货币政策的应用［J］.当代经济管理，2013年第2期。

［64］胡月晓.国债发行与信用货币制度完善［J］.上海金融，2017年第2期。

［65］黄达等著.全球经济调整中的中国经济增长与宏观调控体系研究——新时期国家经济调节的基本取向与财政金融政策的有效组合［M］.北京：经济科学出版社，2009年。

[66] 黄隽，张羽. 中美中央银行资产负债表的比较 [J]. 经济纵横，2013 年第 5 期。

[67] 黄蕊. 美国扩张性货币与财政政策对中国通货膨胀的影响 [D]. 吉林大学，2014 年。

[68] 黄燕芬. 货币政策与财政政策协调性研究 [N]. 人民日报，2004 年 4 月 23 日。

[69] 季尚义. 德国的"社会市场经济"经济政策及其财政税收的宏观调控及启示 [J]. 北京财贸学院学报，1995 年第 2 期。

[70] 祭增学. 中央银行资产负债管理目标分析 [J]. 商业会计，2017 年第 14 期。

[71] 加里·M. 沃尔顿，休·罗考夫著，王珏等译. 美国经济史（第十版）[M]. 北京：中国人民大学出版社，2014 年。

[72] 贾俊雪，郭庆旺. 财政支出类型、财政政策作用机理与最优财政货币政策规则 [J]. 世界经济，2012 年第 11 期。

[73] 贾康，孟艳. 现阶段财政政策与货币政策协调配合的几个问题 [J]. 财经问题研究，2008 年第 7 期。

[74] 贾康，阎坤，周雪飞. 国库管理体制改革及国库现金管理研究 [J]. 管理世界，2003 年第 6 期。

[75] 贾康. "十三五"时期的供给侧改革 [J]. 国家行政学院学报，2015 年第 6 期。

[76] 贾康. 财政政策与货币政策的协调性 [J]. 行政管理改革，2009 年第 2 期。

[77] 贾学颖. 税收制度：宏观调控"排头兵" [N]. 中国财经报，2008 年 6 月 30 日。

[78] 贾佑龙，秦健. 我国公开市场业务亟待解决的几个问题 [J]. 财经研究，1997 年第 2 期。

[79] 姜波克著. 开放经济下的政策搭配 [M]. 上海：复旦大学出版社，1999 年。

[80] 姜兆平，庄卫明．我国国库现金管理与货币政策协调问题及建议——基于国库现金管理商业银行定期存款操作分析［J］．金融纵横，2011年第2期。

[81] 金辉．新常态下宏观调控要有新思路——访中国社科院经济学部研究员张晓晶［N］．经济参考报，2015年7月3日。

[82] 靳晨元．论国债政策连接财政与货币政策的纽带作用［J］．商业文化，2011年第8期。

[83] 景体华，徐志忠．德国货币政策［J］．新视野，1994年第3期。

[84] 卡比尔·塞加尔著，栾力夫译．货币简史［M］．北京：中信出版集团，2016年。

[85] 卡门·莱茵哈特，文森特·莱茵哈特，肯尼斯·罗高夫．处理高债务［J］．比较，2015年第4期。

[86] 卡门M．莱因哈特，肯尼斯·罗格夫著，綦相等译．这次不一样？800年金融荒唐史［M］．北京：机械工业出版社，2010年。

[87] 克里斯托弗·西姆斯．货币和财政政策的政治经济学［J］．比较，2015年第4期。

[88] 课题组．财政政策和货币政策的协调配合［W］．中国经济改革研究基金会2000年研究课题汇编，2001年第33期。

[89] 拉古拉迈·拉詹．从衰退走向增长［J］．比较，2015年第4期。

[90] 雷晓燕．当前我国国债市场发展与央行宏观调控［J］．金融与经济，1999年第8期。

[91] 李斌，伍戈著．信用创造、货币供求与经济结构［M］．北京：中国金融出版社，2015年。

[92] 李海．我国国库现金管理的现状和展望［J］．金融会计，2009年第6期。

[93] 李红艳．我国财政与货币政策传导机制分析［J］．山东财政学院学报，2000年第11期。

[94] 李宏瑾，项卫星．中央银行基准利率、公开市场操作与间接货

币调控——对央票操作及其基准利率作用的实证分析［J］. 财贸经济，2010 年第 4 期。

［95］李鸿涛. 欧洲经济仍面临低增长前景［N］. 经济日报，2018 年 6 月 6 日。

［96］李杰著. 中国外汇储备投资研究［M］. 北京：企业管理出版社，2012 年。

［97］李金霞，张献国. 关于财政政策传导机制的理论分析及启示［J］. 石家庄经济学院学报，1997 年第 4 期。

［98］李力，王博，刘潇潇，郝大鹏. 短期资本、货币政策和金融稳定［J］. 金融研究，2016 年第 9 期。

［99］李梅. 我国公开市场操作工具的分析与选择［J］. 税务与经济，2014 年第 1 期。

［100］李圣君. 中国财政货币政策研究［D］. 东北财经大学，2002 年。

［101］李施杭. 中国人民银行资产结构优化相关问题研究［J］. 现代商业，2015 年第 33 期。

［102］李向东. 国债市场发展的根本出路：公开市场操作［J］. 财政研究，1994 年第 7 期。

［103］李扬，张晓晶，常欣等著. 中国国家资产负债表 2015——杠杆调整与风险管理［M］. 北京：中国社会科学出版社，2015 年。

［104］李扬. 货币政策与财政政策的配合：理论与实践［J］. 财贸经济，1999 年第 11 期。

［105］李扬. 深入研究财政政策和货币政策的配合问题［N］. 人民网，2012 年 12 月 29 日。

［106］李扬. 新常态下的宏观调控要有新思路［N］. 人民网，2015 年 11 月 5 日。

［107］李颖. 基于我国内需结构失衡的财政货币政策协调配合研究［D］. 天津财经大学，2009 年。

[108] 李源海，陈月. 美国公开市场业务技术前提的实证分析及借鉴 [J]. 经济纵横，1998年第1期。

[109] 梁红，余向荣. 中国货币政策框架：走向新常态 [J]. 新金融评论，2017年第2期。

[110] 廖清成，冯志峰. 供给侧结构性改革的认识误区与改革重点 [J]. 求实，2016年第4期。

[111] 林楠著. 国际货币体系多元化与人民币汇率动态研究 [M]. 北京：经济管理出版社，2014年。

[112] 林亚清，魏志华，赵娟、王明澈. 供给侧结构性改革：现实依据与财税政策选择 [J]. 财政研究，2017年第4期。

[113] 林毅夫等著. 供给侧结构性改革 [M]. 北京：民主与建设出版社，2016年。

[114] 蔺怀国. 当前我国财政政策与货币政策协调配合——现状、制约因素与对策 [J]. 天津经济，2012年第4期。

[115] 刘凤. 我国公开市场业务操作工具的选择及其优化 [J]. 金融经济，2007年第18期。

[116] 刘华，罗洋. 从中央银行资产负债表看宏观调控——中、美、英、日中央银行资产负债表比较 [J]. 区域金融研究，2011年第1期。

[117] 刘金红. 美国新经济增长与克林顿政府的财政政策研究 [D]. 吉林大学，2009年。

[118] 刘克俭. 发达经济体中央银行资产负债表管理及对我国的启示 [J]. 金融发展研究，2013年第12期。

[119] 刘瑞. 日本长期通货紧缩与量化宽松货币政策——理论争论、政策实践及最新进展 [J]. 日本学刊，2013年第4期。

[120] 刘尚希. 积极的财政政策和稳健的货币政策为经济稳中求进保驾护航 [J]. 求是，2018年第2期。

[121] 刘尚希. 论中国特色的积极财政政策 [N]. 人民日报，2017年4月6日。

[122] 刘少东. 财政与货币政策协调配合的基本思路 [J]. 财经界（学术版），2013 年第 1 期。

[123] 刘颂根. 后危机时期我国财政政策与货币政策协调配合问题研究 [J]. 福建金融，2010 年第 10 期。

[124] 刘伟. 经济新常态与供给侧结构性改革 [J]. 管理世界，2016 年第 7 期。

[125] 刘锡良，周轶海. 金融危机救助的十大问题初探 [J]. 金融发展研究，2011 年第 4 期。

[126] 刘馨颖. 日本实施扩张性财政政策应对金融危机 [J]. 涉外税务，2009 年第 8 期。

[127] 刘兴华. 德国财政政策与货币政策的走向及其协调 [J]. 德国研究，2009 年第 4 期。

[128] 刘兴亚. 货币政策与企业融资成本 [J]. 中国金融，2017 年第 11 期。

[129] 刘绪贻. 里根经济学与经济政策 [J]. 湖北社会科学，1987 年第 7 期。

[130] 刘毅. 后金融危机时代中国财政货币政策协调问题研究 [D]. 湖南大学，2012 年。

[131] 刘玉苓. 日本银行应对金融危机的政策及启示 [J]. 中国货币市场，2009 年第 12 期。

[132] 刘元春，阎衍等. 2014—2015 年中国宏观经济分析与预测——步入"新常态"攻坚期的中国宏观经济 [J]. 经济理论与经济管理，2015 年第 3 期。

[133] 陆前进. 我国中央银行的货币控制和冲销干预措施——基于中央银行资产负债表的分析 [J]. 郑州航空工业管理学院学报，2007 年第 2 期。

[134] 陆晓明. 美国财政和货币政策的困境与出路 [J]. 国际金融研究，2012 年第 3 期。

[135] 罗伯特·L.黑泽尔著，曾刚等译.美联储货币政策史［M］.北京：社会科学文献出版社，2016年。

[136] 罗伯特.海尔布朗，彼得·伯恩斯坦著.国债和赤字：无根据的惊恐/现实的可能性［M］.北京：中国经济出版社，1993年。

[137] 罗欢.中国公开市场操作主导工具的选择：央行票据还是短期国债［J］.经济研究导刊，2009年第33期。

[138] 洛克著，刘晓根编译.政府论［M］.北京：北京出版集团公司、北京出版社，2012年。

[139] 吕慧.日本银行业不良资产的处置与启示［J］.新经济，2016年9月（下）。

[140] 吕楠.从中央银行公开市场操作看国债市场的发展［J］.北方经贸，2003年第7期。

[141] 马建堂，慕海平，王小广.新常态下我国宏观调控思路和方式的重大创新［J］.国家行政学院学报，2015年第5期。

[142] 马骏，施康，王红林，王立升.利率传导机制的动态研究［J］.金融研究，2016年第1期。

[143] 马克·赞迪著，邱斐娟译.美国回来了［M］.北京：机械工业出版社，2013年。

[144] 马理，段中元，杨嘉懿.后金融危机时期公开市场操作的新动态与文献述评［J］.国际金融研究，2013年第11期。

[145] 毛然，陈皓.马克思宏观调控理论的当代解读［J］.连云港师范高等专科学校学报，2009年第2期。

[146] 么晓颖.供给侧结构性改革下银行如何助力去杠杆［J］.农银学刊，2016年第5期。

[147] 米尔顿·弗里德曼，安娜·J.施瓦茨著.巴曙松，王劲松等译.美国货币史（1867—1960）［M］.北京：北京大学出版社，2015年。

[148] 倪志良，赵春玲.发行国债对货币供给和有效需求的影响与我国央行的公开市场操作［J］.财政研究，2001年第10期。

[149] 宁吉喆. 经济运行稳中向好, 高质量发展向前迈进 [N]. 国家统计局网站, 2018 年 6 月 26 日。

[150] 牛慕鸿, 张黎娜, 张翔, 宋雪涛, 马骏. 利率走廊、利率稳定性和调控成本 [W]. 中国人民银行工作论文, No.2015/12。

[151] 欧洲中央银行著, 徐诺金等译. 欧洲央行货币分析工具及框架 [M]. 北京: 中国金融出版社, 2014 年。

[152] 彭志远. 国债的宏观经济效应及政策研究 [D]. 四川大学, 2002 年。

[153] 齐守印著. 中国公共经济体制改革与公共经济学论纲 [M]. 北京: 人民出版社, 2002 年。

[154] 秦嗣毅著. 美国与日本宏观调控 [M]. 北京: 中国财政经济出版社, 2010 年。

[155] 琼·罗宾逊编. 凯恩斯以后 [M]. 北京: 商务印书馆, 1985 年。

[156] 邱林卉. 国债市场的经济功能国际比较研究 [D]. 福建师范大学, 2016 年。

[157] 邱蓬. 试析联邦德国货币政策的新变化 [J]. 湖北大学学报, 1989 年第 2 期。

[158] 任碧云. 中国货币政策与财政政策的协调配合的技术路径 [J]. 中国经济问题, 2009 年第 3 期。

[159] 任康钰. 次贷危机以来中央银行的作为——对中美两国央行资产负债表的考察和分析 [J]. 国际金融研究, 2009 年第 8 期。

[160] 尚福林. 目前我国间接融资比重达到 80% 以上 [N]. 人民日报, 2014 年 2 月 19 日。

[161] 沈炳熙, 曹媛媛著. 中国债券市场 30 年改革与发展 [M]. 北京: 北京大学出版社, 2015 年。

[162] 沈巍, 孙跃实, 闫爱玲. 我国财政政策与货币政策宏观调控特点比较分析——改革开放 30 年回顾与总结 [J]. 金融与经济, 2010 年第

11 期。

[163] 沈巍. 短期国债与流动性调控研究 [J]. 财政研究, 2009 年第 4 期。

[164] 盛松成, 施兵超, 陈建安著. 现代货币经济学（第三版）[M]. 北京：中国金融出版社, 2012 年。

[165] 盛松成. 理性看待实体去杠杆 [N]. 中国证券报, 2018 年 8 月 5 日。

[166] 石华军. 经济新常态下中国货币政策调控方式研究 [D]. 湘潭大学, 2017 年。

[167] 石林松, 牟晓云. 中日两国政府对国际金融危机的对策效应研究 [J]. 现代日本经济, 2012 年第 5 期。

[168] 史世伟. 德国应对国际金融危机政策评析——特点、成效与退出战略 [J]. 经济社会体制比较, 2010 年第 6 期。

[169] 宋国友著. 中美金融关系研究 [M]. 北京：时事出版社, 2013 年。

[170] 宋骞. 我国国债回购现状及建议 [J]. 现代经济信息, 2013 年第 19 期。

[171] 苏剑著. 内外失衡下的中国宏观调控 [M]. 北京：北京大学出版社, 2012 年。

[172] 孙国峰. 通过货币政策防范金融风险 [N]. 中国经济网, 2017 年 12 月 11 日。

[173] 孙国峰. 政府主导制度变迁的成功——中国债券市场制度变迁案例分析 [J]. 资本市场, 2001 年第 9 期。

[174] 孙莎, 周云. 我国公开市场业务的发展现状分析 [J]. 当代经济, 2011 年第 12 期。

[175] 孙雪芬著. 美国金融危机与货币政策关系研究 [M]. 北京：中国社会科学出版社, 2013 年。

[176] 孙执中主编. 战后日本财政 [M]. 北京：航空工业出版社,

1988 年。

[177] 谭翊飞. 易先生往事 [N]. 前沿观察, 2017 年 7 月 2 日。

[178] 田晓华. 我国财政货币政策协调配合研究 [D]. 新疆财经大学, 2010 年。

[179] 涂立桥. 国债市场及其金融功能研究 [J]. 黄石理工学院学报（人文社会科学版）, 2009 年第 2 期。

[180] 托马斯·萨金特, 约科·维尔穆宁主编. 公共政策中的宏观经济学 [M]. 北京：中国人民大学出版社, 2016 年。

[181] 汪文进, 方兴起. 短期国债与宏观金融调控的有效性 [J]. 长江论坛, 2006 年第 6 期。

[182] 王大用. 2700 亿特别国债究竟要解决什么问题？[J]. 国际经济评论, 1998 年第 6 期。

[183] 王芳, 周振拓. 商业银行支持非金融企业去杠杆的路径选择 [J]. 新金融, 2016 年第 10 期。

[184] 王芳. 对中国人民银行资产负债表的几点思考 [J]. 河北金融, 2014 年第 6 期。

[185] 王桂娟. 美国财政制度与政策变迁的简要回顾 [J]. 经济研究参考, 2009 年第 40 期。

[186] 王国刚. 供给侧改革中的货币政策 [J]. 中国金融, 2016 年第 7 期。

[187] 王国刚. 基于资产负债表的央行调控能力分析 [J]. 金融评论, 2010 年第 2 期。

[188] 王经绫, 周小付. 论债务政策的政策定位——兼谈与财政政策和货币政策的协调 [J]. 中南财经政法大学学报, 2014 年第 2 期。

[189] 王静, 石家麟, 赵立. 项怀诚这十年 [J]. 人物, 2004 年第 6 期。

[190] 王素珍. 优化央行资产负债表的思考 [J]. 中国金融, 2015 年第 7 期。

[191] 王喜文, 江道辉. 美国"信息高速公路"战略20年述评 [N]. 中国经济网, 2013年9月17日.

[192] 王小广. 进一步提高定向调控选择精准性 [N]. 上海证券报, 2015年11月27日.

[193] 王晓宇. 公开市场业务操作传导机制及其有效性研究 [D]. 重庆大学, 2009年.

[194] 王秀丽, 李雪松, 张巍巍, 蒋昇. 中国财政货币政策及其协同效应的DSGE模型分析 [J]. 数量经济研究, 2012年第3期.

[195] 王旭祥著. 货币政策与财政政策协调配合理论与中国经验 [M]. 上海: 格致出版社, 2011年.

[196] 王银枝. 财政政策与货币政策协调配合问题研究 [J]. 经济经纬, 2008年第5期.

[197] 王宇鹏, 赵庆明. 金融发展与宏观经济波动——来自世界214个国家的经验证据 [J]. 国际金融研究, 2015年第2期.

[198] 王赟. 危机救助中的财政、金融政策协调研究 [D]. 西南财经大学, 2010年.

[199] 威廉·格雷德著, 耿丹译. 美联储 [M]. 北京: 中国友谊出版公司, 2015年.

[200] 韦士歌. 财政货币政策协调配合的微观市场基础亟待建立 [N]. 金融时报, 2017年11月16日.

[201] 维托·坦茨著, 王宇等译. 政府与市场变革中的政府职能 [M]. 北京: 商务印书馆, 2014年.

[202] 魏杰著. "十三五"与中国经济新常态 [M]. 北京: 企业管理出版社, 2017年.

[203] 吴超, 秦亚丽. 后危机时期财政货币政策协调的理论与实践思考 [J]. 金融理论与实践, 2011年第6期.

[204] 吴超林. 1984年以来中国宏观调控中的货币政策演变 [J]. 当代中国史研究, 2004年第3期.

[205] 吴军著. 硅谷之谜 [M]. 北京：中国工信出版集团，2016 年。

[206] 吴明奇. 金融危机对德国经济、社会的影响及应对 [J]. 改革与开放，2013 年第 10 期。

[207] 吴婷婷，齐稚平. 美联储资产负债表对货币政策的反映能力研究——基于次贷危机视角 [J]. 云南财经大学学报，2011 年第 1 期。

[208] 吴晓波. 历代经济变革得失 [M]. 浙江大学出版社，2013 年 8 月。

[209] 夏春莲. 我国外汇储备对货币供给内生性的影响研究 [D]. 武汉大学，2015 年。

[210] 向松祚著. 新资本论——全球金融资本主义的兴起、危机和救赎 [M]. 北京：中信出版社，2015 年。

[211] 肖萌. 中国货币当局资产负债表分析 [J]. 金融评论，2015 年第 7 期。

[212] 小阿瑟·施莱辛格主编. 美国共和党史 [M]. 上海：上海人民出版社，1977 年。

[213] 小沃尔特·格萨迪. 切合实际的新经济学 [J]. 世界经济译丛，1979 年第 5 期。

[214] 谢逸枫. 四大重磅政策红包引爆中国楼市 [N]. 凤凰网，2016 年 2 月 14 日。

[215] 谢勇. 国债与公开市场业务 [J]. 科学决策，1998 年第 6 期。

[216] 谢忠芳. 我国公开市场业务的实证研究 [D]. 西南财经大学，2012 年。

[217] 熊昆，贾江宁. 对我国公开市场业务状况的分析及政策建议 [J]. 教学与研究，2003 年第 4 期。

[218] 熊鹏，王飞. 1997 年后中国货币政策传导梗阻的成因分析——兼论我国国债的公开市场业务发展 [J]. 广东经济管理学院学报，2004 年第 6 期。

[219] 徐金伟. 去杠杆的逻辑与方式——基于供给侧结构性改革视角

[J]. 金融纵横, 2016年第7期。

[220] 徐磊. 克林顿政府与布什政府美国财政政策比较研究 [D]. 吉林大学, 2007年。

[221] 徐平著. 苦涩的日本——从"赶超"时代到"后赶超"时代 [M]. 北京：北京大学出版社, 2012年。

[222] 徐唐龄, 戴亦军. 我国公开市场的国债约束与发展展望 [J]. 金融与经济, 1997年第6期。

[223] 徐以升. 超过1万亿的代价——中国央行对冲外汇占款机制及成本评估与展望 [J]. 国际经济评论, 2011年第4期。

[224] 徐忠. 越位缺位并存, 搞封建式监管! [N]. 经济学家圈, 2018年8月8日。

[225] 徐忠. 经济高质量发展阶段的中国货币调控方式转型 [N]. 21世纪经济报道, 2018年6月20日。

[226] 徐忠. 新时代背景下现代金融体系与国家治理体系现代化 [N]. 财经网, 2018年8月7日。

[227] 许峰, 孙志梅. 人民银行资产负债表构成分析及优化建议 [J]. 经济研究导刊, 2012年第6期。

[228] 许小年. 经济在微观层面大有希望 [J]. 财新周刊, 2016年第43期。

[229] 许亦平, 张鹏, 林桂军. 1979—2009: 三十年中国货币政策回顾与展望 [J]. 甘肃社会科学, 2011年第2期。

[230] 严成樑, 徐翔. 生产性财政支出与结构转型 [J]. 金融研究, 2016年第9期。

[231] 严娴. 我国国债的期限结构问题研究 [D]. 厦门大学, 2009年。

[232] 阎坤. 国债发行、运作与经济增长的国际比较及中国的实践 [J]. 世界经济, 1999年第11期。

[233] 杨春蕾. 货币政策工具与中介目标选择：国际比较与中国实证

[D]. 上海社会科学院，2017 年。

[234] 杨春蕾. 金融危机后央行货币政策工具创新及"缩表"的中美比较 [J]. 世界经济与政治论坛，2017 年第 6 期。

[235] 杨华强. 从人民银行资产负债表看人民币汇率形成机制 [J]. 西南金融，2011 年第 11 期。

[236] 杨林. 德国货币政策中介目标的历史回顾与分析 [J]. 浙江金融，1996 年第 10 期。

[237] 杨娉. 关于我国中央银行资产负债表健康化的思考 [J]. 黑龙江金融，2013 年第 11 期。

[238] 姚燕. 中国公开市场操作及其效果分析 [J]. 经济研究导刊，2010 年第 21 期。

[239] 姚远. 财政政策和货币政策的协调配合与通货膨胀的关联机制研究 [D]. 吉林大学，2012 年。

[240] 叶翔，李鑫. 从国发 43 号文谈地方政府性债务的管理政策 [N]. 搜狐网，2018 年 8 月 7 日。

[241] 易纲，宋旺. 中国金融资产结构演进：1991—2007 [J]. 经济研究，2008 年第 8 期。

[242] 易纲. 货币政策回顾与展望 [J]. 中国金融，2018 年第 3 期。

[243] 易纲. 探索构建"利率走廊"机制 [N]. 期货日报，2016 年 3 月 7 日。

[244] 易纲. 中国金融改革思考录 [M]. 北京：商务印书馆，2011 年。

[245] 易平. 论国债政策与公开市场业务的配合 [J]. 金融教学与研究，1999 年第 5 期。

[246] 易宪容. 经济新常态下央行货币政策应去杠杆 [J]. 新金融，2015 年第 1 期。

[247] 尹中立. 房地产去库存政策应该逐步退出 [N]. 21 世纪经济报道，2018 年 6 月 18 日。

[248] 尤瑞章, 王庆. 当年货币政策与财政政策的协调路径探析 [J]. 浙江金融, 2013 年第 5 期。

[249] 于海滨. 主要经济体中央银行资产负债表研究——以结构管理的视角 [J]. 金融与经济, 2016 年第 5 期。

[250] 于强. 联邦德国独具特色的货币体制和政策 [J]. 中南财经大学学报, 1998 年第 3 期。

[251] 余斌, 吴振宇. 中国经济新常态与宏观调控政策取向 [J]. 改革, 2014 年第 11 期。

[252] 余斌, 张俊伟著. 新时期我国财政、货币政策面临的挑战与对策 [M]. 北京: 中国发展出版社, 2014 年。

[253] 约翰·梅纳德·凯恩斯著. 就业、利息和货币通论 [M]. 北京: 译林出版社, 2014 年。

[254] 詹向阳. 论财政政策、货币政策的配套运用 [J]. 财贸经济, 2012 年第 6 期。

[255] 张翠微. 关于中国中央银行的货币政策工具研究 [D]. 武汉大学, 2010 年。

[256] 张冬阳. 浅谈发展国债和国债市场的必要性及其重要意义 [J]. 现代经济信息, 2012 年第 8 期。

[257] 张海星. 公开市场操作与国债市场完善 [J]. 山西财税, 1998 年第 2 期。

[258] 张辉. 国债市场的货币政策效应分析 [D]. 山西财经大学, 2006 年。

[259] 张季风. 金融危机冲击下的日本经济 [J]. 亚非纵横, 2009 年第 5 期。

[260] 张靖佳. 中央银行资产负债表政策研究 [D]. 南开大学, 2013 年。

[261] 张明. 美国的财政政策能够持续吗？[J]. 国际经济评论, 2009 年第 4 期。

[262] 张伟. 中美国债的公开市场业务 [J]. 金融管理与研究（杭州金融管理干部学院学报），1999 年第 1 期。

[263] 张晓慧. 货币政策回顾与展望 [J]. 中国金融，2017 年第 3 期。

[264] 张晓晶，王宇. 探索宏观经济政策新框架 [J]. 比较，2015 年第 4 期。

[265] 张亚平. 我国国债市场结构的合理性研究 [D]. 复旦大学，2008 年。

[266] 张毅峣. 财政货币政策协调问题研究 [D]. 财政部财政科学研究所，2010 年。

[267] 张运才. 供给侧结构性改革下的财政货币政策协调 [W]. 上证研报 [2017] 112 号。

[268] 张占斌. 经济新常态的提出及背景 [N]. 光明网，2016 年 1 月 9 日。

[269] 张志超，姜欣. 资本主义经济危机演化与美国财政政策实践 [J]. 高校理论战线，2012 年第 8 期。

[270] 赵景峰，胡英姿. 供给侧结构性改革背景下保持货币中性的逻辑 [N]. 光明日报，2018 年 1 月 23 日。

[271] 甄炳禧. 从大衰退到大增长——金融危机后美国经济发展轨迹 [M]. 北京：首都经济贸易大学出版社，2015 年。

[272] 郑捷. 我国公开市场操作比较研究 [J]. 中国国情国力，2010 年第 1 期。

[273] 中共中央关于全面深化改革若干重大问题的决定辅导读本 [M]. 北京：人民出版社，2013 年。

[274] 中共中央关于制定国民经济和社会发展第十三个五年规划的建议辅导读本 [M]. 北京：人民出版社，2015 年。

[275] 中国人民银行. 中国区域金融运行报告（2018） [W]. 2018 年 6 月 22 日。

［276］中国人民银行货币政策分析小组．各季度中国货币政策执行报告［W］．中国人民银行。

［277］中国人民银行调查统计司编著．时间序列 X–12–ARIMA 季节调整：原理与方法［M］．北京中国金融出版社，2006 年 1 月第 1 版。

［278］中金固定收益研究．银银间回购定盘利率及其衍生品推出［N］，金融界网，2017 年 6 月 6 日。

［279］中信《比较》编辑室编．建立现实世界的经济学——诺贝尔经济学奖得主颁奖演说选集［M］．北京：中信出版社，2012 年。

［280］钟正生．"金融去杠杆"向何处去［N］．财新网，2017 年 6 月 8 日。

［281］周海涛．金融危机后主要中央银行资产负债表的规模扩张与路径差异［J］．南方金融，2013 年第 7 期。

［282］周密．我国国债金融效应理论研究与实证检验［D］．西南财经大学，2013 年。

［283］周沁怡，胡海鸥．央票作为我国公开市场操作手段的局限［J］．科学技术与工程，2009 年第 9 期。

［284］周小川著．国际金融危机：观察、分析与应对［M］．北京：中国金融出版社，2012 年。

［285］朱强，田晓景，熊德金．国债公开市场业务及其在我国的运用［J］．世界经济文汇，1999 年第 1 期。

［286］朱睿，宋谷予．国外央行公开市场操作实践及思考［J］．债券，2014 年第 1 期。

［287］朱苏荣．美国国库现金管理经验借鉴与中国改革路径分析［J］．金融研究，2006 年第 7 期。

［288］祝宝良．如何判断当前中国经济形势［N］．财新网，2018 年 1 月 3 日。

［289］祝鸿玲．国债作为我国公开市场业务主导操作工具的问题研究［D］．华中师范大学，2008 年。

[290] 左毓秀. 完善国债市场功能与货币政策操作［J］. 中央财经大学学报, 2000 年第 6 期。

[291] A J Meigs. Free Reserves and the Money Supply［M］. Chicago：University of Chicago press, 1962.

[292] A Tale of Two Policies：Prudential Regulation and Monetary Policy with Fragile Banks［W］. Kiel Institute for the World Economy Working Papers, No. 1569, 2009.

[293] AdrianTobias, Hyun Song Shin. Exchange Rate Stability and Financial Stability［J］. Open Economies Review, Janurary 1998.

[294] Assessing the Risk of Banking Crises－revisited［W］. BIS Quarterly Review, 2009.

[295] Auerbach, Alan J, Yuriy Gorodnichenko. Fiscal Multipliers in Recession and Expansion［J］. Fiscal Policy after the Financial Crisis, 2012.

[296] Barry Eichengreen. Risk and Uncertainty in Monetary Policy［J］. BIS Review, Janurary 2004.

[297] Bernanke B. Not Your Father's Yield Curve：Modeling the Impact of QE on Treasury Yields［W］. Macroeconomic Advisers, Monetary Policy Insights, 2012.

[298] Borio C, M Drehmann. Back to Basics：Reserve Requirements and Money Stock Changes, 1929—1936［J］. The American Economist, March 2000.

[299] C. H. Kwan, Zhinan Zhang. Business Cycle in China Since the Lehman Crisis：Interaction Among Macroeconomic Policy, Economic Growth and Inflation［J］. China & World Economy, May 2013.

[300] Carmen M. Reinhart, Kenneth S. Rogoff. This Time is Different：Eight Centuries of Financial Folly［M］. London：Lynne Rienner Publishers, 2007.

[301] Christopher Adam, David Vines. Remaking Macroeconomic Policy

after the Global Financial Crisis: a Balance – sheet Approach [M]. New Haven: Yale University Press, 2008.

[302] Chun Chang, Zheng Liu, Mark M Spiegel. Capital Controls and Optimal Chinese Monetary Policy [J]. Journal of Monetary Economics, April 2015.

[303] Claudio Borio. Monetary and Financial Stability: So Close and Yet So Far? [J]. National Institute Economic Review, April 2005.

[304] Claydio Borrio, Piti Disyatat. Public Papers of the Presidents [W]. Washington D. C. , Government Printing Office, 1972.

[305] Colin Gray. Responding to a Monetary Superpower: Investigating the Behavioral Spillovers of U. S. Monetary Policy [J]. Atlantic Economic Journal, February 2013.

[306] Cooper, Richard N. is the US Current Account Deficit Sustainable? Will it be Sustainer [W]. Brookings Papers on Economic Activity, 2001.

[307] Corsetti, Giancarlo, Muller, Gernot. Multilateral Economic Cooperation and the International Transmission of Fiscal Policy [W]. National Bureau of Economic Research Working Paper No. 17708, 2011.

[308] D Filiz Unsal. Capital Flows and Financial Stability: Monetary Policy and Macroprudential Responses [W]. IMF Working Paper, 2011.

[309] Etsuro Shioji. Public Capital and Economic Growth: A Convergence Approach [J]. Journal of Economic Growth, March 2001.

[310] European Central Bank. Recent Developments in the Balance Sheets of the Eurosystem, the Federal Reserve System and the Bank of Japan [M]. New Jersey: Princeton University Press, 2009.

[311] Federal Tax Policy for Economic Growth and Stability [W]. JoInt Committee on the Economic Report, 1955.

[312] Feldstein, Martin S. Rethinking the Role of Fiscal Policy [W]. National Bureau of Economic Research Working Paper No. 14684, 2009 .

[313] Forbes Kristin, Marcel Fratzscher, Roland Straub. Capital Controls and Macro Prudential Measures: What are They Good for [W]. the Centre for Economic Policy Research (CEPR) Discussion Paper, No. DP9798, 2013.

[314] Fred Magdoff, ohn Bellamy Foster. Stagnation and Financialization——the Nature of the Contradiction [J]. Monthly Review, May 2014.

[315] G. C. Lim, Paul D McNelis. Unconventional Monetary and Fiscal Policies in Interconnected Economies: Do Policy Rules Matter? [J]. Journal of Economic Dynamics and Control, August 2018.

[316] Gains from International Monetary Policy Coordination: Does it Pay to be Different? [W]. Euro Central Bank Working Paper No. 514, August 2005.

[317] Greenspan. Business Cycle in China Since the Lehman Crisis: Interaction Among Macroeconomic Policy, Economic Growth and Inflation [J]. China & World Economy, May 2013.

[318] Guillaume Rocheteau, Randall Wright, Cathy Zhang. Corporate Finance and Monetary Policy [J]. American Economic Review, April 2018.

[319] Hamid Faruqee, Alasdair Scott, Natalia Tamirisa. In search of a Smoking Gun: Macroeconomic Policies and the Crisis [M]. New York: Random House, 2007.

[320] Hyman Minsky. Stabilizing an Unstable Economy [M]. New Haven: Yale University Press, 2008.

[321] J. James Reade. Modelling the Interactions of Monetary and Fiscal Policies in the US: A Cointegration Approach [W]. University of Birmingham Department of Economics Discussion Papers, January 2011.

[322] JE Gagnon, M Hinterschweiger. The Global Outlook for Government Debt over the Next 25 Years [M]. Washington D. C.: Peterson Institute for International Economics, 2011.

[323] John B. Taylor. International Monetary Coordination and the Great Deviation [J]. Journal of Policy Modeling, March 2013.

[324] John Bellamy Foster, Robert W. McChesney. The Endless Crisis [J]. Monthly Review Press, May 2012.

[325] John Bellamy Foster, Fred Magdoff. Financial Implosion and Stagnation Back to the Real Economy [J]. The economist, February 2011.

[326] John Bellamy Foster, Fred Magdoff. The Great Financial Crisis: Causes and Consequences [M]. New York: Monthly Review Press, 2009.

[327] John Hicks. The Global Outlook for Government Debt over the Next 25 Years [M]. Washington D. C. : Peterson Institute for International Economics, 2011.

[328] John Ravenhill. Global Political Economy [J]. Monthly Review, December 2008.

[329] Karlo Kauko. External Deficits and Non-performing Loans in the Recent Financial Crisis [J]. Economics Letters, February 2011.

[330] Klaus Adam, RobertoM Billi. Monetary Conservatism and Fiscal Policy [J]. Journal of Monetary Economics, November 2008.

[331] Lawrence Summers. Why Stagnation Might Prove to be the New Normal [N] Financial Times, December 5, 2013.

[332] LiuHua, Li Yunlu, Hua Chunyu, Makro Konomik [M]. Oldenbourg: Oldenbourg Verlag, 2003.

[333] M. Bodenstein et al. Macroeconomic Policy Games [J]. Journal of Monetary Economics, August 2018.

[334] Markgertler, Simongilchrist, Fabiom, Natalucci. External Constraints on Monetary Policy and the Financial Accelerator [J]. Journal of Money, Credit and Banking, February 2007.

[335] Matthew Carlson. Money Politics in Japan—New Rules, Old Practices [J]. Romanian Economic and Business Review, January 2009.

[336] Matthieu Charpe, Peter Flaschel, FlorianHartmann, Christian Proaño. Stabilizing an Unstable Economy: Fiscal and Monetary Policy, Stocks,

and the Term Structure of Interest Rates [J]. Economic Modelling, September 2011.

[337] Meyer, Laurence H, Antulio N Bomfim. What Next For China's Macroeconomic Policies? [J]. China's Foreign Trade, 2010 (15).

[338] Nassim Nicholas Taleb. The Black Swan: The Impact of the Highly Improbable [W]. Monthly Bulletin, October 2009.

[339] Panizza, U Presbitero AF. Public Debt and Economic Growth: is There a Causal Effect? [J]. Jounal of Macroeconomics, September 2014.

[340] Peter Schrank. The Euro Area's Debt Crisis—Hopes Raised, Punches Pulled [J]. Oxford Review of Economic Policy, December 2009.

[341] Philipp Bagus, David Howden. The Federal Reserve and Eurosystem's Balance Sheet Policies During the Financial Crisis: A Comparative Analysis [J]. Oxford Review of Economic Policy, December 2009.

[342] Richard M. Nixon. Mr. Keynes and the Classics: A Suggested Interpretation [J]. Econometrica, April 1937.

[343] Robert E. Hall. The Long Slump [J]. American Economic Review, April 2011.

[344] Robert F. Stauffer. Monetary Policy Since the Onset of the Crisis [W]. the Federal Reserve Bank of Kansas City Economic Symposium, 2012.

[345] Ruiyang Hu, Carlos E. Zarazaga. Fiscal stabilization and the Credibility of the U. S. Budget Sequestration Spending Austerity [J]. Journal of Economic Dynamics & Control, August 2018.

[346] Sudar Shan Gooptu, Carlos A Primo Braga. Debt Management and the Financial Crisis [W]. World Bank Group, 2010.

[347] Tobias Adrian and Hyun Song Shin. Money, Liquidity and Monetary Policy [J]. The American Economist, May 2009.

[348] U. S. Congress. National E－conomic Trends [W]. The Federal Reserve Bank of St Louis, 2012.

［349］ Unconventional Monetary Policies: an Appraisal ［W］. BIS Working Papers, No. 292, 2009.

［350］ United Nations. The Impact of the Financial and Economic Crisis on Debt Sustainability in Developing Countries ［W］. UNCTAD Secretariat Note, September 2009.

［351］ Woodford, Michael, Carl E. Walsh. Interest and Prices: Foundations of A Theory of Monetary Policy ［J］. Journal of Economics, 2004 (82).

［352］ Zheng Liu, Evi Pappa. Gains from International Monetary Policy Coordination: Does it pay to be Different? ［J］. Journal of Economic Dynamics & Control, July 2008.